Omid Nouripour

Kleines Lexikon für MiMiMis und Bio-Deutsche

Deutscher Taschenbuch Verlag

Ausführliche Informationen
über unsere Autoren und Bücher
finden Sie auf unserer Website
www.dtv.de

Dieses Buch ist auch als eBook erhältlich.

Originalausgabe 2014
Deutscher Taschenbuch Verlag GmbH & Co. KG, München
© 2014 Omid Nouripour
Das Werk ist urheberrechtlich geschützt. Sämtliche,
auch auszugsweise Verwertungen bleiben vorbehalten.
Umschlagkonzept: Balk & Brumshagen
Umschlagbild: Bernd Ertl
Satz: Fotosatz Amann, Memmingen
Druck und Bindung: Druckerei Kösel, Krugzell
Gedruckt auf säurefreiem, chlorfrei gebleichtem Papier
Printed in Germany
ISBN 978-3-423-26032-9

Für Şinasi Dikmen, den ersten Schweden*, der die Bio-Deutschen zum Lachen gebracht hat.

Für den großartigsten Neffen der Welt. Mein Großer, wir glauben an dich.

* Herkunft getürkt.

Inhalt

Vorwort

Ist eine Fiktionsbescheinigung ein ärztliches Attest über Halluzinationen? Sind Pass-Deutsche Mittelfeldspieler in der deutschen Nationalmannschaft? Ist eine Vorbereitungsgesellschaft eine Alien-Kolonie, die die Ergreifung der Weltherrschaft plant? Nein, alle drei Begriffe stammen aus der sogenannten »Ausländer-Debatte« in Deutschland.

Eine Fiktionsbescheinigung ist ein Verfahren, nach dem das Recht Menschen ohne deutschen Pass einen vorübergehenden Aufenthalt in diesem Land erlaubt. Als Pass-Deutsche bezeichnet die NPD Eingebürgerte, um sie von den Deutschen nach dem Blutsprinzip zu unterscheiden. Und die Vorbereitungsgesellschaft ist eine von führenden Intellektuellen geprägte Bezeichnung muslimischer Milieus in Deutschland.

Mehr als 13 Millionen Menschen in Deutschland sind Mitbürger mit Migrationshintergrund (MiMiMis). Deren Leben und deren Zusammenleben mit den übrigen Einwohnern dieses Landes (Bio-Deutsche) haben viele kuriose Begriffe hervorgebracht, die klarmachen, wie abwegig unsere »Ausländer-Debatte« teilweise geführt wird. Das ist aber auch kein Wunder, denn das deutsche Ausländerrecht ist als Rechtskategorie Gefahrenabwehrrecht. Wie soll es da nicht zu einer Loyalitätsparanoia kommen? Oder wird Mesut Özil die Nationalhymne doch noch eines Tages so laut singen, wie es sonst nur die Italiener tun?

Mein Buch sammelt diese Begriffe und erklärt sie – wenn auch nicht immer bierernst. Denn die »Ausländer-Debatte« wird in unserem Land zumindest auf der großen Bühne mittlerweile so erbittert geführt, dass es uns allen gut täte, wenn wir mehr über uns selbst lachten. Und glauben Sie mir: Anlass gibt es mehr als genug. Ich durfte diese Debatten in den letzten Jahren (auf allen erdenklichen Niveaus) so verdammt oft führen, dass ich mehr als nur einmal die Gelegenheit hatte, die unfreiwillige Komik dieser Diskussion zu erleben.

Und noch etwas: Wir täten auch gut daran, wenn wir mehr über Lösungen nachdenken würden, statt über Probleme zu räsonieren. Die Lösungen liegen sehr häufig auf der Hand, wenn man die Talkshow abschaltet, die Fernbedienung beiseitelegt und sich einfach mal mit den Menschen unterhält, die sich in den Kommunen mit diesem Thema beschäftigen. Die Praktiker kümmern sich nicht um Multikulti versus Leitkulti, sie lösen alltägliche Probleme. Die eine oder andere Lösung – zum Beispiel für die hart umkämpfte Frage, ob ein Kind zuerst Deutsch oder die Muttersprache lernen soll oder wie für gelungene Integration am besten Geld ausgegeben werden soll – finden Sie ebenfalls in diesem Buch.

Abschiebehaft

Was tun mit einem Ausländer, den man nicht mehr will? Man schiebt ihn ab. Häufig wird die Abschiebung durch das Instrument der Abschiebehaft erreicht. Damit der ausreisepflichtige Ausländer nicht abtauchen kann, wird er in Gewahrsam genommen. Die Alternative dazu wäre die Fußfessel, wird häufig argumentiert. Im Jahr 2011 saßen 6466 Ausländer in Deutschland in Abschiebehaft.

Nach Recherchen von PRO ASYL und dem Diakonischen Werk in Hessen und Nassau geraten viele Asylbewerber bereits bei ihrer Einreise nach Deutschland in eine »Sicherungshaft«. Und was wird gesichert? – Genau. Die Abschiebung. Im Gefängnis können Ausländer aber auch sitzen, wenn über die Abschiebung nicht sofort entschieden werden kann – dann handelt es sich um »Vorbereitungshaft«. Und was wird vorbereitet? – Genau. Die Abschiebung.

Den Menschen, die in Haft auf ihre Abschiebung warten, sind diese juristischen Spitzfindigkeiten wahrscheinlich herzlich egal, wenn sie sie überhaupt nachvollziehen können. Für sie sind die oft schlechten Bedingungen und besonders die immer noch häufige Unterbringung mit regulären Häftlingen ein viel größeres Problem. Dass das rechtmäßig ist, bezweifeln sogar Gerichte. Im Oktober 2012 hat ein Münchner Landgericht einen eritreischen Flüchtling freigelassen. Die Richter sahen in seiner Unterbringung im regulären Strafvollzug im Gefängnis München-Stadelheim einen Verstoß gegen EU-Recht. Die EU schreibt vor, dass Ausländer, die abgeschoben werden sollen, nicht mit Strafgefangenen in Haft sitzen dürfen. In vielen Bundesländern ist aber genau das die Praxis. Mir hat mal ein Leiter einer Justizvollzugsanstalt voller Stolz erzählt, dass er Vietnamesen alle in eine Zelle gesteckt hat, damit sie sich verständigen können. Dass da jemand, ohne eine Straftat begangen zu haben, in Abschiebehaft mit Mördern und Vergewaltigern zusammengepfercht wurde, das sah er nicht als Problem an.

Man kann es nicht oft genug wiederholen: Abschiebehaft bringt Menschen ins Gefängnis, die keiner Straftat schuldig sind. Das Urteil des Münchner Gerichts hat das jetzt für rechtswidrig erklärt und damit neuen Handlungsdruck geschaffen. Offensichtlich tragen die Gerichte momentan mehr zur Verbesserung der Situation von Flüchtlingen bei als Politik und Verwaltung.

Das Wichtigste wäre, besonders Schutzbedürftige, also Kinder, Schwangere, Traumatisierte oder Menschen mit Behinderung nicht in Abschiebehaft zu stecken. Und die Dauer der Abschiebehaft stark zu begrenzen. Es gab auch schon Fälle, in denen Menschen unverschuldet mehrere Jahre im Knast saßen, weil die Abschiebung faktisch nicht möglich war, der Staat sie aber nicht laufen lassen wollte.

Abschiebung

»Der Ausländer ist abzuschieben, wenn die Ausreisepflicht vollziehbar ist ...«. So klingt das Juristen-Deutsch des Aufenthaltsgesetzes (§ 58). Das bedeutet, dass die Abschiebung nicht sachlich, logisch oder gar ethisch und humanitär zu sein braucht, sondern »vollziehbar«, also schlicht machbar.

Abgeschoben werden Ausländer, die keinen gültigen Aufenthaltstitel, also über keine Aufenthalts- oder Niederlassungserlaubnis (mehr) verfügen. Beispielsweise, wenn sie unerlaubt eingereist sind oder wenn ein anderer EU-Staat entschieden hat, dass der betreffende Ausländer in seine Heimat »zurückgeführt« werden soll. Dabei müssen sie natürlich Reisedokumente, also Pässe, haben. Es ist auch schon mal vorgekommen, dass in China politisch Verfolgte Geheimdienstlern aus der Botschaft der Volksrepublik wortwörtlich vorgeführt wurden, damit diese die Identität der Dissidenten feststellen. Die deutsche Ausländerbehörde also als Beihelfer diktatorischer Apparate.

Es soll auch schon mal vorgekommen sein, dass Flüchtlinge, deren Herkunft nicht klar feststellbar war, in ein Land abgeschoben wurden, das das richtige hätte sein können. Der Senegalese, der aus Angst vor der Abschiebung seine Herkunft nicht nennt, wird also auch schon mal in die Elfenbeinküste abgeschoben. Immerhin wird in beiden Ländern französisch gesprochen. Soll der Ausländer froh sein, dass er nicht nach Ghana kommt. Dort ist Englisch die Amtssprache. Ach, wie soll da die arme deutsche Verwaltung noch den Überblick behalten?!

Wichtig bei der Abschiebung ist auch, dass sie in ein Land erfolgt, in dem für den Ausländer keine Gefahr für Leib und Leben besteht. Ich kenne den Fall eines politisch aktiven Kurden, der vor Jahren ohne seine Frau und Kinder in die Türkei abgeschoben wurde. Am Flughafen wurde er von der Polizei »empfangen«. Seine Familie hat nie wieder etwas von ihm gehört.

Zudem gab es Abschiebungen nach Afghanistan zu Zeiten, in denen die Bundeswehr in Kunduz täglich in Feuergefechten stand. Die Gerichte sprachen dann von »inländischen Flucht-Alternativen«. Die Ansage an den Flüchtling war klar: »Sie sind aus Kunduz? Ihre Verwandten und Freunde sind alle in Kunduz? Sie wären dort bedroht? Na dann schieben wir Sie nach Kabul ab! Was? Sie kennen dort niemanden? Na ja, wir können uns ja nicht um alles kümmern!«

Übrigens handelt es sich bei »dem Ausländer«, dem die Abschiebung droht, häufig um einen Menschen, der Asyl sucht. Anders ausgedrückt: Abschiebung und Abschiebehaft drohen Menschen, die in ihrem Heimatland verfolgt werden und deren Leben in Gefahr ist. Könnte es deswegen sein, dass sie sich der Ausweisung entziehen wollen?

Abschluss

Die Krise trifft auch Deutschland hart. Im Jahr 2012 entschied sich die Bundesregierung nach langem Hin und Her, Deutschlands eisern gehütete Reserve anzuzapfen. Jahrzehntelang hielt sich die Bundesrepublik ein Heer von Hunderttausenden Fachkräften aus Nicht-EU-Ländern, die ihren erlernten Berufen nicht nachgehen durften, weil ihre Abschlüsse nicht anerkannt wurden. Viele Mitglieder dieser Gruppe wurden in ihrem Wartestand mit großzügigen staatlichen Unterstützungsleistungen wie dem ALG II bei Laune gehalten, andere durften zum Zeitvertreib einfacheren Tätigkeiten nachgehen. So gönnten sich beispielsweise viele Ärztinnen eine Auszeit bei einfachen Pflegetätigkeiten oder machten den Taxi-Schein, und Physiker wählten statt eines beschwerlichen vollen Einsatzes in der Forschung den bequemen Weg von Vertretungslösungen und Nachhilfeunterricht.

Diese goldenen Zeiten sind jetzt vorbei. In den ersten Monaten nach Verabschiedung des Gesetzes zur Verbesserung der Anerkennung ausländischer Abschlüsse beantragten bereits mehrere Zehntausend Menschen die Anerkennung ihrer Abschlüsse. 96 Prozent dieser Anträge wurden positiv beschieden. Die Befürchtungen einiger Politiker, die Mitglieder dieser Reserve seien unfähig, zum deutschen Arbeitsmarkt beizutragen, erwiesen sich als unbegründet.

Einige besonders wohlhabende Bundesländer sehen das weiterhin anders. So gibt es beispielsweise in Bayern noch immer keine Regelung für die Anerkennung von Abschlüssen beispielsweise als Erzieher, Lehrer, Architekt oder Ingenieur. So berichtete ›Die Zeit‹ im April 2013 von einem besonders frivolen Fall. Ein in seiner Heimat erfolgreicher kubanischer Mathematiklehrer vertreibt sich in Bayern seine Zeit als Salsa-Lehrer. (Ist doch klar, Tanzen ist doch bei den Negern gut aufgehoben!) So etwas können sich in Deutschland nicht mehr viele leisten: Tu felix Bavaria!

Adriano, Alberto

Alberto Adriano wurde am 11. Juni 2000 in Dessau (Sachsen-Anhalt) von drei Skinheads, dem 24-jährigen Skinhead Enrico Hilprecht und zwei weiteren, 16-Jährigen angegriffen und so brutal zusammengeschlagen, dass er drei Tage später an den Folgen seiner Verletzungen starb. Er wurde 39 Jahre alt. Das Oberlandesgericht Naumburg verurteilte die drei Angeklagten am 30. August 2000 wegen gemeinschaftlichen Mordes. Das Urteil für Hilprecht lautete lebenslange Haft, das für die beiden Minderjährigen je neun Jahre Jugendstrafe. In ihrem Bericht über den Prozess, der von zahlreichen deutschen Zeitungen übernommen wurde, schrieb die Deutsche Presseagentur (dpa) noch am Tag der Urteilsverkündung:

> *»Bei ihrem Überfall hatten sie den Afrikaner, der als Vertragsarbeiter [aus Mosambik] in die DDR gekommen und seit den 80er-Jahren auf deutschem Boden heimisch war, mit Schlägen und Tritten mit ihren Springerstiefeln bis zur Bewusstlosigkeit traktiert.«*

Ich kann das nicht lesen, ohne immer wieder an derselben Stelle hängen zu bleiben – »seit den 80er-Jahren auf deutschem Boden heimisch«. Was hat der dpa-Journalist damit gemeint? Und vor allem – wie heimisch hat sich Alberto Adriano wohl gefühlt in Dessau? Er hat seit 1988 dort gelebt und als Schlachter gearbeitet. 1990 hat er seine Frau Angelika geheiratet. 1992 wurde sein ältestes Kind geboren, zwei weitere folgten.

Zwölf Jahre am selben Ort gelebt und gearbeitet, Familie gegründet. Das hört sich nach Integration, vielleicht sogar nach Heimat an. Adriano hat dafür viel getan, um eine neue Heimat zu finden – am Ende vergeblich. Auch ich habe 1988 meine Heimat (Iran) verlassen müssen, um eine neue zu finden. Alberto Adriano und ich, die wir nach einer neuen Heimat suchten, waren auf den guten Willen derjenigen angewiesen, die dort schon immer zu Hause waren. Ihm wurde dieser verweigert. Ruhe er in Frieden.

Afrika

Kontinent. 54 Länder von Ägypten bis Zentralafrikanische Republik. Gut eine Milliarde Menschen. Mehrere Hundert ethnische Gruppen. Etwa 2000 Sprachen schätzt die UNESCO. Wer weiß noch was? »Die Wiege der Menschheit« sagen die Paläoanthropologen, jedenfalls wenn sie sich in Metaphern ausdrücken.

Und sonst? Migration spielte in Afrika immer eine große Rolle: Im siebten Jahrhundert kamen die Araber in den Nordteil des Kontinents, und die Europäer oder besser die alten Griechen und die Römer hatten dort ohnehin schon länger einen oder zwei Füße in der Tür oder besser gesagt auf dem Boden. Im 16. Jahrhundert brachten dann vor allem die Holländer und die Portugiesen die erste Kolonialisierungswelle, im 19. Jahrhundert zogen die Franzosen und die Engländer nach, ein paar Italiener und Deutsche waren auch mit dabei. Was diese Migranten betraf: Von Integration hielten sie nicht sehr viel, das Ausbeuten schien ihnen mehr zu liegen. Und der Rest ist leider noch nicht Geschichte.

Heute schotten sich die EU-Länder gegen Migranten aus Afrika ab und drängen Asylbewerber in die Illegalität: Die Dublin-Verordnung, die Fingerabdruckdatei EURODAC und die EU-Grenzagentur FRONTEX sind nur drei Beispiele für Institutionen, mit denen die EU diese Ausgrenzungspolitik betreibt. Lampedusa kennen mittlerweile auch Ignoranten.

Und Deutschland? Die deutsche Regierung hat am 11. Dezember 2012 die dreijährige Afrika-Initiative »Mit Afrika für Afrika« eröffnet. »Wir wollen nicht, dass Afrika immer nur in Schreckensmeldungen vorkommt. Wir wollen die Erfolgsgeschichte Afrika erzählen«, sagte der damalige Entwicklungshilfeminister – heute Rheinmetall – Dirk Niebel. Nun wird es die Afrikaner sicher sehr freuen, dass ein deutscher Minister ihre Erfolgsgeschichte erzählen will. Wenn Niebel dann aber fortfährt: »Wir wollen eine Partnerschaft mit Afrika auf Augenhöhe ... Vor allem geht es darum, Partnerschaften zwischen den Menschen zu ermöglichen und zu vertiefen«, haben sie bestimmt ohnehin schon verstanden, dass dieser Geschichtenerzähler ein Märchenonkel ist. Schließlich sorgt gerade Deutschland durch seine restriktive Visa-Politik dafür, dass Partnerschaften oder auch nur eine vertiefte Zusammenarbeit zwischen Menschen aus Afrika und Deutschland immer schwieriger werden – von der immer noch konservativen Praxis der Einbürgerung und der Drittstaatenregelung im Asylverfahrensgesetz (§ 26a) ganz zu schweigen. Wie soll denn bitte eine »Partnerschaft auf Augenhöhe« ohne persönliche Begegnungen möglich sein?

Andererseits sollten die Afrikaner, die es bis nach Deutschland schaffen, auch nicht ungerecht sein. Wenn sie einmal hier sind, können sie sich kostenlos das Ende Juli 2013 vom Bundesministerium für wirtschaftliche Zusammenarbeit (BMZ) herausgegebene Afrika-Kochbuch »So schmeckt Afrika: Eine Entdeckungsreise« herunterladen. Vom äthiopischen roten Hühnereintopf »Doro Wot« bis zu den ugandischen Bananen »Katogo of Matooke« und den ugandischen Pfannkuchen »Kabalagala« ist alles dabei. Wenn das mal kein Wissenstransfer ist!

Ich durfte einmal den großen Musiker und Vater der Initiative gegen Rassismus »Brothers Keepers« Adé Bantu kennenlernen. Wir haben uns an einem geselligen Abend mal versprochen, eines Tages in seiner Heimatstadt Köln ein Festival zu organisieren. »Afrika for Germany« wird es heißen, Musiker aus ganz Afrika sollen auftreten, und die Einnahmen werden dem deutschen Bundesfinanzminister überreicht, damit er damit doch ein wenig Schuldenabbau betreiben kann. Das wäre eine Antwort auf Niebels »Augenhöhe« und solchen Veranstaltungen wie »Live Aid«, bei denen es mehr um Selbstvergewisserung und ein gutes Gewissen geht als um tatsächliche Hilfe.

Wem dieser Ansatz gefällt, dem sei die satirische Initiative »Africa for Norway« empfohlen, die sehr komische Videos produziert, in denen beispielsweise Afrikaner Heizkörper für die armen, kältegeschundenen Skandinavier sammeln.

Akzentfrei

»Sie sprechen aber gut Deutsch, so akzentfrei!« –»Sie hoffentlich auch!«, bin ich häufig versucht zu antworten, wenn ich den ersten Satz zu hören bekomme. Dabei ist er doch, das ist mir schon klar, nur nett gemeint. Auch wenn ihn nicht nur Eingewanderte wie ich, sondern auch noch Menschen zu hören bekommen, die hier geboren sind und vielleicht gar kein anderes Land, keine andere Sprache kennen.

Nur: Nett gemeint ist manchmal vielleicht ein bloßes Zeugnis von einem beengten Horizont, in dem Hautfarbe und Aussehen allein darüber entscheiden, ob jemand Deutsch kann und ist. »Sie sprechen aber gut Deutsch«, ist dann der Beweis für die Ignoranz gegenüber der Tatsache, dass Deutsche heutzutage sehr vielfältiger sein können als vielleicht in den Zwanzigern.

Dabei bin ich gar nicht akzentfrei, mein Hessisch hört man hoffentlich 30 Meter gegen den Wind. Besonders schön ist es, wenn Komiker anfangen, türkischen Deutsch-Akzent nachzumachen, ohne es zu können. Da werden schon mal »Schepass« (türkisch-deutsch) und »Eschpass« (persisch-deutsch) miteinander verwechselt. Gemeint ist natürlich »Spaß«.

Amtseid

Im November 2008 interviewte die ›Bild-Zeitung‹ Cem Özdemir kurz nach seiner Wahl zum Bundesvorsitzenden der Grünen. Die letzte Frage lautete: »*Könnten Sie sich einen türkischstämmigen Kanzler vorstellen, einen Minister, der vielleicht seinen Amtseid auf den Koran schwört?*« Özdemir antwortete: »*Ich wünsche mir, dass unsere Gesellschaft farbenblind wird. Dass es völlig unerheblich ist, woran jemand glaubt. Entscheidend muss doch sein, wie gut, qualifiziert und überzeugend ein Politiker ist.*« Einverstanden! Eine zusätzliche Antwort könnte noch sein: Wie kommen Sie eigentlich auf die Idee, dass ein Kanzler oder Minister den Amtseid auf eine religiöse Schrift schwören sollte – egal welche das ist?

Denn bei ihrer Frage machten die beiden Bild-Interviewer einen Ausflug ins Land der Fantasie oder sie hatten schlichtweg keine Ahnung. Der Amtseid wird in Deutschland mit der sogenannten »religiösen Beteuerung« abgeschlossen. Wenn derjenige, der den Eid ablegt, dies wünscht. Sie kann aber auch weggelassen werden. Die Eidesformel für den Bundespräsidenten, den Bundeskanzler und die Bundesminister findet man im § 56 des Grundgesetzes. Für Ministerpräsidenten und Landesminister regeln dies die Landesverfassungen. Von der Bibel ist dort nirgends die Rede. Das hat jemand offensichtlich mit den USA oder Großbritannien verwechselt.

Wenn wir schon einmal beim britischen Parlament sind, kann man sich im ehrwürdigen Palace of Westminster auch angucken, wie gelassener Umgang mit Religion funktioniert: Seit seiner Überarbeitung im Jahr 1978 lässt der Oath Act eine Reihe verschiedener Möglichkeiten für den Amtseid zu, den in London alle Parlamentarier ablegen müssen. Erst mal gibt es die Wahl, entweder einen religiösen »Oath of Allegiance« (Loyalitätseid) zu schwören oder eine »solemn affirmation« (feierliche Bekräftigung) abzulegen. Für die verschiedenen Religionen legt das Gesetz Folgendes fest: Christen schwören auf das Neue Testament, Juden auf das Alte Testament. Angehörige anderer Religionsgemeinschaften können das »in jeglicher gesetzgemäßen Form« tun. Der Oath Act ist also ein so intelligentes Gesetz, dass es dem gesunden Menschenverstand Spielraum lässt. Der wissenschaftliche Dienst des britischen Parlaments verweist als Beispiel auf den Koran für Muslime und den Granth für Sikhs. Bei der Vereidigung mit dem Koran gibt der wissenschaftliche Dienst sogar noch den Hinweis, dass das heilige Buch mit einer Hülle versehen werden sollte, damit es während der Zeremonie nicht versehentlich von einem Nichtmuslim berührt wird!

Als erster Muslim wurde übrigens der in Faisalabad in Pakistan geborene Labour-Politiker Mohammad Sawar vereidigt, der im Jahr 1997 für einen Glasgower Wahlkreis ins britische House of Commons einzog. Sawar kam mit Mitte zwanzig nach Schottland, gründete 1982 mit seinem Bruder eine Supermarktkette und wurde zum Multimillionär. Seit August 2013 ist Sawar der Gouverneur des größten pakistanischen Bundesstaates Punjab. Dafür legte er seine britische Staatsbürgerschaft wieder ab. Das nenne ich eine interessante Biografie. Globalisierung als Identitätsrealität.

Anpassen

Ganz was anderes als Assimilation. Aber die sollen sich halt gefälligst mal anpassen, diese Ausländer. Die sollen sich so benehmen wie wir. Wer immer auch »wir« ist. Und wie auch immer wir uns benehmen. Schließlich hat die Menschheit ja so überlebt, durch das Sichanpassen.

Anwerbestoppausnahmeverordnung

»Wie komme ich bitte nach Deutschland?« Wer sich in den letzten Jahrzehnten diese Frage gestellt hat und legal und dauerhaft zum Arbeiten nach Deutschland kommen wollte, hatte nur eine Hoffnung: Anwerbestoppausnahmeverordnung (30 Buchstaben).

Anwerbestoppausnahmeverordnung heißt Anwerbestoppausnahmeverordnung, weil es nach dem Zweiten Weltkrieg ein Anwerbeprogramm für Gastarbeiter gegeben hat. Anfang der Siebziger fand man aber, dass es jetzt reichen müsse mit den Gastarbeitern. Also verhängte die Bundesregierung einen Anwerbestopp.

Wenige Jahre später jedoch stellte man fest, dass ja in etlichen Branchen Fachkräfte fehlten, die man aber anwerben musste. Also machte man eine Ausnahmeverordnung für den Anwerbestopp (Anwerbestoppausnahmeverordnung)! Bis zum 1. Januar 2005 war das die einzige Möglichkeit überhaupt zum dauerhaften Arbeiten nach Deutschland einzuwandern. Seitdem gibt es wenigstens für einige auserwählte Gruppen wie Höchstqualifizierte (beispielsweise Prof. Dr. Dr.) und Unternehmer auch andere Möglichkeiten, dank eigens für sie geschaffener Regeln.

Mich besuchen manchmal englischsprachige Besuchergruppen, die wissen wollen, wie es in Deutschland mit der Einwanderung funktioniert. Deshalb suche ich seit Jahren eine gute englische Übersetzung für Anwerbestoppausnahmeverordnung. Derzeitiger Favorit ist aliens-hiring-stop-waiver-regulation (32 Buchstaben, vier Bindestriche). Ich freue mich über jeden Vorschlag, der kürzer ist!

Araber

Wenn man »Araber in Deutschland« googelt, dann ist der erste Treffer – Überraschung – der Wikipedia-Eintrag »Araber in Deutschland«. Da heißt es:

> »Als Araber in Deutschland werden Menschen bezeichnet, die oder deren Vorfahren aus arabischsprachigen Ländern stammen und in der Bundesrepublik Deutschland ihren Wohnsitz haben. … Strittig ist, ob jemand, der die deutsche Staatsangehörigkeit angenommen hat oder gar von Geburt an besitzt, wegen seiner ethnischen Herkunft als Araber gelten soll.« Wie war das noch mal? »Strittig ist, ob jemand, der die deutsche Staatsangehörigkeit angenommen hat oder gar von Geburt an besitzt, wegen seiner ethnischen Herkunft als Araber gelten soll.« Der Satz hat

*es in sich! Ich frage mich, wer wohl darüber streitet, ob das Ara-
bersein (oder, um mal weiterzudenken. das Amerikanersein, Türke-
sein, Österreichersein, Ghanaersein usw. usw.) quasi ewig gelten
soll und wer darüber am Ende entscheidet, wer, ab wann, als was
gelten darf? Und was heißt eigentlich »gar von Geburt an«? Ist
die Botschaft dieses Disputs »einmal Araber, immer Araber« beziehungsweise »einmal Ausländer, immer Ausländer«? Immerhin lautet dann die Überschrift über einer langen Namensliste
»Bekannte Araber in Deutschland und Deutsche arabischer Herkunft«.*

Zu solchen offensichtlichen Unsicherheiten gesellt sich eine
grundsätzliche Verwirrung darüber, wer eigentlich »Araber« ist und
wer nicht. Und das kann ich sogar nachvollziehen. Schließlich ist es
gar nicht so einfach »Araber« oder »Arabisch« zu definieren, es sei
denn, wir reden über eine Pferderasse, was wir aber nicht tun.

Eine »semitischsprachige ethnische Gruppe« ist eine mögliche
Definition des Begriffs »Araber«, hier werden also Abstammung
und Sprache miteinander kombiniert. Zusätzlich können kulturelle
Faktoren in die Definition einfließen, weil Menschen, die sich selbst
als Araber bezeichnen, ganz unterschiedliche historische, religiöse,
sprachliche Wurzeln haben.

Wenn es um Politik geht, ist die »Arabische Liga« mit ihren
22 Mitgliedsstaaten (inklusive Palästina) die wichtigste Organisation. Deren Gebiet reicht über zwei Kontinente von Mauretanien in
Nordwestafrika bis in den Oman im äußersten Osten der Arabi-
schen Halbinsel. In den Mitgliedsländern der Arabischen Liga leben
356 Millionen Menschen, davon sind aber nur etwa 160 Millionen
Araber. Auch sind zum Beispiel 90 Prozent der Araber Muslime
(Sunniten und Schiiten), aber immerhin sechs Prozent sind Christen
und vier Prozent gehören anderen Religionsgemeinschaften an.
Diese vielschichtige Welt zeigt, wie falsch Formulierungen wie »der
Arabische Frühling« sind. Die Situation auf den Komoren, auch ein
Mitglied der Arabischen Liga, ist keineswegs mit der in Jemen, Sy-
rien oder Marokko vergleichbar.

Doch warum kompliziert, wenn es auch einfach geht? Einigen
wir uns doch einfach auf die gängige Definition: »Araber, das sind
diese schwarzhaarigen, langbärtigen Muslime von da unten mit einem Aggressionsproblem.« Dazu passend hat mir – Perser, also kein
Araber – ein netter Mitbürger einmal eine sehr kurze Mail geschrie-

ben, die ich zum Zitieren gern auswendig gelernt habe: »Du Scheiß-Araber, geh zurück in die Türkei!«

Armutszuwanderung

Im Vorfeld der Bundestagswahl 2013 begann die CSU eine Diskussion über die Freizügigkeit innerhalb der EU, die von A bis Z – also von A wie Armut bis Z wie Zuwanderung – an den Fakten vorbeiging. Grund war die damals noch bevorstehende und mittlerweile schon in Kraft getretene Freizügigkeit für Arbeitnehmer aus Bulgarien und Rumänien. In große Hektik hatten die Christsozialen vermutlich die guten Umfrageergebnisse der Alternative für Deutschland (AfD) versetzt. So dachten sich die »Neckermänner der CSU« (›Die Zeit‹) dann auch noch gleich das Unwort des Jahres 2013 aus: »Sozialtourismus«.

Inzwischen sind die Wahlen aber Geschichte. Die große Schwester der kleinen CSU – die CDU – versucht deshalb gemeinsam mit dem kleinen Bruder aus der Großen Koalition – der SPD – das bayerische Stammtischgerede wieder aus der Welt zu schaffen. Im Januar 2014 brachte die CDU deshalb ein fünfseitiges Papier »Armutseinwanderung nach Deutschland – Fragen und Antworten« – heraus. Darin standen lauter Dinge, die die CDU (und natürlich auch die CSU) schon vorher wusste:

– »Gut 80 Prozent dieser Zuwanderer [aus Rumänien und Bulgarien] sind Fachkräfte; im Jahr 2010 hatten 55 Prozent einen Hochschul- oder Fachhochschulabschluss. Die Arbeitslosenquote lag mit 7,5 Prozent deutlich unter der anderer Zuwanderergruppen.«
– »Zwar sind derzeit nur 0,5 Prozent (sic!) aller Bezieher von Arbeitslosengeld II (Hartz-IV) vermutete Armutszuwanderer (insgesamt etwas über 30 000 Personen) ...«

Zudem räumt die CDU dann auch ein, dass die früheren Pläne (früher heißt in diesem Fall vor der Wahl) des damaligen Innenministers Friedrich, Armutseinwanderer »ohne viel Federlesens rauszuschmeißen«, mit dem EU-Recht nicht zu vereinbaren sind. So viel Zurückrudern macht müde. Und verstört unsere europäischen Partner, die unter der Abwanderung ihrer Fachkräfte durchaus leiden. Rumänien hat seit 1990 30 000 Ärzte verloren. Ob das die »Sozialtouristen« waren? Wohl kaum!

Natürlich gibt es auch eine kleine Gruppe derjenigen, die aufgrund immenser sozialer Diskriminierung in ihren Heimatländern nach Deutschland kommen und Transferleistungen beziehen. Aber wer hat ernsthaft geglaubt, dass der Wegfall der europäischen Binnengrenzen, das Anwerben von Fachkräften und der volkswirtschaftliche Nutzen daraus zum Nulltarif zu haben sind?

Wichtiger als aufgeregte Sprüche wäre eine sachliche Diskussion um einen Lastenausgleich zwischen den Gewinnern der qualifizierten Einwanderung (der Bund) und den Lastenträgern der Sozialleistungen (die Kommunen). Moment! Sachliche Diskussion?! Hallo? Wir reden über Migration! Oh, stimmt, Entschuldigung!

Arrangierte Ehe

Arrangierte Ehen sind sehr unromantisch, aber nicht zu verwechseln mit Importbrauterei oder gar mit Zwangsehen.

Assimilation

Die wahrscheinlich gefährlichste feindliche Rasse in ›Star Trek‹ ist die der Borgs. Die Borgs haben die perfekt assimilierte Gesellschaft entwickelt. Sie ist totalitär, aber nicht hierarchisch. Sie ist funktional bis zur Aufgabe jeder Individualität im Dienste der Gesellschaft. Die Borgs sind sogar gefährlicher als die Romulaner. Sie haben sich halt gut angepasst.

Asylant

Der Begriff Asyl kommt vom griechischen Asylon, was Zufluchtsstätte heißt. Ein Asylant ist demnach jemand, der seine Zufluchtsstätte schon gefunden hat. Der Volksmund nimmt es dabei nicht so genau. Mit Asylant bezeichnet er sowohl die, die Asyl suchen, als auch die, deren Asylantrag angenommen worden ist. Dabei habe ich das Gefühl, dass der Volksmund den Begriff Asylant fast immer mit Verachtung, Angst und unterschwelliger Aggression auflädt.

Angst und Aggression sieht man dann auch in den Bildern der Proteste gegen Asylunterkünfte, im Jahr 2013 zum Beispiel in Berlin-Hellersdorf, Hannover-Bothfeld, Duisburg-Neumühl oder Fellbach. Auf den Plakaten machen NPD, DVU, Bürgerinitiativen für Ausländerstopp und andere Menschenfeinde Stimmung mit Begriffen wie »Asylantenflut«. Die Gegendemonstranten sind zum Glück in der Überzahl. Hier zwei neuere offizielle Zahlen: Am 31. Dezember 2012 lebten 85 560 Asylbewerber und 40 690 anerkannte Asylberechtigte in Deutschland. Das BAMF nennt sie mit einer bemerkenswerten

Lust an der Sprachverhunzung »aufhältige Asylbewerber« beziehungsweise »aufhältige Asylberechtigte«. Dazu kommen noch 74 570 anerkannte Flüchtlinge. Wir reden also von 200 000 Menschen bei einer Bevölkerung von über 80 Millionen. Flut?!

Wie viele Menschen finden denn nun eigentlich in Deutschland eine Zufluchtsstätte? Im Jahr 2012 stellten 64 539 Menschen beim BAMF einen Antrag auf Asyl. Im selben Jahr traf das BAMF, in dieser Zahl sind auch ältere Fälle enthalten, 61 826 Entscheidungen über Erst- und Folgeanträge auf Asyl. Exakt 740 Antragsteller wurden als Asylberechtigte nach Artikel 16 des Grundgesetzes anerkannt – das sind 1,2 Prozent der Antragsteller. Ein gutes Viertel aller Antragsteller kommt dazu noch in den Genuss eines vorübergehenden Schutzes, weil eine Abschiebung gerade nicht möglich ist. Allen voran, weil in der Heimat Gefahr für Leib und Leben droht.

Die Zahlen steigen derzeit wieder. Das hat viel mit dem Bürgerkrieg in Syrien und den Umwälzungen in der arabischen Welt zu tun. Daraus könnte man ganz naiv schließen, dass die Menschen sich nur dann auf den Weg machen, wenn es anders gar nicht geht. Aber dann könnten wir uns ja nicht mehr schäumend über »Asylmissbrauch« und »Sozialtourismus« erregen. Nein, wir beharren auf unser Recht auf Empörung!

Asylbewerber

Korrekte, weniger diffamierende Bezeichnung für Asylanten. Also nur etwas für Gutmenschen und Ausländerversteher.

Asylbewerberleistungsgesetz

Asylbewerberleistungsgesetz, das klingt wie ein Versprechen: Der Staat signalisiert den Asylbewerbern, dass er etwas für sie leisten will. Dass die Bezeichnung Asylbewerberleistungsgesetz keineswegs ein Versprechen, sondern eher eine dreiste Lüge ist, hat inzwischen das Bundesverfassungsgericht bestätigt. Das Gesetz zeigt, wie Deutschland mit den Grundrechten von politisch Verfolgten umgeht, denn das sind diejenigen, die von seinen Leistungen profitieren sollen. Das Asylbewerberleistungsgesetz besteht aus zwölf Paragrafen. Der wichtigste von ihnen ist unbestreitbar der § 3. Er regelt die Leistungen, auf die Asylbewerber gemeinsam mit ihren Ehegatten, Lebenspartnern und Kindern einen Anspruch haben. Der § 3 unterscheidet die Grundleistungen fein säuberlich in Sachleistungen (Ernährung, Unterkunft, Heizung, Kleidung, Gesundheits- und Körperpflege usw.) und Geldbeträge. Für »Leistungsberechtigte bis zur Vollendung des 14. Lebensjahres sind dies 40 Deutsche Mark (20,45 Euro) monatlich« und von Beginn des 15. Lebensjahres dann 80 Deutsche Mark (40,90 Euro) im Monat. Wenn diejenigen, die einen Anspruch auf diese Leistungen haben, nicht in »Aufnahme-einrichtungen« – ein Euphemismus für Flüchtlingslager – leben, bekommt das Familienoberhaupt 360 Deutsche Mark (184,07 Euro) im Monat, Kinder bis zur Vollendung des siebten Lebensjahres 220 Deutsche Mark (112,84 Euro) und Kinder ab acht Jahre 310 Deutsche Mark (158,50 Euro). Das Gesetz hat nicht die Alternative für Deutschland (AfD) geschrieben. Und doch: Man könnte ganz nostalgisch (Deutsche Mark!) werden, wenn man nicht schon vor Wut im Dreieck springen würde. Denn es ist höchste Zeit für ein Gesetz, das sozial und wirtschaftlich auf der Realität basiert und Asylbewerbern und anderen ein menschenwürdiges Leben ermöglicht. Wir erinnern uns: Diese Leute dürfen hier gar nicht arbeiten, unabhängig von ihrer Qualifikation.

Zum Glück hat das Bundesverfassungsgericht diese Beträge in seinem Urteil vom 18. Juli 2012 für ungültig erklärt und erhöht. Die Begründung dafür liest sich wie eine schallende Ohrfeige für den deutschen Umgang mit Asylbewerbern. Die Höhe des Asylbewer-berleistungsgesetzes sei »unzureichend«, weil es gegen das vom Grundgesetz garantierte »Grundrecht auf Gewährleistung eines menschenwürdigen Existenzminimums« verstößt. Dieses Existenz-minimum stünde als Menschenrecht »deutschen und ausländischen Staatsangehörigen, die sich in der Bundesrepublik Deutschland auf-halten, gleichermaßen zu«. Das Gesetz gilt übrigens nicht nur für Asylsuchende, sondern auch für Kriegsflüchtlinge, Opfer von Men-schenhandel, Geduldete usw., usw. Von den 143 698 Menschen, die 2011 Regelleistungen nach dem Gesetz erhielten, leben zum Bei-spiel mehr als zwei Drittel seit über sechs Jahren in Deutschland. Das Bundesverfassungsgerichtsurteil aus dem Sommer 2012 hat jetzt wenigstens einen Teil der Diskriminierung beseitigt und die Leistungen für viele den Hartz-IV-Sätzen angeglichen. Im Übrigen gibt es Bundesländer, in denen den Asylbewerbern jahrzehntelang kein Bargeld, sondern eine sogenannte »Sachleistung« erstattet wurde. Also Kleidung und Lebensmittel. Dabei wurde in Kauf ge-nommen, dass diese Praxis für den Steuerzahler durchaus teurer ist, weil sie auf die Asylbewerber abschreckender wirkt! Wo war der Bund der Steuerzahler?

Aufenthaltstitel

Der Oberbegriff für die verschiedenen amtlichen Nachweise, die Ausländern erlauben, nach Deutschland zu reisen und sich hier aufzuhalten, lautet Aufenthaltstitel. Diese amtlichen Nachweise sind die Aufenthaltserlaubnis (befristet), die Niederlassungserlaubnis (unbefristet) und das Visum. Bis vor wenigen Jahren gab es davon noch acht oder neun. Niemand wusste es so genau, also reduzierte man auf übersichtliche drei. Keinen Aufenthaltstitel brauchen EU-Bürger (wie Franzosen oder Rumänen) oder Bürger eines Landes, mit denen es gesonderte Abkommen gibt. Früher war der Aufenthaltstitel ein kleines Klebeetikett im Pass. Heute gibt es den sogenannten eAufenthaltstitel im Kreditkartenformat mit Lichtbild. Über dem Ausländerlichtbild auf der linken Seite ist ein Stier zu sehen, der etwas bedrohlich den Kopf senkt und mit den Hufen scharrt. Ich weiß nicht genau, was der Stier vorhat. Will er auf den Bundesadler auf der anderen Seite der Karte losgehen? Hoffentlich nicht. Gerade in Krisenzeiten braucht das spanisch-deutsche Verhältnis nicht noch mehr Anspannung. Oder steht der Stier für Zeus, der den Adler – nun ja, freien will? Das wäre ungut für die deutsch-griechischen Beziehungen.

Egal. Schließlich kommt es beim eAufenthaltstitel nicht auf das Design, sondern auf die inneren Werte an. Im Inneren befindet sich ein Chip, auf dem sich das Lichtbild des Inhabers in digitaler Form, zwei digitale Fingerabdrücke, Auflagen, die persönlichen Daten, eine qualifizierte elektronische Signatur und ein Guthaben von 50 Euro als eBegrüßungsgeld befinden.

Ausländer

Als Ausländer bezeichnet man im Jargon des Berliner Politikbetriebs die Vertreterinnen und Vertreter der Bundesländer in der Hauptstadt. Seitdem die Bundesregierung im Jahr 2000 vom Rhein an die Spree umzog, wandern immer mehr von ihnen nach Berlin ein. Sie folgen dem Lockruf üppiger staatlicher Alimentation und völliger kultureller Freiheit, die ihnen in der Enge ihrer streng religiös geprägten früheren Heimat Bonn verwehrt war.

Dabei unternehmen die Ausländer keinerlei Integrationsversuche. Sie stehen unter der politischen und kulturellen Kontrolle ihrer

Heimatländer. In den sogenannten Landesvertretungen haben sie Parallelgesellschaften gebildet, in denen sie ihren angestammten politischen, religiösen und gastronomischen Traditionen nachhängen. Auch die in Berlin oft schwer verständlichen Dialekte aus ihrer jeweiligen Provinz behalten sie hartnäckig bei.

Obwohl sie eigentlich nur auf Zeit in Berlin weilen sollen, entscheiden sich viele Ausländer, hierzubleiben. Dabei profitieren sie von den üppigen, vom hiesigen Steuerzahler finanzierten Annehmlichkeiten der deutschen Metropole. Sollte sich diese Tendenz fortsetzen, könnte sie sich zu einer erheblichen Gefahr für die soziale und kulturelle Kohärenz der deutschen Hauptstadt entwickeln.

Ausländerbehörde

Ausländer haben in Deutschland selbstverständlich eine eigene Behörde, die sich um sie kümmert (wer nicht?). Da wir uns im Land des zusammengesetzten Hauptwortes (ausländisch »Compositum«) befinden, ist das die Ausländerbehörde. Die Ausländerbehörde ist für alle Maßnahmen zuständig, die mit dem Pass- und Aufenthaltsrecht zu tun haben, und vollstreckt auch die Bestimmungen des Ausländerrechts aus anderen Gesetzen wie dem Asylbewerberleistungsgesetz oder dem Asylverfahrensrecht. Jede größere Stadt in Deutschland und jeder Landkreis hat seine eigene Ausländerbehörde. Ausländern, die in eher kleinen Städten wohnen, gibt dies immer wieder Gelegenheit zu einer Reise in die Kreisstadt, wenn es um Visa-Angelegenheiten, die Aufenthaltserlaubnis oder Einbürgerungsfragen geht. Die Ausländerbehörde ist also so etwas wie ein Reisebüro mit ganz langen Wartezeiten. Ich habe netto ein halbes Jahr meines Lebens auf Wartezimmern von Ausländerbehörden verbracht. Manche sollen dort Familien gegründet haben.

Ausländerbeirat

Ausländerbeiräte heißen heutzutage oft auch Integrationsbeiräte. Der sprachliche Fortschritt ist nicht aufzuhalten! Was allerdings gleich geblieben ist, ist das schöne Wörtchen Beirat. Beirat ist ein Euphemismus dafür, dass ein Gremium zwar viel reden kann, aber nichts zu sagen, also zu entscheiden hat. Ausländer- und Integrationsbeiräte gibt es, wie könnte es in Deutschland auch anders sein, auf Bundes-, Landes- und Kommunalebene. Insofern ist also alles in bester Ordnung.

Auf Bundesebene waren die Verantwortlichen bei der Wortwahl besonders einfallsreich: Dieses Gremium heißt Bundeszuwanderungs- und Integrationsrat (BZI). Im BZI haben sich 13 Landesarbeitsgemeinschaften der kommunalen Ausländervertretungen zusammengeschlossen. Der BZI repräsentiert etwa vier Millionen Ausländer und sitzt nah am Zentrum der Macht, also in Saarlouis. Auf seiner Facebook-Seite, die wirklich aktuell und interessant ist, hat der BZI 97 Likes. Ich weiß, lästern ist einfach. Und auf allen Ebenen stecken die Beirats- und Ratsmitglieder sicher viel Arbeit in ihren ehrenamtlichen Job. Aber wenn ich mir zum Beispiel meine hessische Heimat anschaue, sehen die Fakten so aus: Bei den Wahlen zu den Ausländerbeiräten in Hessen, in 89 Kommunen und zwei Landkreisen im November 2010, belief sich die Wahlbeteiligung auf 8,15 Prozent! Und das, obwohl man für die Infokampagne mit dem Slogan »Hier leben, hier wählen!« den damaligen Eintracht-Stürmer Ioannis Amanatidis – Fußballgott! – als Zugpferd gewonnen hatte.

Schlage ich also vor Entsetzen die Hände über dem Kopf zusammen? Nö. Was wichtig ist zu wissen: Rund 40 Prozent derer, die sich in Hessen zur Wahl gestellt haben, konnten selbst nicht abstimmen. Warum? Weil sie inzwischen eingebürgert sind und damit noch das passive aber nicht mehr das aktive Wahlrecht für die Ausländerbeiräte haben. Wen wundert es denn, dass ein Gremium ohne echte Einflussmöglichkeiten oder Entscheidungskompetenzen nur wenig Interesse weckt?

Ausländerzentralregister

Wer behauptet, nur die NSA wäre zu Höchstleistungen in der Erfassung, Speicherung und Weitergabe von Daten potenziell gefährlicher Bürgerinnen und Bürger in der Lage, der hat sich getäuscht.

Im Ausländerzentralregister sind 25 Millionen personenbezogene Datensätze nichtdeutscher Menschen in Deutschland erfasst, selbstverständlich auch von EU-Bürgern. Dabei qualifiziert es sich als »eines der ganz großen automatisierten Register der öffentlichen Verwaltung der Bundesrepublik Deutschland, mit einer Systemstabilität und -sicherheit, die keinen Vergleich zu scheuen braucht«, so die Selbstauskunft der Angeber vom Bundesverwaltungsamt (BVA). Damit die maximale Wirksamkeit des Registers sichergestellt wird, dient es »mehr als 7000 Partnerbehörden und Organisationen mit weit über 80 000 Nutzern als konstante und innovative Informationsquelle«, so das BVA weiter. Geben Sie es zu! So hatten Sie die konstante und innovative NSA-Affäre noch nicht gesehen.

Dabei kann die Bundesrepublik auch hier auf die Vorarbeit deutscher Verwaltungspioniere zurückgreifen. Vorläuferin des Ausländerzentralregisters war die bereits 1938 eingeführte, weltweit einzigartige Ausländerzentralkartei. Und transparent den Ausländern gegenüber ist dies ja auch: Während international die Geheimdienste alle Menschen heimlich gründlich überwachen, informieren unsere Behörden über die Überwachung der Ausländer in Deutschland auf ihren Webseiten. Wer will sich da noch beschweren?

Aussiedler

Aussiedler gibt es nicht mehr. Seit dem 1. Januar 1993 gibt es nur noch Spätaussiedler. Laut Gorbatschow bestraft die zu spät Gekommenen das Leben. Das ist bei den Spätaussiedlern aber nicht so. Wer als Spätaussiedler anerkannt wird, erhält automatisch die deutsche Staatsbürgerschaft. Weil er ein »deutscher Volkszugehöriger« ist, wie es im Bundesvertriebenengesetz heißt. Und wer ist ein deutscher Volkszugehöriger? »Wer sich in seiner Heimat zum deutschen Volkstum bekannt hat, sofern dieses Bekenntnis durch bestimmte Merkmale wie Abstammung, Sprache, Erziehung, Kultur bestätigt wird.« – So bestimmt es ebenfalls das Bundesvertriebenengesetz. War die Person dann in der alten Heimat integrationswillig?

Diese Definition hat in den letzten Jahren allerdings ein ernsthaftes Problem mit sich gebracht: Die Konservativen haben sich lange nicht ernsthaft um Integrationshilfen für die Aussiedler gekümmert – das sind ja Deutsche. Die linke Hälfte der Gesellschaft aber auch nicht, denn sie lehnte ja den völkischen Ansatz, der Aussiedler ausmacht, komplett ab.

So wollten die einen die Probleme der abertausenden Neuankömmlinge nicht wahrhaben, während es die anderen gar nicht erst interessierte. Der Klassiker der deutschen Integrationsneurose: Die eigene Weltanschauung ist viel wichtiger als die Suche nach Lösungsansätzen, um Menschen zu helfen.

Ausweisen

Gut vier Wochen nach seiner Wahl zum Bundeskanzler verkündete Helmut Kohl Ende Oktober 1982, dass er die Türken in Deutschland halbieren wolle. Nun ist Helmut Kohl zum Glück kein »wackrer Schwabe« wie der Reitersmann in Uhlands Ballade über Barbarossas Kreuzzug, sondern ein gemütlicher Pfälzer. Also sollte diese Türkenhalbierung ohne Blutvergießen vor sich gehen. Dennoch, 50 Prozent der Türken sollten das Land verlassen, so Kohl damals in einem geheimen Gespräch mit Margaret Thatcher in Bonn. An die Öffentlichkeit kam das, weil die Geheimhaltungsfrist für solche Geniestreiche nach 30 Jahren abläuft.

Das Medienecho war nach der Veröffentlichung der Dokumente im August 2013 groß. Schließlich hatte Kohl laut den Gesprächsprotokollen auch noch gesagt: »Es sei unmöglich für Deutschland, die Türken in ihrer gegenwärtigen Zahl zu assimilieren ... die Türken kämen aus einer sehr andersartigen Kultur.« Es ist anerkennenswert, dass Kohl zu dem Thema nicht einfach schwieg, sondern in einer von seinem Büro veröffentlichten Stellungnahme bekräftigte, dass die britischen Dokumente seine damalige Position korrekt wiedergäben. Die Aussage zur Halbierung der Zahl der Türken in Deutschland »war damals auch in Deutschland bereits Teil einer hinreichend und breit geführten Debatte zur Ausländerpolitik«, so Kohl. Damit hatte er ohne Zweifel recht. Und das galt in den Achtziger-Jahren und auch schon in den Siebzigern nicht nur für CDU und CSU, sondern auch für die große Mehrheit der SPD. Interessant war, dass die historischen Gesprächsprotokolle keinen Aufschrei der Empörung auslösten – auch nicht bei den Türken. So sagte der Vorsitzende der Türkischen Gemeinde in Deutschland, Kenan Kolat, in der ›Berliner Zeitung‹: »Heute kann sich die politische Klasse so etwas nicht mehr leisten. Das ist ein Fortschritt.«

Das ist sicher richtig. Um das Thema des Ausweisens gab es in Deutschland aber auch 2013 noch ganz aktuelles Gezänk: Ex-Bundesinnenminister Friedrich – heute nicht mehr für die Ausländer zuständig – wollte sich im Vorfeld der Bundestagswahl im Juni als Sprücheklopfer profilieren. Weil die Kommunen klagen, dass angeblich immer mehr Bulgaren und Rumänen in die Sozialsysteme einwandern, redet Friedrich bei einem Treffen der EU-Innenminister in Luxemburg von Betrügern, von Ausweisungen und von »Einreisesperren für eine bestimmte Zeit, damit sie am nächsten Tag nicht wiederkommen können. Wenn die dann irgendwo aufgegriffen werden, dann kann man ohne großes Federlesen sie wieder rausschmeißen, und das ist das Entscheidende.« Der Minister war anscheinend auf Krawall gebürstet. Die drei Jahrzehnte seit Kohls, man bedenke, nichtöffentlichen Worten, sind offensichtlich wie im Flug vergangen. Dass die Beschränkung der Freizügigkeit für Rumänen und Bulgaren am 31. Dezember 2013 enden würde, wusste Friedrich damals – hoffentlich.

Die EU-Kommission reagierte dann auch kühl: Es gebe die Möglichkeit, Betrüger aus einem EU-Land auszuschließen, das seien aber Entscheidungen nach Prüfung von Einzelfällen. EU-Innenkommissarin Cecilia Malmström hielt dem Bundesinnenminister entgegen: »Wir haben bislang noch keine Zahlen oder Beispiele erhalten.« Die Kommission werde die Freizügigkeit von EU-Bürgern nicht einschränken.

Wenn ich mich an den Satz von Kenan Kolat zum Fortschritt erinnere, fällt mir nur noch ein: Friedrich machte den Fortschritt zur Schnecke.

BAFL

Das BAMF hieß früher BAFL.

Bağışlayıcı, Uğur

Versuchen Sie bitte nicht, diesen Namen allein zu Hause auszusprechen. Er kommt in der Liste der klassischen, unaussprechbaren Namen von Ausländern knapp vor Küpelikilinc, aber noch weit vor denen mit den ganzen OUs. Deshalb hat sich der Inhaber dieses Namens umbenannt. Und zwar nach Dingen, die auch normale Deutsche nicht nur kennen, sondern auch aussprechen können. Er heißt seit Jahren nun Django Asül.

BAMF

Das BAMF (Bundesamt für Migration und Flüchtlinge) hieß früher BAFL (Bundesamt für Flüchtlinge). Es ist eine Behörde mit einem Hauptsitz in Nürnberg und gibt sich auf seiner Webseite dennoch wie ein modernes Dienstleistungsunternehmen. Oben rechts prangt das Mission Statement: »Den Menschen im Blick. Schützen. Integrieren.« – so definiert das BAMF seine Ziele. »Migration nach Deutschland«, »Willkommen in Deutschland« oder »Einbürgerung« lauten die Menü-Überschriften. Es gibt ein »Migrantinnen-Forum«, einen »Vielfalt-Finder«, Migrationsberatung, BAMF-Hotlines, und natürlich lächeln mir von der Webseite Menschen aller Hautfarben freundlich entgegen. Aber wer könnte das BAMF besser beschreiben als das BAMF selbst? Das schreibt das Bundesamt als Ankündigung des Tags der offenen Tür zu seinem 60. Geburtstag im Oktober 2013:

»Der Gegensatz könnte nicht größer sein: Von der SS-Kaserne zum Bundesamt für Migration und Flüchtlinge (BAMF). Vom ›Einfallstor des Reichsparteitagsgeländes‹ zu einem Ort, an dem

Flüchtlingen Schutz vor Verfolgung gewährt wird, Migrantinnen und Migranten bei der Integration in unsere Gesellschaft unterstützt werden und die Etablierung einer Willkommens- und Anerkennungskultur in unserer Gesellschaft zentrales Thema ist.«

Von der SS-Kaserne zur Willkommens- und Anerkennungskultur in eineinhalb Sätzen, das muss man erst einmal können! Und dann auch noch Deutschland gleich um zwei Kulturen reicher gemacht. Wenn das nicht moderne Dienstleistung ist!

Was aber sind nun die Aufgaben des BAMF? Erstens entscheidet das Amt über die Asylanträge und die Anerkennung von Flüchtlingen und zweitens ist es der Kopf der gesamten deutschen Integrationsindustrie. Darüber hinaus organisiert es im Auftrag der Bundesländer die Einbürgerungstests, führt das Ausländerzentralregister, ist für die europäische und internationale Zusammenarbeit im Bereich der Asyl- und Migrationspolitik zuständig und ist Geschäftsstelle der Deutschen Islam Konferenz (sic!). Das ist nur eine Auswahl der vielfältigen Aufgaben des BAMF. Man sieht, die 2200 Mitarbeiterinnen und Mitarbeiter haben gut zu tun. Wie heißt es so schön im Vorwort aus dem Jahr 2008 des noch heute gültigen Leitbilds der Behörde:

»Mit der Übertragung neuer Aufgaben in den Bereichen Zuwanderung, Integration und Rückkehrförderung bieten sich interessante Perspektiven und Entwicklungsmöglichkeiten.«

Den Ausländern sei Dank!

Berechtigungsschein

»Der Berechtigungsschein ist die Erlaubnis für den Zuwanderer, an einem Integrationskurs teilzunehmen.« Diese Definition gibt das BAMF im Glossar seiner Webseite. Sprachlich ist dieser Satz vor allem eines – Blödsinn. Ein Berechtigungsschein ist die offizielle Bestätigung, dass ich ein Recht auf etwas habe. Und wenn ich ein Recht auf etwas habe, heißt das explizit, dass ich keine Erlaubnis brauche, um dieses Recht wahrzunehmen.

Vielleicht sollte das BAMF als Kopf der Integrationsindustrie bei einem offiziell zugelassenen Integrationskursträger nachfragen. Aber leider gibt es in dem insgesamt 600-stündigen Sprachkurs kein Modul für verständliches Amtsdeutsch.

Beschneidung

Nach Mitternacht in Berlin. Ich komme von einem Abstimmungsmarathon im Plenum des Deutschen Bundestages nach Hause, werfe mich mit der Fernbedienung bewaffnet auf die Couch, um ein wenig herunterzukommen vor dem Schlafengehen. Beim Zappen bleibe ich bei einem Lokalsender hängen, der auf der Straße wahllos Passanten nach ihrer Meinung zur Beschneidungsdebatte befragt. Ein übergewichtiger Schnurrbartträger mit Jeansweste zuckt mit den Schultern und sagt in unnachahmlicher Berliner Schnauze: »Ach, wen interessiert das bisschen Pelle!«

Schön, dass es noch unaufgeregte Beiträge gibt, beim Thema Beschneidung ist das eher die Ausnahme. Doch worum geht es bei der Diskussion eigentlich, nachdem das Landgericht in Köln die Beschneidung von Jungen aus religiösen Gründen für »unangemessen« erklärt hat?

Zunächst einmal ist es eine Diskussion über die Beschneidung von Jungen, die Beschneidung von Mädchen ist unbestritten eine Barbarei. Wer sich dieser in ihrer gesamten Varianz (inkl. des »Zunähens«) und ihren Konsequenzen für das spätere Sexualleben der Mädchen beschäftigt hat, kann gar nicht erst dazu kommen, diese mit der Beschneidung von Jungen zu vergleichen.

Zweitens hat das Landgericht keineswegs die Beschneidung an sich kritisiert. Die Diskussion dreht sich nicht um das Ob einer Beschneidung, sondern um den Zeitpunkt. Und zwar über den einer Beschneidung aus religiösen Gründen. Dass in den USA die große Mehrheit der Männer beschnitten ist, weil die Beschneidung dort so etwas wie eine Standard-Hygiene-Maßnahme ist, stört die Verbotsbefürworter keineswegs in ihrer Argumentation.

Damit sind wir beim Dritten. Es geht bei der Debatte im Kern um das jüdische Leben in Deutschland. Auch wenn manche muslimischen Verbände ihren Unmut äußerten, weil die Gemütslage dort nach Debatten wie die um das Buch von Thilo Sarrazin eine gekränkte ist – es gibt im muslimischen Glauben keine Vorschriften über den Zeitpunkt der Beschneidung, bei den orthodoxen Juden aber ist der achte Tag nach der Geburt für die Beschneidung festgeschrieben. Deshalb sollte man sich sehr genau überlegen, was ein Verbot von Beschneidungen von männlichen Säuglingen für das jüdische Leben ausgerechnet in Deutschland bedeutet.

Viertens sollte man sehr genau darauf achten, wie qualifiziert man diskutiert. Wer also mit Begriffen wie »Körperverletzung« um sich wirft, sollte bedenken: Eine »Körperverletzung« ist nicht in jedem Fall strafbar, denn eine Blinddarmoperation ist nach strenger Auslegung des Gesetzes auch eine Körperverletzung.

Die Diskussion dreht sich im Kern gar nicht um die Beschneidung selbst, sondern um Religion im Allgemeinen und vermeintliche kulturelle Unterschiede. Und hier wird's fast immer hitzig. »Antisemitisch« und »rassistisch« nennen die einen die Beschneidungskritiker, und die, die Beschneidung praktizieren, müssen sich als »Kinderschänder« diffamieren lassen. Ich selbst habe zig wütende Briefe und E-Mails bekommen, die mit Begriffen wie »Verstümmelung« und »Amputation« anfangen und bei »Dr.-Mengele-Praktiken« aufhören.

Dabei wurde mir schriftlich meine eigene Traumatisierung (wie die von Milliarden anderer Männer in den letzten 2500 Jahren!) aufgrund meiner Beschneidung attestiert, von Leuten, die mich noch nie gesehen haben! Und fast alle diese Zuschriften hören mit dem Hinweis auf, dass wir »im 21. Jahrhundert« lebten. Leute, ich weiß, ich habe wirklich einen großen Kalender im Büro hängen!

Die Diskussion ist aber trotz und jenseits der irre lauten Töne eine sehr berechtigte. Ein Großteil der jüdischen Gemeinden in Großbritannien praktiziert den Ritus einer »symbolischen Beschneidung«, bei der die üblichen Beschneidungsfestivitäten begangen werden – aber eben ohne die Beschneidung selbst. Diese wird dann vom Kind im mündigen Alter selbst entschieden. Diese Praxis ist zweifelsfrei die beste und einfachste Vereinbarung zwischen den Prinzipien der körperlichen Unversehrtheit auf der einen und der Religionsfreiheit auf der anderen Seite. Wobei die körperliche Unversehrtheit in diesem Fall als Prinzip tatsächlich wichtiger ist als »das bisschen Pelle«.

Die britische Variante aber haben die Gemeinden nach langer Debatte selbst und freiwillig eingeführt. Hätte der Staat die symbolische Beschneidung eingeführt, hätte er die tatsächliche Beschneidung in die Hinterhöfe getrieben, wo sie nicht unbedingt hygienischer und medizinisch sauberer praktiziert wird als in Krankenhäusern.

In der vierten Staffel der großartigen TV-Serie »Desperate Housewives« (Nein, ich habe kein Freizeit-Problem!) gibt es eine Folge, in der Bree Van de Kamp gegen den Willen ihres Mannes Orson Hodge den Neugeborenen von einem Rabbiner beschneiden lässt, der zufällig in der Nachbarschaft ist. Zuvor hatte Orson in jeder denkbaren Klinik und Arztpraxis in der Umgebung angerufen, um zu verhindern, dass das Kind gegen seinen Willen beschnitten wird. Nach einem Verbot würde es dem Staat so gehen wie dem armen Orson.

Bildungsinländer

Deutschland wird oft vorgeworfen, Ausländern das Leben schwer zu machen – also ganz besonders Ausländern, die in Deutschland leben. Natürlich steht Deutschland auch im Ruf, Ausländern im Ausland das Leben schwer zu machen. (Das erzählen mir vor allem alle Holländer, die ich kenne, seit Frank Rijkaards roter Karte im WM-Spiel 1990 gegen Deutschland.) Deutschland wird oft dafür kritisiert, dass es Ausländern das Leben schwer macht, besonders wenn es darum geht, Deutscher zu werden – falsch! Als Ausländer in Deutschland zum Inländer zu werden, ist gar nicht so schwer. Zugegeben, nicht ein wirklicher Inländer mit Pass, allen Rechten und so weiter, aber immerhin ein Bildungsinländer. Sie kennen nicht den schönen Begriff des Bildungsinländers? Ein Bildungsinländer ist ein Ausländer, der seine Hochschulzugangsberechtigung in Deutschland oder an einer deutschen Auslandsschule erworben oder einen speziellen Eignungstest abgelegt hat. (Die österreichische Matura oder die Schweizer Matur werden auch gerne akzeptiert. Trotz ihres oft unverständlichen Idioms. Fairerweise gebe ich zu, dass Deutsch in Österreich und der Schweiz eine der Amtssprachen ist.) Das Gegenstück zum Bildungsinländer ist übrigens der Bildungsausländer, also jemand, der seine Hochschulzugangsberechtigung im Ausland erworben hat. Der deutsche Pass ist nicht entscheidend, sondern der Ort, an dem der Abschluss erworben wurde.

Interessant an dieser Unterscheidung zwischen In- und Ausländern im Bildungswesen ist, dass hier ausnahmsweise die Staatsangehörigkeit einmal gar keine Rolle spielt, sondern die Qualifikationen. Das ist ja leider, wenn es um Migrationsfragen, Einbürgerung oder Ähnliches in Deutschland geht, nicht oft der Fall. Schade ist allerdings, dass sich dieser eigentlich gute Ansatz zwar einfach anhört, aber in der Praxis oft zu erheblichem bürokratischem Hickhack führt. Und da sind wir wieder bei einem deutschen Staat, der eigentlich allen das Leben schwer macht.

Binnen-Flüchtlinge

Von den knapp 50 Millionen Menschen auf der Flucht sind fast zwei Drittel Binnen-Flüchtlinge. Wobei der korrekte Begriff eigentlich »Binnen-Vertriebene« ist. Die meisten von ihnen haben gar keine Möglichkeit, ihr Land zu verlassen. Sie haben in der Regel ihr Hab und Gut liegen lassen, um zu überleben, und hausen, wenn sie Glück haben, in Zelten in einem großen Camp des Flüchtlingswerks der Vereinten Nationen. Sie sind auf täglicher Suche nach Essen und Medikamenten – und nicht auf dem Weg nach Deutschland.

Bio-Deutsche

Die Bio-Deutschen sind diejenigen, die schon immer Deutsche waren – quasi Genom. Zumindest glauben das einige von ihnen. Die Bio-Deutschen hat also quasi die Gnade der deutschen Geburt, gepaart mit dem Vorhandensein zweier deutscher Elternteile ereilt. Glückwunsch, schön für sie! Schließlich lebt es sich in Deutschland wirklich gut – in jeder Hinsicht. Die Bio-Deutschen können sich nicht nur über ihr Dasein in einem wohlhabenden, demokratischen und sicheren Land freuen, sondern sie sind in Deutschland in der Mehrheit: In Deutschland gibt es rund 66 Millionen Bio-Deutsche – das sind 80,5 Prozent der Bevölkerung.

Bekanntlich gibt es in Deutschland aber nicht nur Bio-Deutsche, sondern auch rund 16 Millionen Mitbürger mit Migrationshintergrund – von mir gerne MiMiMis genannt. Von den MiMiMis sind 7,19 Millionen Ausländer und 8,77 Millionen Deutsche. Und gerade Letztere verwirren die Bio-Deutschen manchmal ganz besonders. Warum? Weil zum Beispiel in vielen Köpfen (und nicht nur in biodeutschen Köpfen) noch eine Vorstellung davon spukt, wie ein Deutscher auszusehen hat. Ja, ja – da sieht eine oder einer aus »wie ein Ausländer«. Und wie sieht der eigentlich aus, der Ausländer? Irgendwie anders auf jeden Fall, denken sich jedenfalls die, in deren Hirn es noch spukt.

Das ändert sich zum Glück gerade. Nicht zuletzt wegen der Fußballer der deutschen Nationalmannschaft: Özil, Khedira, Boateng und andere treffen dafür.

So ist noch nicht alles gut, aber vieles wird besser. Und wenn das so weitergeht, hat dieses Buch in hoffentlich naher Zukunft nur noch einen historischen Wert, denn dann versteht irgendwie niemand mehr, warum man über das Thema Bio-Deutsche und MiMiMis überhaupt ein Buch schreiben konnte. Und erst recht versteht niemand mehr Bücher über Bio-Deutschen-Genome und deren Auswirkung auf Intelligenz. Ach, wie schön das doch wäre!

Bleiberecht

Ein Bleiberecht ist das Recht zu bleiben. Es ist das der Traum aller Menschen, die hier leben, hier zur Arbeit oder in die Schule gehen, teilweise sogar hier geboren sind, aber nur eine Duldung haben.

Blue Card

Die Blue Card ist eigentlich eine Green Card, die aber nicht so heißen darf. Denn Green Card, das haben die Einwanderungsländer wie die USA. Wir sind ja kein Einwanderungsland, wir wollen ja keine Einwanderung. Deshalb ist unser Grün eben blau. Und Raider heißt jetzt Twix. Sonst ändert sich nix.

Blutsprinzip

Das auch als Abstammungsprinzip bekannte »ius sanguinis« ist das Rundum-Sorglos-Paket zur Erlangung der deutschen Staatsbürgerschaft. »Wer als Kind deutscher Eltern geboren wird, braucht sich um seine Staatsangehörigkeit wenig Gedanken zu machen«, so die flotte Erklärung dieses Angebots auf der Internetseite der Beauftragten der Bundesregierung für Migration, Flüchtlinge und Integration. Denn: »Für das Kind ist es selbstverständlich, seit seiner Geburt die Staatsangehörigkeit der Eltern zu haben.«

Man muss nicht lange suchen, um – jenseits des Aufrufs zur Gedankenfreiheit – den Haken an diesem Angebot zu finden: Es gilt nicht für alle. Während Kindern deutscher Eltern das deutsche Genie durch das Blut übertragen wurde, muss es sich der Rest hart erarbeiten. Deshalb haben die anderen Möglichkeiten, die deutsche Staatsbürgerschaft zu erlangen, eine lange Reihe an Fußnoten, deren Bewältigung die Reife für das Deutschsein attestieren kann.

Beim Territorialprinzip (ius soli) ist dies noch vergleichsweise einfach. Hier geht es bei der sogenannten Optionsregelung schlicht darum, dass sich auf deutschem Boden geborene Kinder nichtdeutscher Eltern mit Erreichen der Volljährigkeit entscheiden müssen, entweder die deutsche Staatsangehörigkeit, die ihnen quasi vorübergehend verliehen wurde, abzugeben, oder auf die nichtdeutsche, die ihnen qua Blutsprinzip von ihren Eltern vererbt wurde, zu verzichten.

Bei der Anspruchs- oder Ermessenseinbürgerung hingegen wird der Katalog an Gesetzen, Verordnungen und Gerichtsurteilen zu einem schwierigen Hindernisparcour.

Boot

Die Flüchtlingsdebatte ist reich an Metaphern. Die am meisten bemühte ist wohl die vom Boot, das – wie könnte es anders sein – voll ist. Als Urheber dieser Sprachfigur gilt der Schweizer Bundesrat Eduard von Steiger. In einer Rede am 30. August 1942 sagte er:

> »Wer ein schon stark besetztes, kleines Rettungsboot ... zu kommandieren hat, indessen Tausende von Opfern einer Schiffskatastrophe nach Rettung schreien, muss hart scheinen, wenn er nicht alle aufnehmen kann. Und doch ist er noch menschlich, wenn er beizeiten vor falschen Hoffnungen warnt und wenigstens die schon Aufgenommenen zu retten sucht.«

Diese Rede hielt er auf einem christlichen Blasmusikfest, während er unter einem Banner mit der Aufschrift »Euer Meister Christus« stand. Im Zweiten Weltkrieg war in der Schweiz das Boot also voll vor Menschen, die aus Deutschland fliehen wollten.

In Deutschland war wiederum das Boot nach der Vereinigung schnell voll, wie die Partei »Die Republikaner« auf einem Plakat zur Hamburger Bürgerschaftswahl im Juni 1991 verkündete. Das lag natürlich nicht an den Thüringern, Sachsen und Mecklenburgern, die nun endlich Neu-Bundesbürger waren. Auf dem Propaganda-Machwerk der Reps sind vielmehr rassistisch überzeichnete Scheichs, Chinesen (vielleicht sind es auch Koreaner, da ist die Zeichnung nicht so genau), Schwarze zu sehen, die auf einem überfüllten Comic-Holzkahn, die deutsche Flagge hissen – versehen war das Plakat mit den Schlagzeilen »Das Boot ist voll!« und »Schluss mit Asylbetrug!«. Dass diese rechtsextreme Partei und ihre Sympathisanten rassistisch-polemische Ekelpakete waren und sind – ja, ja, es gibt sie noch –, ist nicht überraschend. Aber dann passierte am 8. August 1991 ein Bootsunglück, das die Stimmung in Deutschland hysterisierte: Der albanische Frachter Vlora lief mit mehr als 10 000 Menschen an Bord im süditalienischen Hafen Bari ein. Schon im Frühjahr waren albanische Flüchtlingsboote in anderen italienischen Häfen angekommen, aber die große Zahl der Menschen auf der Vlora führte in Bari zu einer Überforderung der Behörden. Die Menschen wurden im Fußballstadion untergebracht. Die Zustände waren chaotisch.

Die bildungsbürgerliche Presse reagierte daraufhin mit biblischer Sprachgewalt: ›Spiegel‹, ›Zeit‹ und ›FAZ‹ schrieben zu den Fotos des Schiffes in hübscher Eintracht vom »Menetekel von Bari«. Das Menetekel ist im Buch Daniel die Warnung Gottes an den saufenden und feiernden König Belsazar, dass sein Königreich untergehen werde. Nun wurde nach der Vereinigung in Deutschland sicher viel gesoffen und gefeiert, aber solche alttestamentarischen Feinheiten sind nicht der Stil der ›Bild-Zeitung‹. Die schrieb lieber am 14. August »Die Asylanten-Katastrophe: Morgen auch bei uns?«. Und der Spiegel fantasierte wenig später dann darüber, was wohl passieren möge, wenn 20 000 Flüchtlinge mit dem Boot nach Bremerhaven kämen. Das Bild der Menschen auf dem Frachter Vlora wurde endgültig Teil des kollektiven Gedächtnisses, als der Modekonzern Benetton es auch noch für eine Werbekampagne verwendete.

Seitdem ist in Deutschland alle paar Jahre mal wieder »das Boot voll«, das war 1998 so und ist 2013 nicht anders. Diese Diskussion wird dann gekoppelt mit verächtlichen Vokabeln wie »Wirtschaftsflüchtling« oder der »Einwanderung in die Sozialsysteme«. 1991 riskieren und verlieren Menschen ihr Leben auf Flüchtlingsbooten, 2013 auch. Woher sie kommen, ob aus Albanien oder Afrika, ist völlig egal. Die Diskussion kommt nicht weiter und bleibt in derselben aggressiv-rechtfertigenden Metapher stecken.

Im Mittelmeer kenterte am 3. Oktober 2013 vor der italienischen Insel Lampedusa ein Boot, auf dem sich vermutlich 545 Menschen befanden, die genaue Zahl kennt niemand. Die meisten waren Flüchtlinge aus Eritrea. 155 Menschen wurden lebend gerettet. Das ist die einzige Zahl, die feststeht. Die genaue Zahl der Toten kennt niemand – »mindestens 360« meldet die Tagesschau, »mehr als 390« schreiben Agenturen. Das Boot war in Seenot geraten. Anschließend hatte der Kapitän nach Angaben der Passagiere Decken angezündet, um in der Dunkelheit andere Schiffe auf das Boot aufmerksam zu machen. Dadurch brach an Bord ein Brand aus.

Dieses Boot war nur eines der zahlreichen, die bereits zwischen Afrika und Europa untergegangen sind. So kamen allein 2011 48 000 Menschen mit Booten nach Lampedusa. Zwischenzeitlich lebten dort 6000 Flüchtlinge – die Insel ist etwa so groß wie Amrum oder Langeoog. Wir werden niemals erfahren, wie viele Tausend Menschen auf dem Weg in italienische oder maltesische Häfen bereits ums Leben gekommen sind und immer noch ums Leben kommen.

Die Katastrophe vom 3. Oktober 2013 jedoch ließ viele erstmals aufschrecken, die Opfer bekamen im Nachhinein ein italienisches Staatsbegräbnis. Italiens Ministerpräsident Enrico Letta erklärte sie posthum zu italienischen Staatsbürgern. Hätten sie überlebt, wären sie abgeschoben worden. Am 11. Oktober 2013 kenterte ein weiteres Flüchtlingsschiff, diesmal zwischen Malta und Lampedusa. Dabei starben mindestens 34 Menschen. Die öffentliche Aufmerksamkeit war wesentlich geringer.

Bringschuld

Wenn ich bei der Suche im Internet »Bringschuld m« eingebe, schlägt mir die Suchmaschine als Erstes »Bringschuld Miete«, dann »Bringschuld Mietrecht« und schon als Drittes »Bringschuld Migranten« vor. Interessant! Noch interessanter sind die Suchergebnisse: Natürlich bringt Heinz Buschkowsky gern einen Re-Mix seines alten Stammtisch-Hits »Der Beginn jeder Integration ist die Bringschuld der Migranten« unter die Leute. Vielleicht war das aber auch kein Re-Mix, sondern eine Coverversion von Thilo Sarrazins größten Chart-Erfolgen, die Unterscheidungen sind da manchmal schwierig, und außerdem will ich mich hier nicht mit Hennen bzw. Hähnen und ihren Eiern aufhalten.

Oder es schreibt die ›FAZ‹ im Februar 2013 ebenso bedeutungsschwer wie unverständlich: »Die Weltanschauung fast aller hiesigen Parteien wurzelt tief in der deutschen Geschichte, was den intellektuellen und emotionalen Zugang für Zugewanderte erschwert.« Wohlgemerkt, es geht in dem Kommentar zunächst einmal um die Tatsache, dass sich vermeintlich nur wenige Migranten in Beiräten von Kindergärten und Schulen finden. Von diesem Ausgangspunkt kommt der Autor dann zu den Bemühungen der Parteien, Migranten für die Kommunalpolitik zu gewinnen. Er macht diverse gute Vorschläge »Patenschaften« oder »Förderung von Identifikationsfiguren« und schreibt aber dann doch: »Die Parteien sollten sich aber nicht scheuen, Engagement als Bringschuld zu bezeichnen.«

Widerspruch! Parteien sollten sich sehr wohl scheuen, Engagement als Bringschuld zu bezeichnen – es sei denn, sie stehen auf

Kriegsfuß mit der deutschen Sprache oder sind aus anderen Gründen verwirrt. Jeder, der in Deutschland lebt, hat Rechte, Pflichten und Rechtsansprüche, die auch an Bedingungen geknüpft sein können. Diese ergeben sich in einem Rechtsstaat aus den Gesetzen. Dazu gehört beispielsweise nicht, dass alle Parteimitglieder sein müssen.

Das Lied von der Bringschuld ist so abgenudelt wie ein alter Schlager. Das gilt übrigens auch dann, wenn umgekehrt eine Bringschuld der Gesellschaft proklamiert wird. Integration ist eine Leistung und eine Frage des Eigeninteresses. Wer sich engagiert, erfüllt deshalb keine Bringschuld, sondern arbeitet an der eigenen Zukunft. Wie dafür sinnvolle Rahmenbedingungen aussehen, darüber können und werden wir weiter streiten.

Broder, Hendryk M.

Hendryk M. Broder sieht zum Knuddeln aus, etwa wie eine Kreuzung zwischen einem gütigen Märchen-Opa und dem Hexenmeister Catweazle. Aber jeder, der schon mal etwas von Broder gelesen oder ihm im Radio oder im Fernsehen beim Polemisieren zugehört hat – das Argumentieren gehört eher nicht zu seinen Stärken –, weiß, dass er ein äußerst lauter und widerborstiger Broder ist.

Wer Broder wirklich kennenlernen will, kommt um den Blog »Achse des Guten« nicht herum, den Broder mit Dirk Maxeiner und Michael Miersch betreibt. Hier bekommen die Leser einen uneingeschränkten Überblick über Broders publizistische Tatkraft. Hier finden sich nicht nur seine Welt-Kolumnen, sondern Broders gesamte publizistische Welt. In seinem Web-Tagebuch schreibt Broder zum Beispiel über öffentliche Toiletten und Pinkelpreise in Deutschland, fotografiert den Hund Chico in Virginia in den USA vor einem Plastikschwein, seziert »Die letzten Tage Europas« und lästert über deutsche Gedenkkultur anlässlich des 9. November – und das ist nur eine Auswahl aus seinen Blogeinträgen einer einzigen Woche.

Sein Debattenbeitrag zum 9. November wurde auch in der Zeitung ›Die Welt‹ veröffentlicht. Im Blog kündigt er ihn unter der Überschrift »Auf, auf zum Kampf« mit folgendem Auszug aus dem ›Welt‹-Kommentar an:

»Man möchte auch wissen, warum in einer Stadt, in der die Benutzung der S- und U-Bahn mit einem unkalkulierbaren Risiko verbunden ist, die Bürger vom Staat zum Kampf gegen rechts auf-

gerufen werden ...? Weil die Prügler und Totschläger keinen rechten, sondern meistens einen Migrationshintergrund haben?«

Klickt man dann weiter zur Webseite der ›Welt‹, kann man einen echten Broder-Slalom verfolgen, vom »deutschesten aller Gedenktage« bis zur Sicherheit in der Berliner S- und U-Bahn und wieder zurück. Zwischen den Zeilen lauert schon das Sagendürfen – wie in »Man darf eigentlich nicht sagen, dass es gewalttätige Migranten gibt«. Darf er, der Herr Broder, und wahr ist es auch. Nur: Was hat das eigentlich mit dem Engagement gegen Rechtsextremismus und dem 9. November zu tun? Vor dieser Frage müssen wir wohl kapitulieren – hurra!

Bulgaren

Bulgaren sind nicht identisch mit den Protobulgaren. Letztere waren im 5. Jahrhundert in der eurasischen Steppe unterwegs. Die Bulgaren sind zu uns unterwegs – wie alle anderen auch. Bulgaren sind Südslawen, obwohl sie keine Jugoslawen sind. Das Wort Jugoslawe heißt aber doch wörtlich übersetzt »Südslawe«. Mmmh. Verwirrend. Wer soll da noch durchblicken bei diesen ganzen verschiedenen Sozialtouristen?

Buschkowsky, Heinz

Heinz Buschkowsky ist der Gourmand der deutschen Integrationsdebatte. Denn wider besseres Wissen sind seine Heimatgefühle letztlich streng an den vertrauten Geruch von Currywurst und Buletten gebunden. Dass es ihn bisweilen auch zum Entenschmaus bei »seiner Lieblingschinesin« zieht, bringt ihn nicht von der bitteren Erkenntnis ab, dass Multikulti gescheitert ist, wenn ganze Straßenzüge im Norden seines Heimatbezirks Neukölln ohne die Segnungen der schweinefleischhaltigen Leibspeisen »deutscher« Berliner auskommen müssen.

Die Grobschlächtigkeit seiner politischen Analysen bringt den geselligen Bezirksbürgermeister dabei um eine angemessene Würdigung seiner meist sehr konstruktiven Arbeit. Während er beispielsweise bei der Rütli-Schule bewiesen hat, wie durch engagierte, unideologische und vernünftig finanzierte pädagogische Arbeit innerhalb von drei Jahren aus einem Menetekel eine Vorzeigeeinrichtung werden kann, führt er die Bildungsprobleme andernorts nicht auf schlechte Strukturen, sondern auf kulturelle Vorprägung wahlweise türkischer, arabischer oder afrikanischer Einwanderer zurück.

In gewisser Weise kann man ihm ein gerüttelt Maß an Frustration nicht verdenken, wenn von ihm erfolgreich angestoßene Projekte durch die Mühlen der Bürokratie oder schlicht mangelnde Finanzierung behindert oder gestoppt werden, und Steuergelder letztlich wieder für Kriminalitäts-, statt Bildungskarrieren verwendet werden müssen. Doch während das Bauchgefühl den Kommunalpolitiker Buschkowsky, der täglich mit den Realitäten des Einwanderungslandes Deutschland konfrontiert ist, in der Regel zu pragmatischer Politik führt, versagt es bei der intellektuellen Verarbeitung dieser Realitäten. So behindert Buschkowsky letzten Endes seine eigene Arbeit. Denn eines der Haupterschwernisse für die Integration ist die ideologisierte Debatte. Sie auf der großen Bühne so zu führen, wie es der Buchautor Buschkowsky tut, lenkt von den handfesten Bedürfnissen des Praktikers Buschkowsky und seiner Kommune ab.

Vielleicht täte es dem Buchautor Buschkowsky gut, wenn er bei einem Schluck Rixdorfer Fassbrause, einem echten Heimatgetränk dies- und jenseits des »Checkpoint Ali« (Meli Kiyak), einmal in einen nüchternen Dialog mit dem Praktiker Buschkowsky träte. Dieses (Selbst-)Gespräch könnte Beispielwirkung weit über die Grenzen Neuköllns haben.

B1-Sprachniveau

Wer einen Integrationskurs mitmacht, nimmt an einem Sprachkurs und einem Orientierungskurs teil. Wird beim Letzteren eine Schnitzeljagd ohne Kompass im stadtnahen Walderholungsgebiet veranstaltet, so ist das Ziel beim Sprachkurs das Erreichen des Sprachniveaus B1. Welches das ist? Das BAMF sagt:

> »Kursteilnehmer, die das Sprachniveau B1 erreicht haben, können das Wichtigste verstehen, wenn einfache Sprache verwendet wird und es um vertraute Themen (Arbeit, Schule etc.) geht. Sie können außerdem einfach und zusammenhängend über vertraute Themen sprechen, über Erfahrungen, Ereignisse, Träume und Wünsche berichten und kurze Erklärungen geben.«

45

Wünsche und Träume?

Im französischsprachigen Blog »Banlieu-Immigrée« erschien nach einem der vielen gekenterten Booten voller Flüchtlinge ein Gedicht mit dem Titel »Friedhof der Träume«. Ein Auszug[1]:

»In Lampedusa
Mutter Erde auf Grund gelaufen
Einheimische erstickt
Die Hoffnung ist abgestumpft
Glück tot geboren
Träume abgebrochen
Das Floß des Glücks
Zerschellt an mit Schaum bedeckten Kais«

---

1 Übersetzung aus dem Französischen durch den Autor.

C

Chamisso, Adelbert von

Adelbert von Chamisso war ein klassischer Emigrant. Er war Dichter, Soldat, Naturforscher, Weltreisender, Märchenschreiber und Direktor des Herbariums und Botanischen Gartens in Berlin. Seine Biografin Beatrix Lagner nennt ihn einen »wilden Europäer«.

Der wilde Europäer wurde als Louis-Charles-Adelaïde de Chamissot de Boncourt 1781 in der Champagne geboren. Mit seinen Eltern floh er 1790 vor den Turbulenzen der Französischen Revolution. Erst nach Belgien und Holland, dann nach Deutschland. Über Düsseldorf, Würzburg und Bayreuth kam er schließlich 1796 nach Berlin. Der Adelstitel schützte ihn und seine Familie vor der preußischen Polizei, die ihnen mit der Abschiebung drohte. Der Junge wurde Page bei Königin Luise und bekam endlich regelmäßigen Unterricht am Französischen Gymnasium. Ab 1798 musste er erst als Fähnrich, er nannte sich inzwischen Ludwig, später als Leutnant in der preußischen Armee dienen, das war weniger erfreulich. Von Chamisso schrieb – auf Deutsch. Aus dem französischen Adeligen wurde ein romantischer Deutscher mit Namen Adelbert, der ab 1804 den ›Musenalmanach‹ des Dichterkreises »Nordsternbund« herausgab. Dieser Dichter diente natürlich noch in der preußischen Armee. Wer kann schon vom Schreiben leben – außer Rosamunde Pilcher? Als preußischer Leutnant geriet er 1806 in Hameln in französische Gefangenschaft, erhielt aber die Erlaubnis, wieder nach Frankreich zu reisen. Die preußische Niederlage hatte für den widerwilligen Soldaten den Vorteil, dass er endlich den Dienst quittieren konnte.

Von Chamisso reiste in den nächsten Jahren ruhelos zwischen Frankreich, Deutschland und der Schweiz hin und her. Erst 1813 kehrte er endgültig nach Berlin zurück. 1814 veröffentlichte er das Werk, das ihn weltberühmt machte: ›Peter Schlehmils wundersame Geschichte‹ – die Geschichte vom Mann, der seinen Schatten verkauft. Danach ging er mit der Rurik-Expedition drei Jahre auf Weltreise: Die Expedition erforschte unter anderem die Westküste Alaskas, in der nördlichen Behringstraße zwischen Russland und Alaska gibt es heute die Chamisso-Inseln, Polynesien und Hawaii. Von Chamisso sammelte Pflanzen, Tiere, Mineralien, Knochen und Gegenstände der zahlreichen Völker, die er besuchte. In Hawaii muss er den Leuten besonders gut zugehört haben. Ein Jahr vor seinem Tod veröffentlichte er ein Buch über die hawaiianische Sprache. Auch die Eskimos (es waren wohl Inuit, Inupiat und Yupik, aber bestimmt keine Kalaallit – jetzt haben Sie mal ein paar Bezeichnungen für ethnische Minderheiten, mit denen Sie auf Ihrer nächsten Bildungsbürger-Party angeben können.) haben ihn sehr interessiert: Adelbert von Chamisso ist derjenige, der das Wort »Parka« in die deutsche Sprache eingeführt hat.

Der Emigrant Louis-Charles-Adelaïde, später Ludwig und endgültig Adelbert, hatte ein verdammt interessantes Leben – und ein irgendwie migrantentypisches zugleich. Die Robert-Bosch-Stiftung hat nach ihm einen Literaturpreis für Autoren benannt, deren Schreiben von einem Sprach- und Kulturwechsel geprägt ist. Wir brauchen wieder mehr »wilde Europäer« – und wenn sie hawaiianische Eskimos sind.

Computer-Inder

Mit einiger Skepsis schauen wir heute darauf, wie unsere Vorfahren sich die Welt vorstellten. Alte Landkarten oder Beschreibungen ferner Orte zeigen uns primitive Ureinwohner, allmächtige Herrscher in unvorstellbaren Prachtbauten und allerlei Fabelwesen. In dieser Reihe steht auch der Computer-Inder.

Die rot-grüne Bundesregierung entschloss sich im Jahr 2000 zu einem für deutsche Verhältnisse nachgerade revolutionären Schritt: Angesichts des Fachkräftemangels in der IT-Branche sollten gezielt ausländische Fachkräfte angeworben werden. Nach dem Anwerbestopp für Gastarbeiter (in den Siebzigern) war das Programm, das man Green Card nannte, eine der ersten Anstrengungen, um in Deutschland eine geregelte Einwanderung zu ermöglichen. Man ging davon aus, dass besonders in Indien Tausende gut ausgebildete Fachkräfte nur darauf warteten, in Deutschland arbeiten zu dürfen: Der »Computer-Inder« ersetzte in unserer kollektiven Vorstellungskraft den Fakir oder die in bunten Saris gewandte Tänzerin als Sinnbild für die Bewohner der asiatischen Halbinsel. Jürgen Rüttgers, damals CDU-Oppositionsführer von Nordrhein-Westfalen, erkannte die Gefahr und forderte: »Kinder statt Inder«.

Die Ironie an der Geschichte: Inder kamen wenige (dafür Menschen aus vielen anderen Ländern), und auch die hochfliegenden Erwartungen an das Programm wurden nur teilweise erfüllt.

Im Hinterkopf vieler Menschen summt dagegen noch immer die Rüttgers'sche Vorstellung, Deutschland könne (als einziges Land der Welt neben Nordkorea) auch ohne Einwanderer auskommen. Das hindert uns daran, offensiv für Einwanderung nach Deutschland zu werben. Aber ohne Einwanderungskultur, ohne das Bild eines weltoffenen, internationalen Deutschland wird es nicht gehen. Der Computer-Inder muss schnellstmöglich zurück ins Reich der Fabeln verbannt werden und einer realistischen Perspektive auf die Realität der globalisierten Welt weichen.

Costa Rica

Costa Rica ist ein zentralamerikanischer Staat mit knapp viereinhalb Millionen Einwohnern, der an Nicaragua und Panama grenzt und an der einen Seite eine Küste zum Pazifik, auf der anderen zur Karibik hat.*

Im Gegensatz zu den Einwohnern des wenige hundert Kilometer nördlich gelegenen Honduras müssen Costa-Ricanerinnen und Costa-Ricaner Grundkenntnisse des Deutschen nachweisen, wenn sie zu einem Ehepartner mit Aufenthaltsgenehmigung nach Deutschland ziehen möchten. Damit werden sie effektiv davor geschützt, als Importbräute von ihren in Deutschland lebenden Ehepartnern zu einer Zwangsheirat gezwungen zu werden. Wer schützt dann die Menschen in Honduras davor?!

---

* und kicken können die auch!

Deutsch
Sprache, Sprache dieses Buchs. Ich halt.

Deutschenfeindlichkeit[2]
Im Oktober 2010 toste in Deutschland ein Sturm der Entrüstung. Der Sturm trug das Wort Deutschenfeindlichkeit in alle Medien. Familienministerin Kristina Schröder sprach über Deutschenfeindlichkeit an Schulen mit der ›Frankfurter Allgemeinen Sonntagszeitung‹, dem ›Morgenmagazin‹, dem ›Spiegel‹. Talkshows zum Thema gab es auf allen Kanälen, Zeitungsartikel in allen großen und vielen kleinen Blättern. Deutsche Kinder würden als »deutsche Kartoffeln« und »deutsche Schlampen« beschimpft, sagte die Ministerin. Josef Kraus, Präsident des Deutschen Lehrerverbandes, schrieb in einem Zwischenruf im Rotary-Magazin vom November 2010:

> »Dieser Deutschenhass vieler türkischer und arabischer Jugendlicher ist erstens das Ergebnis einer Laisser-faire-Zuwanderungspolitik. Und es ist dies zweitens Ergebnis eines nicht selten auch von bestimmten Moscheevereinen vermittelten kulturellen Dominanzanspruches, der sich am Ende auf dem Schulhof als virile Machokultur auslebt.«

In der ›FAZ‹ stellte Regina Mönch am 15. Oktober fest: »Es gibt einen Rassismus in sozialen Brennpunkten, der von muslimischen Schülern ausgeht.« So wird aus Feindlichkeit Hass und aus Hass Rassismus. Das Rezept für die Eskalation einer Debatte: Man schmeißt alles zusammen, rührt kräftig durch, macht schnell noch einen Schlenker zur Zuwanderungspolitik und landet beim kulturel-

---

2 In Nicol Ljubićs wundervollem Buch ›Schluss mit der Deutschenfeindlichkeit‹ gibt es einen vertieften Blick auf diesen Begriff.

len Dominanzanspruch. Der Ursprung der Diskussion zum Thema Deutschenfeindlichkeit war übrigens ein sehr differenzierter Artikel zweier Berliner Lehrer mit dem Titel »Deutschenfeindlichkeit an Schulen«, der schon im November 2009 in der ›Berliner Lehrerzeitung‹ (blz) veröffentlicht wurde. Allein diese Tatsache lässt die Überschrift der ›FAZ‹ »Das Schweigen der Schulen über Deutschenfeindlichkeit« etwas bizarr erscheinen. Das Thema, das auf einmal in aller Munde war, erlebte also eine verspätete Medienkonjunktur. Immerhin. Das Thema verdient eine Diskussion und die lässt sich ganz kurz zu einem Ergebnis bringen: Jeder, der Hass verbreitet und mobbt, verstößt eindeutig gegen Regeln. Das muss mit angemessenen Strafen geahndet werden.

Regina Mönch berichtete in ihrem Artikel dann noch über eine »Hasskampagne ›Kopftuch gegen blond‹«, die es an Berliner Schulen gegeben habe. Ähnlich einer Sportreporterin meldet sie den Verlauf:

»Aber die Kopftücher hatten sich verrechnet, ihre schicken, blonden Gegnerinnen waren Polinnen, denen man offenbar zu Hause nicht eingetrichtert hatte, dass es besser sei, sich wegzuducken.«

Kopftücher mit Dyskalkulie gegen schicke Blondinen – da war ja klar, wie es ausgeht. Wehrt euch, und alles wird dann gut!

Deutschland

Deutschland ist eine »Insel der Seligen«, beziehungsweise eine »Insel der Glückseligen«! Oder vielleicht doch nicht? Diese Frage diskutierten im November 2013 jedenfalls alle – von ›Welt‹ bis ›taz‹, von ›Berliner Zeitung‹ bis ›Zeit‹, vom DGB bis zur Research-Abteilung der Deutschen Bank – überall ist die Insel in den Schlagzeilen. Was war bloß geschehen? Warum war Deutschland zum Elysium geworden oder eben doch nicht? Passiert war Folgendes: Die OECD hatte ihren aktuellen Bericht »How's life?« vorgestellt, in dem sie aktuelle Wirtschafts- und Sozialdaten auswertete und vor allem Menschen zu ihrer Lebensqualität befragte. Dabei kam zum Beispiel heraus, dass das verfügbare Haushaltseinkommen in Deutschland zwischen 2007 und 2012 um insgesamt vier Prozent stieg, während es im Rest der Eurozone um zwei Prozent sank. Außerdem sank die Langzeitarbeitslosigkeit in Deutschland um zwei Prozent – und:

61 Prozent der Deutschen sagten, sie seien mit ihrem Leben zufrieden. Zufriedene Deutsche, eine Mehrheit – Wahnsinn! Und das waren auch noch acht Prozent mehr als vor dem Beginn der Eurokrise. In den Eurokrisenländern Griechenland, Spanien und Italien sanken die Werte für Lebenszufriedenheit dagegen um bis zu 20 Prozent, wen wundert's.

Nun aber begann in Deutschland die Diskussion darüber, ob Deutschland eine »Insel der Seligen« oder auch »Glückseligen« sei. Mir ist übrigens der Unterschied nicht so ganz klar. Das muss etwas Metaphysisches sein. Ich stelle mir unter einem Glückseligen einen Seligen mit Sternchen vor – oder so ähnlich. Egal. Jedenfalls kam diese Diskussion nicht zu einem wirklichen Ergebnis. Der DGB setzte ein Fragezeichen hinter die glückselige Insel, die Deutsche Bank auch, die ›taz‹ dagegen nicht. Geradezu zerrissen war die ›Berliner Zeitung‹: Die Überschrift auf der Kommentarseite »Deutsche auf der Insel der Glückseligen«. Die Überschrift auf der Wirtschaftsseite »OECD: Den Deutschen geht es so lala«. Kurios.

Die ›Welt‹ hingegen übte sich in einer neuen Disziplin – dem Meta-Jammern. Das ist das Jammern über das Jammern unter der Überschrift »Wir Jammerlappen auf der Insel der Seligen«. Da jammert die ›Welt‹ eben darüber, dass immer alle jammern, genauer gesagt »Bedenkenträger«, »Miesmacher« und – Achtung! – »Umverteiler« sind. Es folgt die Breitseite auf den Sozialstaat. Ja, ja – wenn der eine Jammerlappen den anderen auswringt, dann kann das nur Deutschland sein.

Die
Ja, die Ausländer halt.

Diversity
Vielfalt für Angeber, die gern Fremdwörter verwenden.

Doppelpass
Özil – Kroos – Özil. Tor![3]

---

3 Ich habe seit 2002 nun zwei Pässe, das Abendland steht noch!

Drittstaatenregelung

»Politisch Verfolgte genießen Asyl.« So steht es im Grundgesetz. Zugegebenermaßen ist dieser Satz irreführend. Denn »genießen« kann jemand, der seine Heimat verlassen und fliehen muss, die neue Aufnahme eher nicht. Schon gar nicht in einem Sammellager. Aber gut gemeint war der Satz durchaus, und historisch gewachsen, aus der Erfahrung Tausender Deutscher, die vor den Nazis geflohen und in anderen Staaten Zuflucht gefunden hatten. Deshalb hat das Recht auf Asyl in Deutschland den Rang eines Grundrechts.

Als die Zahl der Asylbewerber Anfang der 90er-Jahre auf über 400 000 stieg, beschnitt der Gesetzgeber (CDU, CSU, FDP, SPD) eben dieses Grundrecht auf Asyl. Ein weiterer Satz wurde hinzugefügt:

> »Auf Absatz 1 [also auf den Satz »Politisch Verfolgte genießen Asyl«] kann sich nicht berufen, wer aus einem Mitgliedsstaat der Europäischen Gemeinschaften oder aus einem anderen Drittstaat einreist, in dem die Anwendung des Abkommens über die Rechtsstellung der Flüchtlinge und der Konvention zum Schutze der Menschenrechte und Grundfreiheiten sichergestellt ist. Die Staaten außerhalb der Europäischen Gemeinschaften, auf die die Voraussetzungen des Satzes 1 zutreffen, werden durch Gesetz, das der Zustimmung des Bundesrates bedarf, bestimmt. In den Fällen des Satzes 1 können aufenthaltsbeendende Maßnahmen unabhängig von einem hiergegen eingelegten Rechtsbehelf vollzogen werden.«

Was bedeutet das? Erstens, dass niemand in Deutschland Asyl bekommt, wenn er auf seinem Weg nach Deutschland durch ein anderes Land gekommen ist, in dem er auch hätte Asyl beantragen können. Da Deutschland nun von Nachbarstaaten umgeben ist, die allesamt EU-Mitglieder sind, kommt der Landweg nach Deutschland also schon mal nicht infrage. Aber das gilt nicht nur für EU-Staaten, sondern für alle sogenannten »sicheren Drittstaaten«. Deshalb heißt diese Regel ja auch die »Drittstaatenregelung«, nicht etwa, weil sich jemand die Regelung in Basel oder einem anderen Drei-Länder-Eck ausgedacht hat.

Falls Sie also in einem Land leben, in dem Sie politisch verfolgt werden, Sie deshalb gar nicht über den Flughafen ausreisen dürfen, weil man Sie bei der Passkontrolle verhaften würde, um Sie in einen Folterkerker zu stecken, Sie Verwandte, Bekannte, Alliierte, Unterstützer in Deutschland haben, Sie fliehen müssen, dann nehmen Sie bitte nicht den Landweg. Lassen Sie sich nicht einfach so abenteuerlich über die Grenze schmuggeln. Kaufen Sie sich doch einfach einen Flughafen, ein Flugzeug, einen Matthias Rust als Piloten und einen Fallschirm. Lassen Sie sich dann am Radar vorbei in den deutschen Luftraum manövrieren, bevor Sie mit dem Fallschirm abspringen. Deutschen Boden betretend, stellen Sie Ihren Asylantrag bitte gut begründet an der nächsten Polizeistation.

Warum nicht einfach mit einem falschen Pass über den Flughafen ausreisen? Na weil Sie in Deutschland ja dann nicht deutschen Boden berühren werden, sondern ins Flughafenverfahren kommen, also im Transitbereich bleiben werden. Ist Ihnen alles zu anstrengend? Dann ist Ihnen wohl Ihr Grundrecht auf Asyl gar nicht viel wert, was?

Im Übrigen hat damals bei der Einführung der Drittstaatenregelung kaum jemand die Frage gestellt, warum die Zahl der Asylbewerber so angestiegen war. Das hatte jenseits der damaligen Kriege und Konflikte auf der Welt in erster Linie auch damit etwas zu tun, dass es nach dem Fall des Eisernen Vorhangs keine Möglichkeit gab, nach Deutschland legal einzuwandern. Außer man stellte einen Asylantrag. Oder über die Anwerbestoppausnahmeverordnung.

DTZ

Den Deutschtest für Zuwanderer (DTZ) gibt es seit dem 1. Juli 2009. Er ist der sprachliche Teil der Integrationskurse und wird von der Integrationsindustrie angeboten. Nichts gegen den DTZ: Er ist hilfreich und orientiert sich am Alltagsleben – gut so! Wer den Integrationskurs erfolgreich abschließen will, muss ihn auf dem Level B1 bestehen – Verständigung mit einfacher Sprache im Alltag reicht also aus. Wenn ich mir Materialien des Tests angucke, sind die dann doch teilweise typisch deutsch und unfreiwillig komisch. In der DTZ-Wortliste, zu finden auf der Webseite des Goethe-Instituts, und den dazugehörigen Erläuterungen findet sich zum Beispiel »der Abfall«: – »Werfen Sie den Bioabfall in die grüne Tonne.« Gut, das ist wichtig in Deutschland. Oder auch »der Eindruck«: – »Ich finde die Leute auf der Straße ziemlich unfreundlich. Wie ist dein Eindruck?«

Da wissen die Zuwanderer gleich, was sie erwartet. Und natürlich auch »der Müll«: – »Wir müssen den Müll trennen!« Damit ist gleich das genannt, was den Bio-Deutschen heilig ist. Siehe auch: »die Tonne«: – »Der Bio-Müll kommt in die grüne Tonne.« Gut, dass wir noch mal drüber gesprochen haben.

Überhaupt ist im DTZ eine leichte Müllfixierung festzustellen. Im Beispieltest, den man ebenfalls von der Webseite des Goethe-Instituts herunterladen kann, geht es in der mündlichen Prüfung worum? – Richtig, ums Mülltrennen. Bild A zeigt einen Teenager, der unter sage und schreibe fünf verschiedenen Müllcontainern den richtigen heraussucht. Er hat sein Leergut in einem sehr ordentlichen Korb zum Recycling gebracht. Vorbildlich! Bild B dagegen zeigt eine Frau, die etwas unentschlossen mit irgendwelchem Gestrüpp in der Hand vor der Biotonne steht. Neben der Biotonne steht eine Altpapiertonne. Auf dieser liegen – Achtung! – sehr unordentlich einige lose Zeitungen. Mir ist völlig klar: So geht das nicht. Die Zeitungen könnten wegfliegen. Buchstabe O – »die Ordnung«: – »Bitte achten Sie auf die Hausordnung.« Abschließend noch mal: Ich habe wirklich nichts gegen Mülltrennung, obwohl ich einen Migrationshintergrund habe.

Dublin

Die Deutschen waren nach dem Rückgang der Asylbewerberzahlen um fast 90 % so stolz auf ihre Drittstaatenregelung, dass sie sie in die gesamte EU exportierten. Mit dem Nachteil, dass die Länder mit EU-Außengrenzen natürlich deutlich mehr Asylbewerber hatten als Länder wie Deutschland, die nur von EU-Staaten umgeben sind. Diese Europäisierung der deutschen Regelung ist nach der irischen Hauptstadt benannt, in der sie im EU-Rat beschlossen wurde. Mittlerweile gibt es drei Dublin-Verordnungen, die die Drittstaatenregelung immer weiter verschärft haben.

Passend dazu waren die letzten Worte des berühmtesten Sohns Dublins, James Joyce: »Versteht es niemand?« Sie haben ja so recht, Meister.

Duldung

Die sogenannte Duldung formuliert keine Norm, die etwas erlauben würde, sondern eine Ausnahme von einem Verbot (des Aufenthalts eines Ausländers in Deutschland). Sie heißt daher auf Amtsdeutsch »vorübergehende Aussetzung der Abschiebung«.

Sie ist eine der Tonlagen, in denen das deutsche Ausländerrecht Nichtdeutschen, die hier leben wollen, sein beherztes »Jein« entgegenschmettert. Von der ursprünglichen Bedeutung des Wortes abgeleitet bedeutet also eine Duldung, dass da jemand ertragen wird. Sie tritt zum Beispiel ein, wenn ein Asylbewerber zwar nicht anerkannt wird (was der Regelfall ist), gleichzeitig aber auch nicht abgeschoben werden kann, weil zum Beispiel in seinem Herkunftsland sein Leben in Gefahr ist – oder auch wenn die Person staatenlos ist oder ihre Herkunft nicht zu klären ist (verlorener Pass). Man gewährt ihr dann zwar Unterschlupf, aber kein Asyl (obwohl die beiden Worte ungefähr das Gleiche meinen). Damit dieser Unterschlupf auch recht heimelig sein möge, zwingt die Residenzpflicht die jeweilige Person vielerorts in Deutschland zum Aufenthalt in einem bestimmten Bundesland oder gar Landkreis.

Während Geduldete bis vor wenigen Jahren grundsätzlich nur in Ausnahmefällen einer Beschäftigung nachgehen durften, ist dies nun in den meisten Fällen nach einem Jahr Aufenthalt möglich. Damit wird der rhetorische Teufelskreis durchbrochen, wonach Menschen sich nicht in Deutschland aufhalten sollen, weil sie potenziell dem Staat »auf der Tasche liegen« könnten, gleichzeitig aber nur dann in Deutschland geduldet werden können, wenn sie nicht selbst für ihren Lebensunterhalt sorgen (denn das wäre ja ein Verstoß gegen das Arbeitsverbot).

Wenn allerdings diese Absurdität mittlerweile im Kern erkannt wurde, bleibt doch die Frage offen, wann die Gesetzeslage und die Rhetorik endlich einmal einen anderen Tenor annehmen: Warum gibt man Menschen, bei denen es »aus völkerrechtlichen oder humanitären Gründen oder zur Wahrung politischer Interessen der Bundesrepublik Deutschland« (so § 23 »Gesetz über den Aufenthalt, die Erwerbstätigkeit und die Integration von Ausländern im Bundesgebiet«) geboten ist, ihnen Aufenthalt in Deutschland zu gewähren, nicht einfach ein Bleiberecht, die Rechte der Freizügigkeit, der Teilnahme an Integrationskursen und vor allem zur Arbeit, damit sie an der deutschen Gesellschaft teilhaben, für ihren eigenen Lebensunterhalt sorgen und damit beweisen können, dass sie willens sind, dem Land, das sie aufgenommen hat, auch etwas zurückzugeben? Sehr lange Frage, kurze Antwort: Ich weiß es doch auch nicht!

E

Ehrenmorde

Es gibt einen sehr großen relevanten Unterschied zwischen Ehrenmorden und Eifersuchtsmorden. Beim Letzteren ist (häufig Ex-)Partner oder Partnerin der Täter. Bei Ehrenmorden aber gibt es vorher in der Regel so etwas wie einen Familienrat, bei dem festgestellt wird, dass die betroffene Person die Ehre der Familie besudelt habe und deshalb nun ermordet gehört. Und wer den Mord nun begehen soll. Ein Familiengericht also inklusive Todesurteil und Henkersbestimmung. So weit, so perfide.

Was in Deutschland allerdings die Debatte dominiert, ist leider nicht die Frage, was man dagegen tun kann, sondern ob der Islam schuld ist am Ehrenmord. Nur so viel dazu: In einer Studie des österreichischen Bundeskanzleramts aus dem Jahr 2009 wird erwähnt, dass »auch nichtislamische Länder wie Brasilien, Ecuador, Indien und Italien« Schauplätze von Ehrenmorden sind.

Am Ende ist es den Opfern – die allermeisten Frauen – wahrscheinlich nicht mehr wichtig, warum ihre Brüder und Männer sie umbringen wollten. Und das im Zweifelsfall sogar mit der Einwilligung der Mütter. Aber jenseits der üblichen Rituale in der Islam-Debatte (oder waren es Islam-Rabatte?) ist es doch sinnvoller, religiöse Einrichtungen dafür zu nutzen, Einfluss darauf zu nehmen, dass solche grausamen Bluttaten nicht mehr begangen werden. Es gibt sicherlich nicht viele, deren Worte mehr Gewicht hätten als die eines Geistlichen, der in der Moschee predigt: »Eure Ehre ist die Freiheit, nicht die Sexualität eurer Schwestern und Töchter.« Auch dafür brauchen wir eine breite Ausbildung islamischer Geistlicher an deutschen Universitäten.

Es stellt sich zum Schluss noch die Frage an das Patriarchat, das sich solch ekelerregende Definitionen von »Ehre« ausdenkt: Was ist das für eine Ehre, die nur Frauen verlieren können? Haben die Männer denn keine?

Im Übrigen ist das der Grund, warum die korrekte Bezeichnung eigentlich gar nicht »Ehrenmord« ist, sondern »Verbrechen im Namen der Ehre«. Denn »Ehrenmord« setzt ja voraus, dass es bei dem Mord wirklich um Ehre geht. Tut es aber nicht. Es geht nur um eine kranke Fantasie von Ehre, die zu abscheulichen Verbrechen führt.

Einbürgerung

Die Vorteile der Einbürgerung liegen auf der Hand: Gleichberechtigung im Sinne der vollen Bürgerrechte und -pflichten. Dabei denke ich besonders an das aktive und passive Wahlrecht für alle Parlamente und auch die freie Berufswahl, auch die ist nämlich für Nichtdeutsche eingeschränkt, in erster Linie, weil sie nicht Beamte werden können.

Eine gute Nachricht zuerst: Dieses Vorteilspaket kostet heute 255 Euro pro Person. Das ist schon mal wesentlich weniger als noch zu Zeiten der alten Bundesrepublik. Da kostete die Einbürgerung selbst bei relativ geringem Einkommen schon über tausend Mark. Der Preis für Staatsbürgerschaftsurkunde (Ätsch, Bio-Deutsche haben die gar nicht!) und Pass stieg damals mit dem Einkommen und konnte sich deshalb auf einige Tausend Mark belaufen.

Billiger ist es also geworden, sich einbürgern zu lassen, aber wie einfach ist es eigentlich? Die Einbürgerung ähnelt auch noch heute einem Hürdenlauf: Momentan hat der Gesetzgeber acht Hürden aufgestellt: Zunächst mal wären da unbefristetes Aufenthaltsrecht, bestandener Einbürgerungstest und acht Jahre Aufenthalt in Deutschland. Diese Frist lässt sich durch den Integrationskurs auf sieben und durch »besondere Integrationsleistungen« (wie etwa eine dicke Freundschaft mit Reiner Calmund) auf sechs Jahre verkürzen. Des Weiteren müssen die, die eingebürgert werden wollen, ihren Lebensunterhalt selbst bestreiten. Einfach gesagt, sie bekommen weder Sozialhilfe noch Arbeitslosengeld II. Wo sind wir? Hürde 5 und 6: Sie müssen ausreichende Deutschkenntnisse nachweisen und dürfen nicht vorbestraft sein. Außerdem gilt es siebtens, das Bekenntnis zur freiheitlich-demokratischen Grundordnung (FdGO) durch Unterschrift zu dokumentieren (Könnte man das von Bio-Deutschen nicht auch verlangen? Nein, kann man nicht? Schade.) Übrigens: nicht schummeln! Der Verfassungsschutz prüft die FdGO-Treue der Einbürgerungswilligen nach. Und wie gründlich der arbeitet, wissen wir alle (NSU). Schließlich muss die Antragstellerin oder der Antragsteller feierlich erklären, ich zitiere: »dass er bzw. sie das Grundgesetz und die Gesetze der Bundesrepublik Deutschland achtet und alles unterlassen wird, was der Bundesrepublik Deutschland schaden könnte«. So schreibt es die Beauftragte für Migration, Flüchtlinge und Integration der Bundesregierung und jede Kommune bastelt sich dazu ihr eigenes Formular.

Können Sie noch? Haben Sie schon Seitenstiche? Noch einmal tief Luft holen und über die letzte Hürde hüpfen! Der oder die zwar nicht Bio- aber bald Sowasvonendgültig-Deutsche muss bereit sein, die alte Staatsangehörigkeit aufzugeben. Das heißt, der Doppelpass ist die Ausnahme und nicht die Regel. Die achte und letzte Hürde fand als sogenannte Optionsregelung Eingang ins Staatsangehörigkeitsgesetz. Sie ist der Baldrian für die Loyalitätsparanoia, die auch die große Mehrzahl derjenigen schlucken muss, die aufgrund des seit dem 1. Januar 2000 geltenden Geburtsortsprinzips schon mit der Geburt Deutsche geworden sind, auch wenn beide Elternteile Ausländer sind.

Einfach ist es also mit der Einbürgerung nicht wirklich, was daran liegt, dass das Geburtsortsprinzip eine Mogelpackung ist. Das deutsche Staatsbürgerschaftsrecht atmet noch immer völkischen Geist ein und hält in vielem am Blutsprinzip fest. Denn wenn Vater oder Mutter Deutsche sind, muss das Kind natürlich nicht zum Hürdenlauf antreten. Immerhin haben seitdem von 2000 bis 2012 insgesamt 1 653 461 Menschen ihren Anspruch auf Einbürgerung wahrgenommen.

Einbürgerungstest

Was hat Caspar David Friedrich auf Rügen gemalt? WAAS?! SIE WISSEN ES NICHT?! Das ist sehr bedauerlich, denn dann haben Sie den hessischen Einbürgerungstest nicht bestanden! Her mit Ihrem deutschen Pass, den Sie sich sicher irgendwo ergaunert haben! Diese Frage war im Ernst eine der vielen bildungsbürgerlichen Fragen aus dem hessischen Einbürgerungstest, der im Jahr 2006 das Licht der Welt erblickte. Glücklicherweise wurde der Test nach der Einführung eines bundesweiten Tests hinfällig. Denn warum muss man Friedrichs Bild des Kreidefelsens kennen, um ein guter Deutscher zu sein?

Noch besser allerdings war der baden-württembergische Einbürgerungstest. Dieser fragte nicht Wissen, sondern Gesinnung ab. Und zwar auch nur die der Muslime. Wobei letztere Regelung nach heftiger Kritik wegen offensichtlicher Diskriminierung korrigiert wurde. Getestet wurden also nicht mehr nur Muslime, sondern alle Bewerber (auch Christen, Juden etc.) aus muslimischen Ländern!

Sinn des Tests war der Einblick in die Köpfe, was ein Test ja gewiss gut kann! »Ihr Sohn teilt Ihnen mit, dass er homosexuell ist. Wie reagieren Sie?« Was um Himmels willen ist die »richtige« Antwort auf diese Frage? »Mir egal«? »Mir sehr egal?« »Mir scheißegal?« Oder erwartet die Behörde, dass der homophobe Vater, der sich auf diesen Test lange vorbereitet hat, seinen Krummsäbel zieht und Blutrache schwört?

Noch besser: »Schlagen Sie Ihre Frau?« – »Ja, klar!« – »Sorry, dann gibt es keinen deutschen Pass.« Und der Durchgefallene geht nach Hause und hört auf, seine Frau zu schlagen? Oder könnte er etwa doch lügen? Unvorstellbar!

Gesinnungstests haben in einem Rechtsstaat nichts zu suchen, weil der Staat nicht in die Köpfe seiner Bürger schauen darf. Und weil sie nichts bringen. Wer seine Frau schlägt, gehört bestraft – allerdings mithilfe des deutschen Strafgesetzbuchs.

Übrigens sind beide genannten Tests mittlerweile von einem bundesweiten Wissenstest abgelöst, der in der Tat nur Fragen nach dem Staatsaufbau stellt – allerdings mit so mancher Fangfrage. »Welche Farben hat die Flagge Hessens?« Kann man verschieden beantworten, je nachdem, ob das Wappen mitzählt oder nicht.

Ein Einbürgerungstest ist an sich nichts Schlimmes. In vielen Ländern der Welt wird Wissen über Staatsaufbau und Gesetze abgefragt. Im vollen Bewusstsein, dass der Bewerber die Antworten auswendig gelernt hat. Aber immerhin hat er sich dann damit beschäftigt. Diese Anspruchshaltung ist die richtige. Gesinnungstests oder »Wer-wird-Millionär«-Fragen aber sind schlicht sinnlos.

Entscheider

Die Entscheider sind die Mitarbeiter des BAMF, welche Asylanträge prüfen und auch über Asylanträge entscheiden. Sie werden beim BAMF auch als Sachbearbeiter Asyl (SB-Asyl) bezeichnet. Das BAMF selbst schreibt über die Entscheider im Glossar seiner Webseite:

Entscheider sind meist erfahrene und speziell geschulte Mitarbeiter, die umfassende und aktuelle Kenntnisse über das Asyl- und Ausländerrecht sowie über die von ihnen bearbeiteten Herkunftsländer besitzen.

Was mir daran als Erstes unangenehm auffällt, ist das kleine Wort »meist«. Der Entscheider – und natürlich gibt es auch Entscheiderinnen – trifft schließlich eine Entscheidung darüber, wie der weitere Lebensweg des Asylbewerbers verläuft. Und in diesem Fall ist der Begriff Schicksalsentscheidung einmal nicht zu hoch gegriffen. Da sollte es sich *immer* um »erfahrene und speziell geschulte Mitarbeiter« handeln – oder nicht? An anderer Stelle weist dass BAMF darauf hin, dass »große Berufserfahrung« Voraussetzung ist und dass im Bundesamt regelmäßig Schulungen und Informationsveranstaltungen für Entscheider stattfinden. Hoffen wir das Beste. Sicher bildet das BAMF mittlerweile sogenannte »Sachbearbeiter Asyl mit Sonderaufgaben« für die Befragung gefolterter, traumatisierter oder geschlechtsspezifisch verfolgter Asylbewerber oder unbegleiteter Kinder aus. »Diese SB-Asyl verfügen über spezielle rechtliche, kulturelle und psychologische Kenntnisse, um einfühlsam die Verfahren durchzuführen«, heißt es in einer internen Dienstanweisung des BAMF.

Das ändert aber nichts daran, dass für das Verfahren als solches gilt: Für die Anhörung des Asylbewerbers und für die Entscheidung über den Asylantrag ist eine einzige Person verantwortlich. Deswegen hießen die Entscheider früher Einzelentscheider, ein Begriff, den das BAMF heute offensichtlich vermeiden will. Die Anhörung ist ein Gespräch eines Sachbearbeiters mit dem Asylbewerber, häufig ist auch ein Dolmetscher dabei. In dieser Anhörung sollen die Asylbewerber ihre Fluchtgeschichte erzählen und Gründe nennen, warum sie verfolgt werden. Möglichst sollen sie diese Gründe auch durch Beweise belegen. Das grundsätzliche Problem an dieser Anhörung ist die Ungleichheit zwischen Befragtem und Befrager. Auch wenn nach der Einreise oft Wochen und Monate vergehen, bevor es zum Anhörungstermin kommt – ein anderes Extrem sind die Flughafenverfahren –, gehen viele Asylbewerber schlecht oder gar nicht vorbereitet in das Gespräch. Zumal viele der Befragten gar nicht verstehen, warum Punkte wie der Fluchtweg oder verwandtschaftliche Beziehungen zu Miteingereisten so eine wichtige Rolle spielen. Wenn belastbare Beweise fehlen, kommt alles auf die Glaubwürdigkeit der »Geschichte« des Asylbewerbers an. Dann kann aus der Anhörung schnell ein Verhör werden, in dem der Entscheider die Glaubwürdigkeit des Bewerbers testet.

Das hat nichts mit einer unterstellten Böswilligkeit von Entscheidern zu tun. Diese Tendenz ergibt sich einfach aus der Situation. Der Entscheider hat die Auskünfte des Bewerbers und kann auf die Informationsressourcen des BAMF zurückgreifen – auf der Basis kommt er zur Anerkennung oder zur Ablehnung des Asylantrags. Dem Ablehnungsbescheid liegen eine Aufforderung zur Ausreise und eine Abschiebungsandrohung gleich bei. Dann bleibt dem Asylbewerber nur noch die Klage. Viel Verantwortung für einen Entscheider.

Ermessensspielraum

Ein Ermessensspielraum ist eigentlich eine schöne Sache. Ermessensspielraum ... Ermessensspielraum. Das hat was Softes, wie in: »Hey, der Richter will nur spielen, der verurteilt nicht gleich.« Beim Ermessensspielraum denke ich an »aus dem Bauch entscheiden« oder an das berühmte Fingerspitzengefühl des Schiedsrichters, über dessen Fehlen Fußballfans so oft klagen. Im Übrigen verpfeifen die Schiris seit Jahrzehnten meine Eintracht um die Deutsche Meisterschaft.

Zurück zum Thema des Buches: Mit ganz viel Glück öffnet der Ermessensspielraum vielleicht sogar ein Fenster, durch das der gesunde Menschenverstand reingucken kann. Wie wäre das denn? Wäre das nicht toll? Gerade im Feld der Juristerei und gerade in Deutschland, wo wir doch so gerne alles mit Paragraphen und Verordnungen bis ins letzte Detail festlegen wollen – könnte da nicht der Ermessensspielraum etwas humanitäre Wärme einbringen?

Ich bin da sehr vorsichtig, gerade als Fan von Fingerspitzengefühl und gesundem Menschenverstand. Das Aufenthaltsgesetz hat einen § 55. Dieser § 55 trägt die schlichte Überschrift »Ermessensausweisung«. Wer jetzt meint, dass damit mehr Vernunft beim heiklen und für die Betroffenen oft lebenswichtigen Thema Ausweisung Einzug hält, sollte erst mal genau lesen.

Der erste Absatz des Paragraphen liest sich so:

1. *Ein Ausländer kann ausgewiesen werden, wenn sein Aufenthalt die öffentliche Sicherheit und Ordnung oder sonstige erhebliche Interessen der Bundesrepublik Deutschland beeinträchtigt.*

Nun gut. Die »öffentliche Sicherheit und Ordnung«, die möchten wir nicht beeinträchtigt wissen. Das ist doch wohl klar. Und »sonstige erhebliche Interessen« Deutschlands auch nicht, oder? Erhebliche Interessen, das wird schon irgendwas Wichtiges sein. Jeder hat schließlich Interessen – Sie, ich, Deutschland. Und Sie, ich und Deutschland möchten natürlich, dass unsere Interessen gewahrt bleiben. Das klingt jetzt etwas vage und deswegen eröffnet die Ermessensausweisung eben einen Ermessensspielraum. Gut.

Gut? Nicht so gut. Denn natürlich geht es noch weiter. Absatz 2 und seine Unterabsätze führen eine ganze Liste von Gründen auf, die zu einer Ausweisung nach Absatz 1 führen können. Dazu gehören unter anderem: wer im Verwaltungsverfahren vor einer Behörde »falsche oder unvollständige Angaben gemacht hat«, um ein Visum oder einen Aufenthaltstitel zu erlangen. Auch »falsche oder unvollständige Angaben« beim Arbeitgeber können zur Ausweisung führen. Zu den Gründen gehören auch Dinge wie Gewaltandrohung oder Gewaltanwendung, die Billigung eines Kriegsverbrechens oder die Anstachelung der Bevölkerung zum Hass. Ein Verhalten, bei dem eine Ausweisung durchaus verständlich wäre. Andererseits kann auch »längerfristige Obdachlosigkeit« oder sogar der Bezug von Sozialleistungen von »Verwandten oder Haushaltsangehörigen« zur Ausweisung führen.

Bei der Entscheidung über die Ermessensausweisung muss auch die persönliche Situation des Betroffenen berücksichtigt werden. § 60 des Aufenthaltsgesetzes verbietet die Abschiebung sogar, wenn das »Leben oder die Freiheit« des Betroffenen bedroht sind. Trotzdem: Vom Ermessensspielraum bis zum fast beliebigen Ermöglichen einer Ausweisung ist es manchmal nur ein kleiner Schritt.

EURODAC

EURODAC ist ein zentrales, automatisiertes System der EU zum Vergleich von Fingerabdrücken. Fun Fact: Das DAC steht für Dactyloscopy, das ist die wissenschaftliche Methode, Fingerabdrücke zu vergleichen. EURODAC speichert alle Fingerabdrücke von Asylbewerbern und Personen über vierzehn Jahre, die bei der illegalen Einreise in die EU oder innerhalb der EU entdeckt werden. Dies ist ein Teil der Asylpolitik, und die, so hat die EU in einer Verordnung vom Juni 2013 festgestellt, dient dem Ziel, »schrittweise einen Raum der Freiheit, der Sicherheit und des Rechts aufzubauen«.

Da ist es nur selbstverständlich, dass die Behörden, die das Zugriffsrecht auf EURODAC haben, Probleme bei der Datenqualität der Europäischen Agentur für das Betriebsmanagement von IT-Großsystemen im Raum der Freiheit, der Sicherheit und des Rechts melden sollen. Unser Raum der Freiheit, der Sicherheit und des Rechts wird also bestens bewacht. Ich frage mich, ob die Wände im Raum der Sicherheit und des Rechts irgendwann gepolstert werden – von innen wie von außen.

Eurosur

»Eurosur ist ein Informationsaustauschsystem, um das Management der EU-Außengrenzen zu verbessern. Eurosur ermöglicht es den Mitgliedern des Netzwerks, fast in Echtzeit grenzbezogene Daten auszutauschen. Diese Mitglieder sind die Schengen-Staaten und FRONTEX.« So schreibt die Europäische Grenzagentur FRONTEX über Eurosur. Man merkt: Der Hang zum Euphemismus ist anders als Europa grenzenlos. »Informationsaustausch«, »Grenzmanagement«, »Datenaustausch« – das klingt alles so schön neutral, aber das »sur« in Eurosur steht natürlich für »surveillance«, also für Überwachung. Bei den Aufgaben von Eurosur werden die Verantwortlichen dann schon etwas deutlicher: illegale Migration und grenzüberschreitende Kriminalität entdecken, verhindern und bekämpfen. Und nicht zu vergessen: Das Leben von Migranten schützen und retten. Letzteres Ziel wurde nach dem Bootsunglück vom 3. Oktober 2013 vor Lampedusa, bei dem vermutlich 545 Menschen ums Leben kamen, noch kurz vor der Etablierung von Eurosur eingefügt.

Das Baby Eurosur kam am 22. Oktober 2013 durch einen Beschluss der EU-Kommission und des EU-Parlaments zur Welt. Wohin Eurosur seinen wachsamen Blick richten soll, wird in diesem Beschluss auch schon deutlich: nach Süden und nach Osten – hoffentlich fängt das Kind nicht an zu schielen. Im ersten Schritt sollen nämlich die Schengen-Länder im Süden und im Osten nationale Koordinierungszentren zur Überwachung ihrer Außengrenzen errichten und dabei auch die Drittländer an den Grenzen einbeziehen. Auf jeden Fall stehen Eurosur für seine Aufgabe mächtige technische Ressourcen zur Verfügung. Dazu gehören auch die 30 Satelliten des Copernicus-Programms, die eigentlich der Wetter- und Umweltbeobachtung dienen. Und auch die neuen Sentinel-Systeme der

Europäischen Weltraumagentur ESA sollen mitspähen. Das passt. Schließlich heißt Sentinel auf Deutsch Wächter. Scharfe Augen wird Eurosur also haben. Wie viel Koordinierung, gemeinsame Roll-outs, Drittstaatenkooperationen, Investitionen in Technik, Ausrüstung und Polizeipersonal usw. usw. wir noch brauchen, bevor es endlich eine rationale europäische Migrationspolitik gibt, weiß ich nicht. Ganz offensichtlich ist dagegen, dass für eine Mehrheit der EU-Staaten gemeinsame Überwachung einfacher zu sein scheint als echtes politisches Handeln. Na ja, solange das Mobiltelefon der Bundeskanzlerin nicht mehr vom bösen Ami abgehört wird …

E. V.

Was ist deutsch? »Pünktlichkeit und Präzision«, sagen die einen. »Humorlosigkeit und Steifheit«, sagen wiederum andere. Wenn man wissen will, was typisch deutsch ist, dann sollte man sich das Wesen der eingetragenen Vereine anschauen. Das deutsche Vereinsrecht ist steif, humorlos, präzise, effizient. Es gibt nichts Deutscheres, finde ich, als ein e. V.

Seit Jahren tobt in Deutschland die Diskussion darüber, wie man sich mit der zunehmenden Zahl ethnischer Fußballvereine im Amateurbereich auseinandersetzen soll. Und ja, es gibt auch gravierende Fälle. Beispielsweise als FC Hrvatska und SV Jugo Anfang der 90er-Jahre den Bürgerkrieg auf dem Balkan in der Kreisliga A ausgetragen haben. Oder wenn arabischstämmige Zuschauer heftige antisemitische Beleidigungen rufen bei den Spielen des FC Makabi. Da gibt es keine Toleranz.

Grundsätzlich aber ist die Gründung eines e. V. der ultimative Akt der Integration in die deutsche Gesellschaft. Nicht nur wegen des Sicheinlassens auf des Deutschen Lieblingsgebilde, sondern auch, weil man sich für eine solche Gründung mit dem deutschen Vereins- und Steuerrecht beschäftigen muss. Und genau das wollen wir ja bei der Integration. Vielleicht sollten die Orientierungskurse ersetzt werden durch das Verpflichten der Einwanderer, mindestens einen e. V. zu gründen.

Familienzusammenführung

Eine Art nach Deutschland einzuwandern, ist die Familienzusammenführung. Lebt hier jemand auf Dauer, so kann er seine Partnerin oder Partner und seine Kinder nachholen. Schließlich stehen Ehe und Familie unter einem besonderen Schutz des Grundgesetzes (Artikel 6). Seit einigen Jahren muss die nachzuholende Person Deutschkenntnisse vorweisen. Es sei denn, sie kommt aus Honduras. Es ist sicher von Vorteil, wenn die Person bereits Deutschkenntnisse mitbringt. Dennoch: Im Grundgesetz steht nicht, dass die Familie von deutschsprechenden Menschen geschützt ist, sondern jede Familie. Aber wo kein Kläger …

Fiktionsbescheinigung

Die Fiktionsbescheinigung kann sich, was die Buchstabenzahl angeht, zwar nicht mit der Anwerbestoppausnahmeverordnung messen, aber ihr Wortsinn ist mit Sicherheit noch nebulöser. (Die englische Übersetzung für Fiktionsbescheinigung ist übrigens temporary residence permit – was für eine enttäuschend fantasielose Sprache.) Was bloß steckt hinter einem amtlichen Dokument, das offensichtlich etwas bescheinigt, was nicht existiert? Damit gar nicht erst Missverständnisse aufkommen und um der Verwirrung vorzubeugen, möchte ich andeuten, dass es nicht nur eine Form der Fiktionsbescheinigung gibt, sondern drei: die Duldungsfiktion, die Erlaubnisfiktion und die Fortbestandsfiktion. Ich bin mir sicher, jetzt sehen Sie schon wesentlich klärer.

Dabei ist es wirklich ganz einfach. Um einen elektronischen Aufenthaltstitel auszustellen, braucht eine deutsche Behörde vier bis acht Wochen – das ist also im Handumdrehen erledigt. Sollte während der klitzekleinen Zeitspanne die noch bestehende Aufenthaltserlaubnis oder die Niederlassungserlaubnis auslaufen, bekommt man einen fiktiv fortbestehenden Aufenthaltstitel, auch Fortbestandsfiktion genannt, um sich ausweisen zu können. Mit der Fortbestandsfiktion darf sein Inhaber sogar ins Ausland reisen und wieder nach Deutschland zurückkommen. Undenkbar, wie es um den Fortbestand der Person ohne die Fiktion stünde!

Wer sich rechtmäßig in Deutschland aufhält und zum ersten Mal einen Aufenthaltstitel beantragt, bekommt den fiktiv erlaubten Aufenthalt bescheinigt, das ist die Erlaubnisfiktion. Im Umgangsdeutsch heißt das also »wir tun jetzt mal so, als ob Sie sich auf Dauer in Deutschland aufhalten dürften, überlegen uns das aber noch genau«. Das gilt vor allem für Menschen aus Ländern, die ohne Visum als Touristen nach Deutschland kommen können. Das sind zum Beispiel Bürger der EU-Beitrittskandidaten oder Bewohner des Vatikans, eine beliebige Auswahl von mittel- und südamerikanischen Staaten (vergleiche auch Costa Rica und Honduras) und Industrienationen, die man zum »Westen« zählt wie USA, Kanada, Japan oder auch das Zockerparadies Macao, das eine chinesische Sonderverwaltungszone ist. Die Erlaubnisfiktion wird auch angewendet, wenn ein Drittstaatsangehöriger den Aufenthaltstitel eines anderen Schengen-Landes besitzt und in Deutschland in den ersten drei Monaten nach seiner Einreise eine Aufenthaltserlaubnis beantragt.

Als Drittes gibt es dann die fiktive Aussetzung der Abschiebung, auch Duldungsfiktion genannt. Das betrifft alle, die ohne Visum nach Deutschland einreisen und erst nach Ablauf des Visums einen Aufenthaltstitel beantragen. Bis zu einer Entscheidung über die Duldung besteht dann die Duldungsfiktion. Aber selbst die Duldung ist ja nichts anderes als die »vorübergehende Aussetzung der Abschiebung«. Es besteht die grundsätzliche Ausreisepflicht, die eben nur ruht – aus humanitären oder anderen Gründen, gleichzeitig kann der Betreffende auch innerhalb Deutschlands nicht frei reisen. Die Duldungsfiktion fügt dem an sich schon unsicheren Duldungsstatus, der sich über Jahre hinziehen kann, noch eine weitere, nun fast unwirkliche Kategorie hinzu. An dem Punkt kann ich nicht einmal mehr an der unfreiwilligen Komik amtlicher deutscher Sprachschöpfungen Gefallen finden.

Fluchtalternativen

Stellen Sie sich vor, Sie fliehen unter lebensgefährlichen Umständen aus dem Bürgerkrieg in Ihrem Land und schaffen es irgendwie nach Deutschland. Sie können zudem einwandfrei belegen, dass Sie von

Ihrem eigenen Staat politisch verfolgt werden. Und dann wird Ihr Asylantrag mit der Begründung abgelehnt, dass Sie ja inländische Fluchtalternativen gehabt hätten. Also dass Sie sich ja auch in den Bergen um Damaskus oder in Kandahar hätten verstecken können. Oder in einem Kellerloch. Und das sagt Ihnen ein Richter, der sein Lebtag niemals in Ihrem Land war und die Situation vor Ort nur vom Aktendeckel und vielleicht noch seiner eigenen persönlichen Internet-Recherche kennt. Was würde Ihnen dazu einfallen?

Nichts? Tja, mir fallen vor so viel Zynismus auch keine Fluchtalternativen ein. Außer vielleicht darüber lachen? Würde ich tun, wenn ich nicht Fälle aus der Realität wüßte, in denen Menschen mit genau dem Hinweis auf inländische Fluchtalternativen abgelehnt worden sind.

Flüchtlingslager

Wie und wo wohnen Asylbewerber, wenn sie auf die Entscheidung über ihren Asylantrag warten? Oder wie sind Menschen untergebracht, deren Asylgesuch abgelehnt worden ist und die auf ihre Abschiebung warten? Wie nennen wir diese »Unterkünfte« oder »Einrichtungen«, um einmal die wie immer mit großer Anstrengung um Neutralität und Sachlichkeit bemühte Sprache der Gesetze und Behörden zu benutzen?

Hier eine Liste von Bezeichnungen, die keinen Anspruch auf Vollständigkeit erhebt. In den Klammern die jeweiligen Quellen.

»Abschiebeknast« (›Welt‹, Die Interventionische Linke, ›Neues Deutschland‹), »Aufnahmeeinrichtung« (Asylverfahrensgesetz, Asylbewerberleistungsgesetz), »Ausreiseeinrichtung« (Aufenthaltsgesetz), »Erstaufnahmeeinrichtung« (Innenministerien der Länder, die Kommunen, BAMF), »Ersthilfe-Einrichtung« (BAMF), »Flüchtlingsknast« (›taz‹, ›Junge Welt‹), »Gemeinschaftsunterkunft« (Asylverfahrensgesetz, Asylbewerberleistungsgesetz), »Flüchtlingslager« (pro Asyl), »Sammellager« (›Zeit‹, Flüchtlingsrat Bayern, Die Linke), »Unterbringung auf dem Flughafengelände« (Asylverfahrensgesetz). Ob diese Begriffe jetzt amtlich, politisch wertend, euphemistisch oder eine Mischung von allem sind: Sie spiegeln auf jeden Fall die Unsicherheit, was denn nun der »richtige« Umgang mit Asylbewerbern ist, perfekt wider.

Interessant ist, dass der gebräuchlichste Begriff etwas anders lautet: Asylbewerberheim. Er wird sowohl von den Medien als auch von allen Parteien am häufigsten benutzt – sogar von der NPD. Auch wenn die NPD gerne mal ihre demagogischen, hetzerischen Fantasien spielen lässt und von »Luxuswohnungen für Asylanten« herumkrakeelt. Dabei ist schon der Begriff des Heims zwiespältig genug. Zwar trägt er die Heimat im Kern, aber vor allem ist ein Heim ein Ort, an dem die Insassen eher gegen ihren Willen untergebracht sind und den sie hoffen, möglichst bald für eine dauerhafte Unterkunft ihrer Wahl verlassen zu können. Von daher ist der Begriff Asylbewerberheim ganz passend. Allerdings wird er für viele Asylbewerber eher zum langfristigen Aufenthaltsort.

Flughafenverfahren

Ein Flughafen ist ein seltsamer Ort. Eine Art Kaufhaus mit monströs langen Wegen und angeschlossenen Start- und Landebahnen. Ein Sehnsuchtsort für die, die weg wollen in die Sonne oder wohin auch immer. Ein Transitort für die, die ankommen und dann weiter wollen in die Stadt, egal ob die Stadt Berlin, Paris, São Paulo oder San Francisco heißt.

Das deutsche Asylrecht hat den Flughafen zum Ort der Entscheidung gemacht. Das sogenannte Flughafenverfahren nach § 18a Asylverfahrensgesetz wurde mit der Änderung des Grundrechts auf Asyl zum 1. Juli 1993 eingeführt. Unter diesen Paragraphen fallen Asylsuchende aus als »sicher« geltenden Herkunftsstaaten und alle Flüchtlinge ohne beziehungsweise mit gefälschten Ausweispapieren, die an einem Flughafen Asyl beantragen. Hier wird das Asylverfahren dann vor der Einreise im Transitbereich des Flughafens durchgeführt. Die Betroffenen dürfen das Flughafengelände nicht verlassen, werden im Transitbereich untergebracht und im beschleunigten Verfahren angehört – das BAMF hat 48 Stunden Zeit. Beim negativen Urteil Asylantrag »offensichtlich unbegründet« gibt es eine Einspruchsmöglichkeit im Eilverfahren, über den ein Gericht innerhalb von 14 Tagen entscheiden muss. Wird der Einspruch abgelehnt, erfolgt die Abschiebung direkt vom Flughafen aus.

Das Verfahren wird allerdings nur angewendet, wenn am Flughafen auch eine Unterbringungsmöglichkeit für die Asylbewerber besteht, sonst kommen die Asylbewerber in andere Einrichtungen – Menschen, die das deutliche Wort schätzen, sagen auch Knast dazu. Das Bundesverfassungsgericht hat 1996 in einem Urteil entschieden, dass das Festhalten im Transitbereich kein Freiheitsentzug, sondern nur eine Freiheitsbeschränkung darstelle. Schließlich würden die Asylsuchenden nur an der Einreise gehindert, könnten den Flughafen aber »luftseitig« wieder verlassen. Der Knast am Flughafen ist also kein Knast, weil er am Flughafen ist.

Der besondere Service des Flughafenverfahrens wird in Deutschland an den Flughäfen Berlin-Schönefeld, Düsseldorf, Frankfurt/Main, Hamburg und München angeboten. Nach Stand Oktober 2013 kann allerdings in Berlin vorübergehend niemand in den Genuss des Flughafenverfahrens kommen, weil das Abschiebegefängnis in Schönefeld zur Außenstelle für die Zentrale Erstaufnahmestelle für Asylbewerber in Eisenhüttenstadt umfunktioniert wurde. Berlin und seine Flughäfen, immer eine spezielle Geschichte.

Freizügigkeit

Die EU ist ein weltweit bewundertes Friedensprojekt. Wo sonst sind die Schlagbäume an den Grenzen einfach gefallen? Die EU aber ist weitergegangen. Ihre Bürger dürfen sich aussuchen, wo sie wohnen oder arbeiten wollen. Eine tolle Sache, gäbe es nur diese ganzen Sozialtouristen nicht! Deshalb verzichten wir doch gern auf den Kern dessen, was die EU erlebbar und deshalb so erfolgreich gemacht hat. Her mit den Schlagbäumen! Sofort!

Im Übrigen ist die Freizügigkeit als Auswanderung ein Menschenrecht nach der Allgemeinen Erklärung der Menschenrechte – aber nicht als Einwanderung. Das Erste klingt banal, das Zweite absurd. Das Recht auszuwandern ist aber nicht banal, bedenkt man die fehlende Reisefreiheit der Menschen in der ehemaligen DDR. Dass man aber auswandern, aber nicht unbedingt dann einwandern darf, das ist dann doch absurd.

Fremdenfeindlichkeit

Fremdenfeindlichkeit ist dasselbe wie Xenophobie, nur dass der Fremdenfeind keine Fremdwörter verwenden möchte.

Friedhof

Oberflächlich sind Friedhöfe ein Ort der Ruhe, in Wirklichkeit sind sie Schauplatz eines Kulturkampfes. Auf der einen Seite stehen Muslime und andere verirrte Seelen (z.B. Menschen, die aus »Platzangst« nicht in einem Sarg begraben werden möchten), auf der anderen die Vertreter des Fortschritts und der Zivilisation. Es geht, man ahnt es schon, um die Frage des Sargzwangs.

Fortschrittliche und aufgeklärte Menschen wissen, dass Leichname, die ohne Sarg vergraben werden, eine Belastung für das Grundwasser darstellen und das Begräbnis im Sarg eine Errungenschaft unserer modernen Zivilisation darstellt. Sie wissen das, genauer gesagt so lange, bis sie sich einmal näher mit der Frage beschäftigen. Tatsächlich haben Särge zwar eine lange Tradition, sind aber eigentlich erst in dem Moment flächendeckend in den Einsatz gekommen, als es zur Pflicht wurde, Verstorbene 48 Stunden lang in einem Leichenhaus aufzubewahren, um das Verbuddeln von Scheintoten auszuschließen. Dies mag für eine Weile eine Maßgabe der Vernunft gewesen sein, die Fähigkeiten der modernen Medizin dürften diesen Fortschritt allerdings mittlerweile obsolet gemacht haben. Die vermeintliche Belastung des Grundwassers durch sarglos bestattete Menschen entpuppt sich bei näherem Hinsehen als Legende.

Der islamische Bestattungsritus dagegen sieht vor, Tote möglichst rasch und schlicht in einem Leinentuch zu bestatten. Es dauerte allerdings viele Jahre, bis – nach der Pioniertat Hamburgs im Jahr 1995 – die meisten Bundesländer endlich die sargfreie Bestattung zuließen.

Trotz des vermeintlich traurigen Anlasses verwandelt sich mit dem absehbaren Ende der Sargpflicht der Kulturkampf auf deutschen Friedhöfen in eine Komödie. Widerstand regt sich auf den Seiten der Bestatter, die um ihre Geschäfte fürchten. Bei muslimischen Bestattern wird dieser Widerstand besonders prekär. Während Bekir Alboga vom türkisch-muslimischen Verband Ditib gegenüber der ›Berliner Morgenpost‹ im Jahr 2010 feststellt: »Die Beerdigung ohne Sarg gehört zu den notwendigen religiösen Riten«, hat Volkan Coskun, der beim größten deutschen Bestattungsunternehmen für muslimische Begräbnisse zuständig ist, ein muslimisches Rechtsgutachten aus dem Jahr 1985 parat, das die Bestattung in einfachen Holzsärgen erlaubt. »Wir sind ja nicht im Mittelalter«, so sein Kommentar. Bei einem anderen muslimischen Kollegen von Coskun diagnostiziert die Zeitung aus der Hauptstadt sogar eine Art Persönlichkeitsspaltung: »Gefragt, wie er zu der geplanten Gesetzesänderung steht, sagt der gläubige Sunnit: ›Als Bestatter mit Sarg, als Muslim ohne Sarg.‹«

Heiter geht es auch in Baden-Württemberg zu. Dort ist die Sargpflicht zwar aufgehoben, aber nur für Muslime. Offizielle Begründung dafür: Man wolle gleichsam die Entstehung eines Begräbnisproletariats verhindern (zugegeben, das ist meine Wortwahl), also vermeiden, dass bei Bestattungen, die das Sozialamt bezahlen muss, gegen den Willen der Verstorbenen und ihrer Hinterbliebenen auf den Sarg verzichtet wird. Das scheint ein vernünftiges Anliegen, es fragt sich nur, ob es auch weit genug trägt, um die Sargpflicht für Nichtmuslime aufrechtzuerhalten. Auch hier, darf man vermuten, haben einige geschäftstüchtige schwäbische Bestatter ein Wörtchen mitgeredet. Bei postmortalen Klaustrophoben, so vermutet es der Autor und Journalist Harald Martenstein scharfsinnig, könnte es im Ländle nun zu vermehrtem Bartwuchs bei Männern bzw. eifrigem Gebrauch des Kopftuchs bei Frauen kommen, um die Standesbeamten, die über die Befreiung von der Sargpflicht zu entscheiden haben, von der religiösen Motivation zu überzeugen. Immerhin, die Sache mit dem Kopftuch hat in Süddeutschland ja eine gewisse Tradition.

Doch der Kulturkampf auf dem Friedhof ist kein Privileg der Muslime. Auch auf jüdischen Begräbnisstätten geht es mitunter hoch her. Denn traditionell dürfen dort keine Nichtjuden beerdigt werden. Was aber passiert, wenn »gemischte« Ehepaare gemeinsam begraben werden wollen und der jüdische Ehepartner ein Begräbnis nach dem Ritus seiner Religion wünscht? Der Kasseler Rabbiner Shlomo Freyshist sieht dafür keine Lösung und gibt jungen Juden angesichts dieser unüberwindbaren Schwierigkeit noch einen Wink mit: »Es tut mir sehr leid, dass die Menschen sich entschieden haben, Nichtjuden zu heiraten, auch wenn sie damals nicht wussten, was das für Auswirkungen hat«, sagte er der ›Jüdischen Allgemeine‹ im Jahr 2009. Andere Gemeinden finden liberalere Regelungen. In Emmendigen, so weiß die ›Badische Zeitung‹ zu berichten, gibt es ein eigenes Grabfeld für gemischte Ehen. Zwischen dem Teil für Juden und Nichtjuden wächst einzig eine kleine Hecke. Hier wächst, in einem ganz wörtlichen Sinn, zusammen, was zusammengehört. Lasst tausend Blumen blühen!

FRONTEX

FRONTEX ist die französische Abkürzung für frontières extérieures, also Außengrenzen, und steht für die Europäische Agentur für die operative Zusammenarbeit an den Außengrenzen der Mitgliedsstaaten der Europäischen Union, die 2004 gegründet wurde. Im Gründungsbeschluss des Europäischen Rates wird als erster Grund zur Etablierung von FRONTEX genannt:

»... ein einheitliches und hohes Kontroll- und Überwachungsniveau [...] ist eine notwendige Ergänzung des freien Personenverkehrs innerhalb der Europäischen Union und ein wesentliches Element des Raums der Freiheit, der Sicherheit und des Rechts.«

Kontrolle und Überwachung? Gut, das hört sich jetzt nicht so sympathisch an. Aber wenn es doch der Freiheit, der Sicherheit und dem Recht dient? Ach so, na dann. Ein bisschen Kontrolle und Überwachung muss schon sein.

Also für ein bisschen Kontrolle ist das jährliche Budget von FRONTEX von 6,2 Millionen Euro im Jahr 2005 auf Ausgaben von 118 Millionen Euro im Jahr 2011 angestiegen? FRONTEX-Operationen haben so tolle Namen wie Poseidon (im östlichen Mittelmeer vor Griechenland), Hera (zwischen den Kanarischen Inseln und der westafrikanischen Küste), Nautilus (zwischen Nordafrika und Süditalien) oder Hermes 2011 (auf Lampedusa). FRONTEX setzt RABITs (Rapid Border Intervention Teams ein – Soldaten, Flugzeuge, Hubschrauber und Boote – und hat durch das neue EU-Grenzüberwachungssystem Eurosur auch bald Satelliten und Drohnen zur Verfügung. Parlamentarische Kontrolle? Auf Menschenrechte basiertes Arbeiten? Leben retten als Hauptaufgabe? Wer will da kleinlich sein?

Dann verstehe ich das: FRONTEX sorgt dafür, dass *wir* in Freiheit und Sicherheit *unser* Recht auf einen ungestörten Urlaub wahrnehmen können. Mein Vorschlag für einen griffigen FRONTEX-Slogan: Wir rüsten auf, Sie ruhen aus!

G

Gaddafi

Oberst Muammar Muhammad Abdassalam Abu Minyar al-Gaddafi war ein Freund. Er wirkte irgendwie irre, hatte komische Klamotten an, riesige Zelte, die mit ihm reisten, eine weibliche Leibgarde und noch mehr harmlos wirkende Marotten. Dass er einer der schlimmsten Diktatoren unserer Zeit war, na ja, ist halt so. Ist aber kein Hindernis gewesen, mit ihm zu vereinbaren, dass er Lager baut, in denen die Flüchtlinge nach Europa hingebracht werden. Er war einer der besten Helfer Europas bei der Abwehr der Flüchtlinge. Dafür bekam er Waffen und Geld. Der damalige französische Präsident Nicola Sarkozy versprach ihm sogar Atomkraftwerke.

GASIM

Wir schreiben den 17. Juli 2006: Deutschland ist noch leicht euphorisiert vom Sommermärchen der Fußball-WM dahoam. Die Menschen staunen immer noch darüber, wie gut sie feiern konnten – überall in Deutschland, nachts, auf der Straße, gemeinsam mit Fremden, sogar gemeinsam mit Ausländern. Im Bundesministerium des Innern aber macht man sich Sorgen. Und so spricht Staatssekretär Dr. August Hanning: »Die illegale Migration mit ihren Auswirkungen auf die Kriminalitätslage, den Arbeitsmarkt und die Sozialsysteme in Deutschland ist eine der gegenwärtig größten Herausforderungen für unsere Gesellschaft.«

In dieser Situation musste natürlich gehandelt werden, und zwar sofort. So wurde das Gemeinsame Analyse- und Strategiezentrum illegale Migration (GASIM) geboren. Seine Mission: den »ganzheitlichen Bekämpfungsansatz« ausbauen. Das mächtige GASIM – ein unermüdlicher Bekämpfer der illegalen Einreise, der Passfälschung und des Visamissbrauchs? Ganz so martialisch ist es (zum Glück) nicht. Aber das Innenministerium verkündet: »Mit dem GASIM wird eine ständige, behördenübergreifende Informations-, Koordinations- und Kooperationsplattform unter Beibehaltung der Verantwortlichkeiten und Zuständigkeiten geschaffen.«

Jawohl! Wer nicht mehr weiterweiß, bastelt sich eine neue Institution. Und seitdem tummeln sich auf der Plattform des GASIM das Bundeskriminalamt, die Bundespolizei, das Bundesamt für Migration und Flüchtlinge, die Finanzkontrolle Schwarzarbeit, der Bundesnachrichtendienst sowie das Bundesamt für Verfassungsschutz. Und das Auswärtige Amt wird selbstverständlich auch »eingebunden«.

Ist halt so, wenn man keine Strategie hat für den Umgang mit illegaler Migration. Wie denn auch, wenn man auch keine Hand für den Umgang mit legaler Migration hat. Aber das Strategiezentrum gibt es wenigstens schon.

Gastarbeiter

Die gesamte Geschichte der Industrialisierung ist eine Geschichte der Gastarbeiter, auch in Deutschland. Das Ruhrgebiet als pulsierendes Herz der deutschen Industrialisierung hätte es ohne die polnischen Gastarbeiter nicht gegeben. Nur hießen sie damals korrekterweise Einwanderer. Jeder Schalke-Fan weiß das. Denn ohne den deutschen Nationalspieler Ernst Kuzorra, dessen Vater aus den Masuren eingewandert war, hätte es in den Dreißiger-Jahren den legendären Schalker Kreisel nicht gegeben. Jetzt aber genug über fremde Vereine räsoniert!

Zwischen dem ersten Anwerbeabkommen zwischen Westdeutschland und Italien im Jahr 1955 und dem Anwerbestopp im Jahr 1973 kamen etwa 14 Millionen Menschen als Gastarbeiter nach Deutschland. Neben Italien kamen sie aus Spanien, Griechenland, Türkei, Marokko, Südkorea, Portugal, Tunesien und Jugoslawien. In der DDR waren 1990 knapp 100 000 Gastarbeiter, »Vertragsarbeiter« genannt, aus Vietnam, Kuba, Mosambik, Polen und Angola beschäftigt.

Etwa elf Millionen von ihnen gingen nach Ende ihrer Zeit als Billigarbeiter, in Baracken wohnend, brav wieder zurück in ihr Heimatland. Einige aber blieben und holten ab 1973 auch noch ihre Familien nach. Der einzige Unterschied zwischen den Einwanderern der Industrialisierung und den Gastarbeitern des Wirtschaftswunders liegt in der Illusion der Rückkehr. Eine Illusion, die sowohl die deutsche Gesellschaft, also auch die Gastarbeiter selbst hatten.

Und die dazu geführt hat, dass viele Jahrzehnte lang der Staat diesen Menschen einfach keinerlei Integrationsangebote gemacht hat.

Gäste

Der ›Focus‹ titelte in seiner 48. Ausgabe des Jahres 2004: »Unheimliche Gäste«. Das Foto dazu war die Montage der üblichen Betenden von hinten und den noch üblicheren bedrohlichen Umrissen einer Moschee mit Kuppel und Minarett. Ging es etwa um unsere hinduistischen Gäste?

Gäste?! Beim Vorbeigehen an einem Kiosk sah ich dieses Titelbild und verlor die Fassung. Gäste? Nach über 50 Jahren Gastarbeiter-Einwanderung immer noch Gäste?

Gast-Sein ist eigentlich ganz schön. Man wird bedient, gut behandelt und geht dann wieder. Ist man kein Gast, muss man sich selbst versorgen, bleibt aber auch dauerhaft. Und man hat Selbstbestimmungsrechte. Man muss nicht nur aufs Gästeklo, kann auch mal baden.

1999 machte die ›Frankfurter Rundschau‹ eine Unterschriftenkampagne gegen die Unterschriftenkampagne Roland Kochs. Letztere wiederum ging gegen die doppelte Staatsangehörigkeit. Als Betroffener stand ich also im kalten Januar 1999 auf der Straße in meiner Heimatstadt und sammelte Unterschriften für die ›Frankfurter Rundschau‹. Ein älterer, wütender Bio-Deutscher ging mit seinem Stock auf mich los und schrie: »Ihr seid hier Gäste. Was mit euch passiert, darüber entscheiden wir!«

Was macht man da? Ich kann mich doch nicht mit einem Senioren prügeln. Das brachte mir meine orientalische Erziehung bei, genauso wie die Regel, dass man Gäste gut behandelt und nicht physisch angreift. Ich wich ihm aus, so gut ich konnte, und schaute verwirrt. Im Nachhinein tröstet mich der Gedanke, dass er immerhin nicht schrie: »Ihr seid hier unheimliche Gäste.«

Gefahrenabwehrrecht

Gefahrenabwehrrecht ist der Rechtsrahmen für den Erhalt der öffentlichen Sicherheit und Ordnung. Darunter fasst die deutsche Rechtssystematik den Immissionsschutz, das Waffenrecht, den Bodenschutz, das Sprenggesetz, den Tierschutz oder das Ausländerrecht. Letzteres heißt in Österreich Fremdenrecht. Unter Gefahrenabwehr fällt also die Abwehr all dessen, was uns gefährdet.

Geduldete

Wörtlich übersetzt sind das die »Ertragenen«. Also diejenigen Privilegierten, die das Sonderrecht haben, eine Duldung zu haben. Also keinen regulären Aufenthaltsstatus.

Green Card

Die rot-grüne Regierung war 1998 unter anderem mit dem Plan angetreten, das Einwanderungsrecht zu modernisieren. Schon die Zulassung der doppelten Staatsbürgerschaft (Doppelpass) traf auf erbitterten Widerstand, und so erging es auch dem Vorhaben, Einwanderungsmöglichkeiten für Fachkräfte zu schaffen.

Das Programm, das im Jahr 2000 vorgestellt wurde, hieß sehr ambitioniert »Green Card«. Dabei hatte es mit der amerikanischen Green Card nur sehr wenig gemein, denn hier ging es nicht darum, Menschen eine dauerhafte Perspektive in Deutschland zu bieten, wie sie die Green Card vorsieht. Letztlich ging es darum, sozusagen Gastarbeiter de Luxe anzuwerben.

Trotz dieses sehr zaghaften Versuchs war der Widerstand beträchtlich. Als Speerspitze der Opposition gegen das Vorhaben brachte sich der damalige Oppositionsführer Nordrhein-Westfalens, Jürgen Rüttgers, in Stellung. Er nutzte die Gunst der Stunde zu einem CDU-unüblichen Aufruf für die freie Liebe und forderte »Kinder statt Inder!«.

Als ob man diesen Widerstand vorausgesehen hätte, mühte sich die Green-Card-Offensive, die erwartete Masseneinwanderung so gut wie möglich zu begrenzen. Sie betitelte das Programm mit dem Zungenbrecher »Verordnung über Aufenthaltserlaubnisse für hoch qualifizierte ausländische Fachkräfte der Informations- und Kommunikationstechnologie (IT-AkaurGV)«, setzte eine maximale Aufenthaltsdauer von fünf Jahren durch und legte einen Hochschulabschluss bzw. ein hohes jährliches Mindesteinkommen als Bedingungen fest. Zudem sollten die Fachkräfte erst einmal ohne ihre Familien kommen. Aus einer grünen Karte war höchstens eine fahlgelbe geworden, die Menschen nicht vollen Herzens einlud. Sie signalisierte, dass man hier, weil die Wirtschaft ja nun wirklich sehr darum gebeten hatte, ausnahmsweise mal beide Augen zudrückte und ein paar Menschen für ein paar Jahre zu sich ließ.

Statt des erwarteten riesigen Ansturms kamen letztlich nicht einmal die 20 000 vorgesehenen Fachkräfte, von denen die meisten auch keine Computer-Inder, sondern Osteuropäer, Asiaten oder Afrikaner waren. Sie brachten viele Unternehmen voran, änderten aber nichts am strukturellen Fachkräftemangel. Rot-Grün reformierte das Einwanderungsrecht 2004 weiter, aber noch immer sind die oft rein bürokratischen Hürden hoch – trotz der mittlerweile von der EU eingeführten »Blue Card«.

Gutmenschen

Gutmenschen, das sind die guten Menschen. Das ist erst mal ja gar nicht so schlimm. Aber die Gutmenschen sind so gut, dass sie schon wieder Schlechtes tun. Sie sind gut zu den Ausländern, zu Schwulen, zu allen, die uns schaden wollen. Also tolerieren die Gutmenschen Intoleranz. Gutmenschen schaden uns also eigentlich. Sie sind unbewusst Spione der muslimisch-homosexuellen Unterwanderung unseres Abendlandes. Was Frau Merkels Handy also für die NSA, das sind die Gutmenschen für die Taliban.

Handgeld

Das Handgeld sind die paar Scheine, die ein abgelehnter Asylbewerber bei seiner Abschiebung in die Hand bekommt. Damit er sich eine Busfahrt nach Hause leisten kann, wenn er ohne jegliches anderes Hab und Gut im Flughafen seiner Heimat ankommt. Zum Bus schafft er es aber nur, wenn die Polizei nicht bereits bei der Einreise auf ihn wartet. Das tut sie nur nicht, wenn er wirklich gelogen hat und nicht politisch verfolgt war.

Ich werde niemals vergessen, wie mich eine aufgelöste Mutter von fünf Kindern anrief, weil ihr Mann – getrennt von der Familie – mit polizeilicher Begleitung bereits auf dem Weg zum Flughafen war. Ich solle doch bitte etwas für ihren Mann tun. Es war zu spät. Er wurde abgeschoben. Die Familie des politischen Aktivisten hat nie wieder etwas von ihm gehört. Ob er auch ein Handgeld bekommen hatte?

In manchen Bundesländern sind es übrigens Flüchtlingsorganisationen, die für das Handgeld aufkommen, nicht der Staat. Er zahlt ja schließlich schon den Flug.

Hauptschule

Der effizienteste Ort der Auslese innerhalb eines asozialen Bildungssystems, bei dem nicht das Talent der Kinder über den Erfolg entscheidet, sondern der Geldbeutel der Eltern. Respekt an die vielen Lehrerinnen und Lehrer und Sozialarbeiter, die sich von diesem System nicht frustrieren lassen und Tag für Tag sich reinhängen, um für die Kinder noch das Beste daraus zu machen.

Als ich einmal die Abschaffung der Hauptschule bei einer Diskussion mit Realschülern forderte, schrie eines der Mädels: »Was? Dann kommt mein Bruder ja auch auf meine Schule! Dann kann ich ihm ja gar nicht mehr den ganzen Tag sagen, dass er ein Idiot ist!«

Honduras

Honduras ist ein Staat mit knapp 8 Millionen Einwohnern, der an Guatemala, Nicaragua und El Salvador grenzt und an der einen Seite eine Küste zum Pazifik, auf der anderen zur Karibik hat.

Männer oder Frauen aus Honduras (ebenso wie diejenigen aus den USA, Israel, Japan, Kanada, Südkorea, Neuseeland, Andorra, San Marino und Monaco) sind, wenn sie zu einem Ehepartner mit Aufenthaltsgenehmigung nach Deutschland ziehen möchten, von der Anforderung befreit, sich vorher »zumindest auf einfache Art in deutscher Sprache verständigen« zu können. Diese Regelung, die 2007 in Kraft trat, soll verhindern, dass sogenannte Importbräute nach Deutschland zwangsverheiratet werden, wo sie dann – ohne des Deutschen mächtig zu sein – ihren Schwiegerfamilien ausgeliefert wären.

Dieses Anliegen ist ganz sicher berechtigt, könnte aber durch andere Maßnahmen wesentlich sinnvoller erreicht werden. Es drängt sich der Verdacht auf, dass mit dem im Alltag sicher nur begrenzt nützlichen Wortschatz von 200 bis 300 Wörtern, den der Gesetzgeber einfordert, nicht »Importbräute« vor chauvinistischen Ehemännern, sondern Deutschland »geschützt« werden soll – wovor auch immer.

Hoyerswerda

Ich bin mir nicht mehr sicher, ob ich gelacht oder geweint habe, als ich Anfang 2014 davon las, dass in Hoyerswerda nach Jahren wieder ein Flüchtlingsheim eröffnet wurde. Hoyerswerda, ein Name wie ein Messerstich. Die sächsische Stadt war im September 1991 der erste Ort in der Bundesrepublik Deutschland, in dem Häuser brannten aufgrund der Hautfarbe ihrer Einwohner. Viele weitere folgten. Damit ist Hoyerswerda ein Symbol für das Wiedererstarken der Rechtsextremen in Deutschland nach der Wiedervereinigung.

32 Menschen wurden damals bei den Angriffen der Nazis verletzt. Fast schlimmer als der Beifall vieler Nachbarn war die Reaktion der Politik. Die Polizei kam zu spät und griff teilweise gar nicht ein und das Landratsamt sah die Lösung des Problems in der »Ausreise der Ausländer«. Die vietnamesischen Gastarbeiter, deren Haus ebenfalls angegriffen worden war, sind größtenteils sofort zum Frankfurter Flughafen gefahren und von dort aus abgeschoben worden, das Asylbewerberheim evakuiert.

Bei der Aussicht auf ein neues Asylbewerberheim in Hoyerswerda habe ich geweint und gelacht.

Illegale

Flüchtlingsorganisationen werben schon lange mit dem Slogan »Kein Mensch ist illegal« für eine offenere Flüchtlings- und Migrationspolitik. Auch die Wissenschaft hat nachgezogen. Das Netzwerk Migration in Europa hat im Jahr 2011 eine Expertise im Auftrag der deutschen nationalen Kontaktstelle für das Europäische Migrationsnetzwerk (EMN)[4] beim BAMF erstellt. Die Expertise trägt den Titel: »Umfang, Entwicklung und Struktur der irregulären Bevölkerung in Deutschland«.

Ziel dieser Studie ist es, mehr herauszufinden über

»die Anwesenheit von Drittstaatsangehörigen, die nicht oder nicht mehr die Einreisevoraussetzungen nach Artikel 5 des Schengener Grenzkodex oder andere Voraussetzungen für die Einreise in einen Mitgliedstaat oder den dortigen Aufenthalt erfüllen, im Hoheitsgebiet dieses Mitgliedsstaats«.

So definiert die Rückführungsrichtlinie der EU den illegalen Aufenthalt.

Diesem Phänomen nähern sich die Forscher des Netzwerks Migration in Europa mit messerscharfen Begriffsdefinitionen. Sie unterscheiden zwischen »klandestiner irregulärer Bevölkerung, scheinlegaler Bevölkerung und registrierten Ausreisepflichtigen«.

Zur ersten Gruppe gehören die Menschen, die in Deutschland un-

---

4 Ja, das Netzwerk Migration in Europa und das Europäische Migrationsnetzwerk sind zwei verschiedene Dinge. Haben Sie nie »Das Leben des Brian« gesehen? Seit den Zeiten der Judäischen Volksfront und der Volksfront von Judäa hat sich nicht viel geändert. Allerdings bin ich mir sicher, dass es zwischen dem Netzwerk Migration in Europa und dem Europäischen Migrationsnetzwerk vollkommen friedlich zugeht.

erkannt, also quasi im Untergrund leben. Zu den Scheinlegalen gehören nach der Definition der Wissenschaftler diejenigen, die einen regulären Aufenthaltsstatus in Deutschland haben, weil sie bei ihrer Einreise falsche Angaben zu ihren Fluchtgründen oder ihrer Identität gemacht haben. Die dritte Gruppe besteht aus den Behörden bekannten Personen, die nicht freiwillig ausgereist sind, deren Ausreise aber von den Behörden auch nicht durchgesetzt wird. Diese registrierten Ausreisewilligen machen sich durch ihren Aufenthalt in Deutschland nicht strafbar, auch wenn ihr Status »unrechtmäßig« bleibt, wie eine andere Studie des Netzwerks festgestellt hat. Klar?

Was kommt am Ende dabei heraus? Auf einer Datenbasis von 2010 kommt das Netzwerk Migration in Europa zu dem Schluss: »*Die Aussage, dass es zwischen 100000 und 400000 klandestine irreguläre Migranten gibt, kann als relativ gut begründet angesehen werden.*« Hmm, ich sehe da eine gewisse Unschärfe. Für die Scheinlegalen kann das Netzwerk keine Schätzungen abgeben. Bei den registrierten Ausreisepflichtigen gibt die Expertise die Zahl der Geduldeten an. Eine Duldung liegt dann vor, wenn ein Asylbewerber zwar nicht anerkannt ist, aber auch nicht abgeschoben wird, zum Beispiel, weil bei einer Abschiebung sein Leben in Gefahr ist. In diesem aufenthaltsrechtlichen Fegefeuer der Duldung brieten im Jahr 2010 insgesamt 87000 Menschen. Weitere Untersuchungen zeigten allerdings auch, dass rund 40000 von ihnen inzwischen über einen Aufenthaltstitel verfügten, aber trotzdem noch als ausreisepflichtig registriert waren.

Ich möchte ja niemanden beim Zählen stören, aber wäre es nicht vielleicht besser, sich über praxisnahe Lösungen Gedanken zu machen?[5]

Illegalisierte

Kein Mensch ist illegal, also gibt es auch keine Illegalen. Es gibt nur Menschen, die per Gesetz zu Illegalen erklärt werden, also Illegalisierte.

---

5 Stimmt schon, ist eigentlich Aufgabe der Politik. Ist ja gut, viel Spaß noch beim Schafezählen. ⟶ Katholiken

Importbraut

Als ich Anfang 20 war, schickte mir der weibliche Teil meiner Verwandtschaft aus dem Iran nahezu wöchentlich Fotos von wunderschönen jungen Frauen, die irgendwo in der Nachbarschaft in Teheran wohnten. Ich müsse mir nur endlich eine aussuchen, und sie würden dann für mich sofort um die Hand des Mädchens anhalten. Und da ich ja eine gute Partie sei, wäre der Rest nur noch Formsache. Alle diese bildhübschen jungen Frauen wollten mich heiraten? Warum? Und wenn ich so toll war, warum wollten mich nicht all die Schönheiten in meiner Frankfurter Nachbarschaft heiraten?

Meine Tanten hatten recht. Ich war tatsächlich eine gute Partie. Und zwar, weil eine Eheschließung mit mir diesen jungen Frauen die Möglichkeit eröffnet hätte, den Iran auf Dauer zu verlassen – bei den vielen Ungleichbehandlungen der Frauen im Iran eine sehr verlockende Aussicht. Ob sie sich nach wenigen Jahren nicht hätten scheiden lassen, wie viele andere Iranerinnen in ähnlicher Situation zuvor, wäre davon abhängig gewesen, ob ich außer einem deutschen Wohnort sonst etwas zu bieten gehabt hätte (hatte ich nicht).

Nehmen wir an, es wäre so gewesen, dann wäre meine »Frau« zwar eine Importbraut, aber keineswegs zwangsverheiratet. Sie wäre mehr als freiwillig meine Frau geworden. Dasselbe gilt im Übrigen auch für arrangierte Ehen. Auch sie können, müssen aber nicht aus Zwang erfolgt sein. Bittet eine junge Frau nach traditioneller Art ihres Dorfes, sagen wir mal, die Großmutter darum, ihren Bräutigam auszusuchen, so ist das weder modern, noch romantisch noch verständlich. Aber noch lange keine Zwangsehe. Deshalb sollte man immer sehr genau nachfragen, wenn so manche »Experten« der Ausländer-Debatte Zwangsheirat (zweifelsfrei eine Straftat), arrangierte Ehe und Importbräute in einem Atemzug nennen und damit gleichsetzen. Wer kann schon von sich behaupten, dass die Ehe der Urgroßmutter romantisch und modern zustande gekommen ist? Übrigens habe ich weder eine solche Fotoschönheit geheiratet, noch die Fotos aufbewahrt.

Es ist erstaunlich, wie viele mittvierzigjährige Frischgeschiedene mit Entsetzen auf meine »Ignoranz« reagieren. »Wieso denn? Ist doch nett. Gib doch mal die Fotos rüber!« Das Phänomen der Importbräute ist nicht in erster Linie eines der türkischen Männer, die sich anatolische Dorffrauen kommen lassen. Es scheint vor allem bei Männern präsent zu sein, die mit der Komplexität moderner

Frauen nicht nur nicht klarkommen (okay, welcher Mann tut das schon?), sondern sich gar nicht erst auseinandersetzen wollen. Unabhängig von der Herkunft. Oder ist etwa die Mehrzahl der Männer, die südostasiatische Bräute importieren, muslimischer Herkunft?

In

Hilfe! Sie wollen rein. Sie wollen alle rein. In unsere Sozialsysteme. Die Bulgaren, die Zigeuner. Sie kommen!

Integration

In diesem Buch finden Sie den Begriff »Integration« 128-mal. Also schulde ich doch mal eine Erklärung darüber, was das eigentlich ist. Vor allem in einem Werk mit einem solch immensen enzyklopädischen Anspruch ...

Für mich ist Integration ein laufender Prozess und keine A-B-Strecke. Man kann nämlich aus der Integration auch wieder rausfallen. Niemand wäre zwei Jahre vor seiner Bluttat bei Mohammed Bouyeri, dem Mörder des holländischen Regisseurs Theo van Gogh, auf die Idee gekommen, er habe ein Integrationsproblem.

Das Ziel dieses Prozesses ist dabei, sich an Recht und Gesetz zu halten. Und sich soziale Aufstiegschancen erarbeiten zu können. Die Werkzeuge dazu sind der Arbeitsmarkt, das Bildungssystem und rechtliche Zugänge. Ist das alles da, darf der Neuankömmling machen, was er will. Seine Kultur gehört ihm, solange ihre Praktiken weder illegal sind noch seine sozialen Chancen oder die seines Umfelds kaputt machen. Insoweit ist Integration natürlich keine Einbahnstraße. Doch den Hauptbeitrag leistet der Neuankömmling selbst. Das ist in allen Einwanderungsgesellschaften der Welt so.

So gesehen finde ich den Integrationsbegriff keineswegs überholt, wie manche Kommentatoren sagen. Es ist dasselbe wie mit der Toleranz: Eine Frage des Konzepts.

Integrationsindustrie

Integration wird in Deutschland nicht nur diskutiert in den Parlamenten und auf nationalen Integrationsgipfeln und verwaltet vom BAMF und zahllosen anderen Ministerien und Behörden, Integration ist in Deutschland auch Big Business. In Deutschland wird mit Integration Geld verdient. Die Integrationsgipfel sind die sichtbaren Spitzen der Eisberge. Hier diskutieren Politiker, Beamte, Experten mehr oder minder öffentlich mit Vertretern von Migranten(dach)-organisationen (so der offizielle Begriff, inklusive Klammern) von A wie Assyrischer Jugendverband Mitteleuropa bis Z wie Serbischer Zentralverband in Deutschland. Seit 2007 gibt es diese Gipfel, im Mai 2013 fand der sechste statt. Was dabei herauskommt? Zum Beispiel der Nationale Integrationsplan von 2007 (NIP) oder auch der Nationale Integrationsplan zur Weiterentwicklung des Nationalen Integrationsplans (NAP-I) aus dem Jahr 2010.

Hier geht es ums Reden, um Pläne und auch um Selbstdarstellung in der Öffentlichkeit. Politiker, Experten und Interessenvertreter treffen aufeinander. Warum auch nicht. Das Integrationsgeschäft ist auch ein Lobbygeschäft. Das ist in einer Demokratie eben so. Das Brot-und-Butter-Geschäft dieser Integrationsindustrie aber sind die Integrationskurse – das BAMF veröffentlicht jedes Jahr eine Integrationskursgeschäftsstatistik (sic!). Die Integrationskurse gibt es seit 2005. Sie bieten einen Sprachkurs von 600 Stunden und einen Orientierungskurs von 60 Stunden, in dem Kenntnisse über die deutsche Politik, Geschichte und Gesellschaft vermittelt werden sollen. Die Geburtshelfer der Integrationsindustrie waren 9/11, der PISA-Schock und das Zuwanderungsgesetz.

Das Zuwanderungsgesetz trat am 1. Januar 2005 in Kraft und gebar unter anderem das Aufenthaltsgesetz. Seitdem haben Ausländer, die zum ersten Mal eine Aufenthaltserlaubnis bekommen, einen Rechtsanspruch darauf, an einem Integrationskurs teilzunehmen. Außerdem kann ein Ausländer nach dem Aufenthaltsgesetz zur Teilnahme an den Kursen verpflichtet werden, wenn »er sich nicht zumindest auf einfache Art in deutscher Sprache verständigen kann«, er bei der Erteilung eines Aufenthaltstitels »nicht über ausreichende Kenntnisse der deutschen Sprache verfügt« oder »besonders integrationsbedürftig« ist.

Nun ist es keine schlechte Idee, Menschen mit Sprachkursen zu unterstützen und über die deutsche Gesellschaft zu informieren. Aber die bloßen Zahlen sind schon erstaunlich: Vermittelt werden die Kenntnisse von insgesamt 1450 Kursträgern in ganz Deutschland. Von 2005 bis 2012 haben 880 000 Teilnehmer die Integrationskurse absolviert, von denen rund 370 000 zur Teilnahme verpflichtet wurden. Allein im Jahr 2012 waren es 94 000 Kursteilnehmer und hinzu kamen noch fast 20 000 Menschen, die den Kurs wiederholt haben. Diese Zahl ist wichtig: Denn natürlich gibt es bei den Kursen auch eine Erfolgskontrolle. Festzuhalten bleibt: Mehr als die Hälfte der Absolventen an den Integrationskursen sind freiwillige Teilnehmer. Es könnten noch viel mehr sein, die Nachfrage ist höher als das Angebot. Nur falls noch mal jemand unterstellen sollte, dass »die« sich nicht um Integration bemühen.

Iraner

Iraner »sind gar keine Ausländer, sondern Perser«, weiß der Protagonist in Ali Samadi Ahadis großartigem Film »Salami Aleikum«. Daher haben sie in diesem Buch nichts zu suchen.

Islam

Der Islam ist eine »Religion des Friedens«, »Religion der Liebe«, »Religion der Aufklärung«, »Religion der Toleranz«. Gleichzeitig ist er aber auch eine »Religion der Lüge«, eine »Religion des Hasses«, »Religion der Gewalt« und eine »Religion der Intoleranz«. Kurz gesagt: Der Islam überfordert die Menschen, nicht zuletzt die Muslime.

Was viele unter Islam verstehen, ist ein Amalgam aus frühchristlicher und jüdischer Theologie, Rechtssätzen arabischer Stämme des 7. Jahrhunderts, dem politischen Erbe imperialer Reiche wie kolonialistischer Unterdrückung, Versatzstücken westlicher Ideologien des 19. und 20. Jahrhunderts und per Internet weltweit verfügbarer Gedankenschnipsel selbst ernannter Religionsgelehrter aus aller Herren Länder.

Die Zustände im Islam sind derart zersplittert, dass viele Menschen gar nicht wissen, ob sie überhaupt Muslime sind bzw. dass einige Muslime anderen das Muslim-Sein absprechen. Im Nebelfeld, oder vielleicht sollte man sagen: Sandsturm muslimischer Unklarheiten geraten dabei relativ unschuldige Kleingruppen wie die Ahmadiyya, die Alewiten oder auch die Alawiten bedauerlicherweise immer wieder unter die Räder wilder Streitereien.

Und nicht nur diejenigen Minderheiten, die einen irgendwie gearteten Bezug zum Islam aufweisen, stolpern in dieses Tohuwabohu. So werden Angehörige der indischen Gruppierung der Sikhs, bei denen die Männer stets einen Turban als Kopfbedeckung tragen, die aber nicht Mohammed, sondern die zehn Gurus von Nanak bis Singh als Verkünder des einen Gottes ansehen, häufig fälschlicherweise als Muslime angefeindet. Auch die eher schlichten Gemüter westlicher Extremisten werden durch das Chaos im Islam also leicht irregeleitet.

Die Unklarheit setzt sich auch in seinem äußerlichen Erscheinungsbild fort. Das angeblich berühmte Markenzeichen islamischer Männer, der Bart, besitzt eine Unmenge Spielarten. Er kann, wie Stefan Weidner (in seinem großartigen ›Manual für den Kampf der Kulturen‹) analysiert, »lang und fusslig (sic!)« sein, dann handelt es sich vermutlich um einen »islamischen Fundamentalisten«, gut getrimmt wie bei »assimilierten Muslimen« oder eben irgendwas dazwischen. Und schon beginnt das große Rätselraten.

Auch die vom Islam inspirierten bildenden und angewandten Künste leiden unter mangelnder Ordnung. Bedingt durch ein angebliches Verbot, Allah oder seinen Propheten bildlich darzustellen, wichen islamisch inspirierte Künstler auf das abstrakte Ornament als zentrale Ausdrucksform aus. Doch nur wo eine starke gestalterische Führung dem Ornament eine Ordnung beschert, lässt sich daraus eine ästhetisch befriedigende Einheit schaffen. Ansonsten droht der schreckliche Kitsch, der die halbe arabische Welt verschandelt hat und sich anschickt, auch das westliche Abendland zu unterwandern. Was dabei droht, hatte schon Adolf Loos in seinem Klassiker ›Ornament und Verbrechen‹ angedeutet.

Wo Anarchie und Chaos herrschen, da ist die Gewalt nicht weit. Und wo bei anderen Religionen ein Oberhaupt bzw. eine klar gegliederte kirchliche Hierarchie wahlweise zu Gewalt oder Frieden aufrufen kann, bleibt den Muslimen diese Verantwortungsstruktur vorenthalten. Deswegen sind auch gut gemeinte Erklärungsversuche angesichts islamistisch motivierter Gewalt vergeblich, wie etwa Muhammad Alis Verdikt, die Terroristen des 11. September 2001 seien keine Muslime gewesen, denn Muslime machten »so etwas« nicht.

Deswegen gilt große Vorsicht, wenn man sich Muslime ins Haus holt. Man weiß nie, was man bekommt. Die einen salbadern einem in blumigen Worten vom Frieden vor, einige verschandeln die Innenstädte mit ornamental verunzierten Shisha-Lounges, andere sind so verwirrt, dass sie nicht mal ein Taxi vernünftig ans Ziel bringen können, und wieder andere sprengen sich zum eigenen Schaden und dem anderer in die Luft.

Nein, mit den Moslems ist kein Staat zu machen.

Oh! Und was mache ich jetzt, ich, so als Moslem?

Islam-Hypnose

Nach »Islam-Rabatt«, »Islamo-Faschismus« der nächste letzte Schrei in der deutschen Debatte: »ISLAM-HYPNOSE«!

Die Islam-Hypnose ist nicht die neueste Waffe der Muselmanen, uns kampfunfähig zu machen, um unser Land zu erobern, unsere Frauen zu essen und unsere Autos zu heiraten. Die Islam-Hypnose ist der Zustand, in dem sich unsere gesellschaftliche Debatte um Integration und Einwanderung dreht. Da wir nur noch über eine Religion, für die alle Experten sind – weil jeder ja schon mal an einer Moschee vorbeigelaufen ist –, und die angebliche Kultur dahinter reden, reden wir nicht mehr über die sozialen Probleme in unserem Land oder über unser asoziales Bildungssystem. Die Islam-Hypnose ist also einer der Gründe dafür, dass hier Losungen gedroschen werden statt Lösungen zu suchen.

Als Barack Obama noch nicht US-Präsident war und noch wenigstens herausragende Reden hielt, wurde er mit wütenden Hasspredigten seines Reverends konfrontiert. Daraufhin hielt er eine wegweisende, historische Rede über die Rassenfrage in den USA. Auszüge daraus:[6]

»Wir können die Rassenfrage auch lediglich als Spektakel auffassen – so wie wir es im Fall des Gerichtsverfahrens O.J. Simpson getan haben – oder in den Nachwehen einer Tragödie wie Katrina, oder als Stoff für die Abendnachrichten ...

Das können wir tun ...

Aber wenn wir so verfahren, dann sage ich Ihnen, werden wir bei der nächsten Wahl über eine andere Ablenkung sprechen. Und dann über eine andere und eine andere. Und nichts wird sich ändern.

Das ist eine Option.

Oder aber wir können zusammenkommen ... und sagen: Diesmal nicht! Dieses Mal wollen wir über die zerfallenden Schulen sprechen, die den schwarzen und den weißen Kindern und den asiatischstämmigen Kindern und den latino-amerikanischen Kindern und den Kindern der Ureinwohner dieses Landes die Zukunft stehlen.

Diesmal wollen wir den Zynismus ablehnen, der uns sagt, dass diese Kinder nicht lernen können, dass jene Kinder, die nicht wie wir aussehen, uns nichts angehen. Die Kinder Amerikas sind nicht

---

6 Übersetzung aus dem Englischen durch den Autor, auf der Grundlage der Übersetzung auf www.transatlantikblog.de.

›jene Kinder‹, sie sind unsere Kinder und wir lassen sie nicht zurück-
fallen … Diesmal nicht …«

Ersetze »Rassenfrage« mit Islam. Willkommen in Deutschland.

Italiener

Italiener sind minderbegabte Fußballer, die nur deswegen in
Deutschland Weltmeister werden konnten, weil sie laut ihre Nationalhymne mitsangen.[7] Außerdem haben die Italiener eine fantasti-
sche Küche erfunden, in der sehr leckere Speisen zubereitet werden.
Der Wert der Pizza als globale Marke lässt sich gerade noch so mit
Luft oder Coca-Cola messen. Zu diesem globalen Ruhm der italienischen Küche haben die italienischen Gastarbeiter einen großen
Beitrag geleistet. Die italienischstämmige Gemeinde in Deutschland
beherbergt überdurchschnittlich viele familienbetriebene Gastrono-
mien.

Und Integrationsprobleme haben die Italiener auch keine mehr.
Waren sie in den Sechzigerjahren noch als »Spaghettifresser« ver-
schrien, müssen sie sich heute, wenn überhaupt, nur noch Spott
über Silvio Berlusconis Bunga-Bunga oder deutschen Missmut über
den Fußballstil der Azzurri anhören. Da steht ein Italiener doch
glatt drüber.

Dass die Italienischstämmigen in Deutschland seit Jahren eine
überdurchschnittlich hohe Schulabbrecherrate haben, das fällt
kaum mehr auf. Der Grund dafür ist, dass die öffentliche Debatte
mittlerweile komplett in einer Islam-Hypnose steckt. Wir reden nur
noch über die Muslime, kulturalisieren und konfessionalisieren unsere Integrationsdebatte, und vergessen die sozialen Probleme. Auch
die derjenigen, die dringend eine verstärkte Förderung brauchen.
Wie eben viele junge Italienischstämmige.

7 Es ist ein bisher ungelöstes wissenschaftliches Rätsel, wie ein Land wie Spanien, dessen Nationalhymne gar keinen Text hat, überhaupt Fußball spielen
darf! Na ja, die Quittung dafür gaben ihnen die Holländer.

J

Jalloh, Oury

Damit es keine Missverständnisse gibt:

Erstens: Polizisten machen einen sehr wichtigen, knochenharten Job. Sie bekommen für das, was sie für unser aller Sicherheit tun, zu wenig Geld, zu wenig Freizeit und zu wenig Anerkennung.

Zweitens: Der Kern unseres Rechtsstaats ist die Unschuldsvermutung. Davon abzuweichen geht nicht. Ohne Ausnahme.

Oury Jalloh kam 2001 aus seiner Heimat Sierra Leone nach Deutschland. Bei der Aufnahme seiner Personalien gab er sein Alter mit 18 an, fünfzehn Jahre jünger, als er war, um bessere Chancen zu bekommen. Er wurde abgelehnt, aufgrund von Abschiebehindernissen bekam er eine Duldung. Er verdiente seinen Lebensunterhalt in Dessau in erster Linie durch Drogenhandel, weswegen er vor Gericht verurteilt wurde. Am 7. Januar 2005 wurde er im Rausch verhaftet, weil er Frauen belästigt haben soll. Da er Widerstand leistete, wurde er in einer Zelle auf einer Polizeistation an Händen und Füßen auf einer Matratze fixiert. Bis hierhin ist das die Geschichte eines Kleinkriminellen.

Er ist auf dieser Matratze verbrannt. Nach den ersten Angaben der Polizei hatte man ein Feuerzeug bei ihm nicht entdeckt, mit dem er unbemerkt seine Matratze anzündete und damit selbst verbrannte. Glaubhaft erschien diese Geschichte damals schon nicht, die schnellen Freisprüche für die verantwortlichen Polizisten warfen Fragen auf. Zumal eine zweite Obduktion unter anderem ein gebrochenes Nasenbein und zerstörte Trommelfelle ergab. Zudem stellte sich heraus, dass drei Jahre zuvor ein Obdachloser unter demselben Dienstgruppenleiter an Schädelbrüchen verstorben war. Neueste Brandgutachten gehen davon aus, dass zwei bis fünf Liter Brandbeschleuniger angewandt worden sein müssen. Ob er diese auch in seiner Handfläche versteckt hatte wie das Feuerzeug?

Neun Jahre nach Oury Jallohs Tod hat die Staatsanwaltschaft erneut Ermittlungen aufgenommen. Es geht um den Verdacht des Mords. Und es stellt sich die Frage, ob bei Polizeigewalt an einem afrikanischen Drogendealer die Justiz eher die Augen verschlossen hat.

Juden

Über Juden gibt es so viele gute Witze (von Juden selbst) und so viele schlechte Klischees (von anderen), dass es kaum möglich ist, noch etwas Originelles über sie zu schreiben. Da versuchen wir es doch mit dem wundervollen Klassiker der großartigen Salcia Landmann ›Der jüdische Witz‹:

Ein Rabbi erzählt: »Eines Tages fand ein Holzhacker einen Säugling im Wald. Wie sollte er ihn ernähren? Er betete zu Gott, und da geschah ein Wunder: Dem Holzhacker wuchsen Brüste, und er konnte das Kind säugen.« – »Rabbi«, wendet ein Jünger ein, »die Geschichte gefällt mir nicht. Wozu so eine ausgefallene Sache wie Frauenbrüste bei einem Mann? Gott ist allmächtig. Er konnte einen Beutel Gold neben das Kind legen, dann hätte der Holzhacker einfach eine Amme bezahlt.« Der Rabbi: »Falsch, ganz falsch! Warum soll Gott ausgeben Geld, wenn er kann auskommen mit einem Wunder?«

1910 gab es in Deutschland etwa 650 000 Juden. Nach der Schoa und der nationalsozialistischen Schreckensherrschaft hatten die jüdischen Gemeinden in Westdeutschland im Jahr 1989 nur noch etwa 30 000 Mitglieder. Nach der Wiedervereinigung und dem Fall des Eisernen Vorhangs wanderten aus den ehemaligen GUS-Staaten einige Juden nach Deutschland aus. Die heutige Zahl der organisierten Juden in Deutschland dürfte über 100 000 sein.

Es gibt nicht zu übersehende Probleme in so manchen Gemeinden zwischen den Alteingesessenen und den neuen Mitgliedern – warum soll hier die Integration reibungsfreier als im Rest der Gesellschaft verlaufen? Aber unter dem Strich ist es eindeutig: Auch wenn das jüdische Leben während der Nazizeit unwiederbringlich zerstört wurde, es ist wieder eine Dynamik in den Gemeinden, die die Einwanderung seit 1990 erst möglich gemacht hat.

Kamel-Fatwa

Eine Fatwa ist eine Weisung in rechtlichen oder religiösen Fragen, die ein muslimischer Gelehrter verkündet. Bindend ist diese Weisung nur für diejenigen, die der Auslegung dieses Gelehrten folgen. Eine Fatwa ist deshalb weniger eine Frage des Rechts, als eine des Glaubens. Man sollte es also kaum für möglich halten, dass es am Ende des 20. Jahrhunderts Lehrer an einer hessischen Schule und weit schlimmer Verwaltungsrichter an einem hessischen Gericht gab, die eine Fatwa – in die Geschichte eingegangen als die Kamel-Fatwa – in ihre Entscheidungen einbezogen haben. Und das kam so:

Im Jahr 1997 gab der sogenannte religiöse Expertenrat der Islamischen Religionsgemeinschaft Hessen eine Fatwa über die Teilnahme von Mädchen an Klassenfahrten heraus. Darin stand, dass Mädchen und unverheiratete junge Frauen nur dann ohne männliche familiäre Begleitung mit ihrer Klasse auf Exkursionen mit Übernachtung fahren dürfen, wenn das Reiseziel »nicht weiter entfernt ist als ein Kameltagesritt«! Diesem Unsinn hat der Rat dann noch eine pseudorationale Note verpasst, indem er den »Kameltagesritt« in Kilometer umrechnete. Als würde die Entscheidung dadurch nur einen Deut vernünftiger. Nach dem Motto: Das Mädchen, das das schnellste Kamel in einem hessischen Zoo findet, darf am weitesten alleine verreisen?!

Nun kann ja ein »religiöser Expertenrat« die bizarrsten Dinge verkünden. Wir leben schließlich in einem Rechtsstaat, dessen Grundgesetz unter anderem auch das Grundrecht der Meinungsfreiheit garantiert. Diese Experten haben völlig verrückte Ansichten – von mir aus. Weil wir aber in einem Rechtsstaat leben, ist es nicht weniger als ein Skandal, dass es damals Lehrer und – das ist unfassbar und unverzeihlich – Verwaltungsrichter gab, die auf der Grundlage dieser Fatwa Eltern erlaubt haben, ihre Töchter bei Klassenfahrten zu Hause zu behalten. Das heißt nichts weiter, als dass ein deutsches Gericht es für angemessen befand, das Votum eines in keiner Form rechtsstaatlich legitimierten Gremiums zu berücksichtigen, um die Freiheitsrechte Einzelner einzuschränken, in diesem Fall vor allem von Frauen. Das hat nichts mit Rücksichtnahme auf kulturelle Besonderheiten oder besonderer Sensibilität zu tun. Was mich erleichtert: Die Islamische Religionsgemeinschaft Hessen hat sich nach der Fatwa schnell von diesem »Gelehrtenurteil« distanziert.

Kanake

Die Kanaken sind die melanesischen Ureinwohner in Neukaledonien. Das Wort kommt aus dem Hawaiianischen und bedeutet »Mensch«. Es sei noch kurz der Schlenker erlaubt: Neukaledonien ist natürlich weder neu noch hat es irgendetwas mit Schottland zu tun. Neukaledonien gehört zu Frankreich. So ist das eben mit den Kolonialmächten, sie waren schon immer groß darin, sprachliche und geografische Verwirrung zu stiften. Aber vielleicht nicht mehr lange: Die Inselgruppe hat einen Sonderstatus. Zwischen 2014 und 2019 werden die Einwohner darüber abstimmen, ob sie weiter unter Territorialhoheit bleiben oder unabhängig werden wollen. Und die Anhänger der Unabhängigkeitsbewegung nennen die Insel schon lange – Kanaky!

Nach diesem deutschlandfunkwürdigen Exkurs aber wieder zurück zum eigentlichen Thema: Kannaker oder Kanaker nannten die Seeleute im 19. Jahrhundert Besatzungsmitglieder aus Polynesien. Das war wie ein Ehrentitel, weil sie als besonders mutige Seeleute galten. So einer war zum Beispiel der Harpunier Queequeg in Melvilles ›Moby Dick‹, der den weißen »Tölpeln und Trotteln«, die sich über ihn lustig machen, auf hoher See im tosenden Sturm einen gehörigen Schrecken einjagt.

Erst in Deutschland und in Österreich (die verstehen sich ja trotz weniger historischer Dissonanzen prima!) wurde Kanake dann zum Schimpfwort für die, die eine dunklere Haut haben. Die Kanaken aber taten es den alten Seeleuten gleich. Sie kaperten den Begriff und nannten sich einfach selbst so und entwickelten sogar – vielleicht nicht ganz so bewusst wie Tolkiens Elfen – ihre eigene Sprache. Wer will, kann gleich noch mal nachschlagen in Feridun Zaimoğlus ikonischem Werk ›Kanak Sprak – 24 Misstöne vom Rande der Gesellschaft‹ oder natürlich auch bei Dragan und Alder von ›Mundstuhl‹. Auf diese Weise zeigen die Beschimpften den Beschimpfern sprachlich den Finger oder, um es etwas höflicher im sehr speziellen Dialekt des Goethe-Institut-Deutsch auszudrücken:

Auslöser der Entstehung von »Misch-« oder »Hybridsprachen« ist das oft eher spielerische, bisweilen auch bewusst provokative Bedürfnis nach Abgrenzung von der (auch sprachlichen) Mehrheit. Mischsprachen bedeuten für ihre Sprecher (auch sprachliche) Selbstermächtigung und stehen für einen neuen oder erstmaligen Identitätsgewinn.

Dass das Miteinander von MiMiMis und Bio-Deutschen auch von ironischem Witz – und ich füge ganz multikulti Chuzpe hinzu – geprägt sein kann, zeigen ausgerechnet Fußballfans: Vor allem Anhänger von Schalke 04 bezeichnen sich gerne als »Ruhrpottkanaken« beziehungsweise »Ruhrpottkanacken«, weil dem Ruhrpottler das knackige – ck einfach besser über die Lippen kommt. Aber auch in Dortmunder, Bochumer oder Oberhausener Fankurven kann man den Song »Wir sind die Ruhrpottkanacken«, gesungen nach derselben Melodie wie »Es gibt nur einen Rudi Völler« (original: »Guantanamera«) hören.

Kartoffel

Das Nachtschattengewächs muss zur Empörung deutscher Qualitätsmedien, von Deppen-Portalen wie Politically Incorrect und des deutschen Michel im Allgemeinen für deutschenfeindliche Beschimpfungen herhalten. Sogar Familienministerin Kristina Schröder sagte im Oktober 2010 in der ARD, dass Kinder und Jugendliche, »weil sie Deutsche sind« als »deutsche Kartoffel« beschimpft würden. »Auch das ist eine Form von Rassismus«, meinte die erzürnte CDU-Politikerin. Natürlich ist der Hauptgrund für die Aufregung, dass es die Ausländer beziehungsweise MiMiMis waren und sind, die die Lieblingsknolle der Deutschen in so schamloser Weise für Verbalinjurien missbrauchen.

Ich sage: Wer ohne Sünde ist, werfe die erste Nicola! Außerdem ist die Bezeichnung »deutsche Kartoffel« eigentlich vollkommen falsch. Schließlich stammt die Kartoffel aus den Anden und der Name leitet sich vom italienischen Wort für Trüffel »Tartufolo« ab. Die Kartoffel ist also eine echte Migrantin. Ich erinnere auch daran, dass die Deutschen mit der Kartoffel zunächst auf geradezu tödliche

Weise fremdelten, als Friedrich II. Mitte des 18. Jahrhunderts seine sogenannten Kartoffelbefehle herausgab, um durch Kartoffelanbau die Hungersnot zu bekämpfen. Einige kartoffelunkundige Bauern (das Wort Kartoffel gab es zu Zeiten des Alten Fritz noch gar nicht) ernteten das überirdische Kartoffelkraut und die Beeren, die die Samen tragen, und vergifteten sich am darin enthaltenen Solanin. Um dem entgegenzuwirken enthielten nachfolgende Kartoffelbefehle dann auch detaillierte Anweisungen zu Anbau und Ernte sowie Rezepte: Mischbrot aus Kartoffeln und Roggen, Kartoffelpüree (ohne Milch, na ja), Pellkartoffeln für die Armen und »Puder für die besten Kuchen«.

Wirklich beklagenswert ist die sprachliche Armut der Beschimpfung »deutsche Kartoffel«. Regionale Bezeichnungen für die Kartoffel geben da viel mehr her: Wie wäre es zum Beispiel mit Knulle (südliches Brandenburg), Tüfte, Tüffel oder Pipper (plattdeutsch)? »Ey, lass das bleiben, du bestusste Knulle!«, »Vergiss es, du traniger Tüffel!« – das sind einfallsreiche Beschimpfungen die begeistern! Grundsätzlich sollte man Menschen ohnehin nicht wegen ihrer Herkunft, sondern wegen ihrer Dämlichkeit beschimpfen. Jeder muss mal Dampf ablassen, aber doch bitte mit Geist und Niveau!

Katholiken

Katholische Einwanderer stellen demokratisch und freiheitlich gesinnte Aufnahmeländer vor besonders große Schwierigkeiten. Als Teil einer autoritär organisierten und zentralistisch gesteuerten religiösen Gemeinschaft stehen sie der Trennung von Staat und Kirche traditionell kritisch gegenüber. Die katholische Kirche erkannte die sich entwickelnden und schrittweise demokratisierenden Nationalstaaten Europas Ende des 19. und Anfang des 20. Jahrhunderts anfangs nicht an. Diese Politik änderte sie zuerst nur gegenüber autoritär regierten Ländern, dem faschistischen Italien mit den Lateranverträgen und Nazideutschland mit dem Reichskonkordat.

Freiheitlich organisierte Staatswesen versucht die katholische Kirche durch aus Rom gesteuerte politische Akteure (in Deutschland in der CDU und CSU) bzw. Vorfeldorganisationen in allen gesellschaftlichen Bereichen zu unterwandern. Auch über die katholischen Parteien im engeren Sinne hinaus üben sich Vertreter aller Parteien in Demutsbekundungen gegenüber den Katholiken, etwa durch den Besuch der als Friedensfeste getarnten Kirchentage, an denen die Beeinflussung der Aufnahmegesellschaften in großem Stil geplant wird.

Katholiken in aller Welt halten auch an überkommenen Riten und reaktionären politischen Positionen fest. Stark katholisch geprägte Herkunftsländer zeichnen sich oft durch rückständige Gesellschaftsvorstellungen aus, machismohaften Tendenzen, ein veraltetes Rollenbild der Frau oder die Diskriminierung von Homosexuellen. Angesichts der Tatsache, dass vier der fünf PIIGS-Staaten der Europäischen Union (Portugal, Italien, Irland, Griechenland und Spanien) mit ihren großen ökonomischen Schwierigkeiten als durch und durch katholisch bezeichnet werden können, stellt sich die Frage, inwiefern katholische Einwanderer biologisch zu den gleichen Leistungen befähigt sind, wie die angestammte Bevölkerung der Aufnahmeländer. Hat Thilo Sarrazin in DEM Buch nicht bewiesen, dass Protestanten genetisch klüger sind?

Kayukos

Die Flüchtlinge aus Afrika versuchen gar nicht, in Nussschalen über die Meere nach Europa zu kommen. Das ist eine maßlose Übertreibung. Wenn sie in Senegal starten, dann mit den landesüblichen Kayukos, Fischerboote mit 40-PS-Honda-Motoren. Die größeren Kayukos sind 12 bis 15 Meter lang, in der Regel haben die Fahrer einen Ersatzmotor dabei, ein GPS-Gerät, Benzin- und Wasserkanister. Dazu kommen noch 80 bis 200 Personen, die im Kayuko sitzen und versuchen nach Europa zu kommen.

Die Atlantikroute war ab 2005 einige Jahre eine der meist versuchten Wege der Einwanderung in die EU aus dem westlichen Afrika. Da die Hauptrouten sich Jahr für Jahr ändern, darf man gespannt sein, wann wieder die Kanaren eher angesteuert werden als Lampedusa. Die Atlantikroute ist aber mit Abstand die gefährlichste. Weil sie die längste ist. Und weil sie im Gegensatz eben über den Ozean geht und nicht über das vergleichsweise ruhige Mittelmeer. Es sind wohl schon Tausende Menschen in Kayukos gestiegen, ohne ihr Ziel jemals zu erreichen. Es wurde auch schon mal ein abgetriebenes Kayuko in der Karibik entdeckt. Auch der Ersatzmotor war ausgefallen. Die Insassen waren bereits mumifiziert.

Königsteiner Schlüssel

Der Königsteiner Schlüssel legt fest, wie viele Asylbewerber jedes einzelne Bundesland aufnehmen muss. Der Königsteiner Schlüssel ist ein Teil des sogenannten Königsteiner Abkommens, das eigentlich offiziell *Staatsabkommen über die Finanzierung wissenschaftlicher Forschungseinrichtungen* heißt. Die Gemeinsame Wissenschaftskonferenz des Bundes und der Länder legt jedes Jahr neu diesen Verteilungsmodus fest, nach dem auf fünf (!) Stellen hinter dem Komma (!!) genau berechnet wird, welchen Anteil die einzelnen Bundesländer an den Kosten für gemeinsame Forschungsvorhaben übernehmen müssen. Sie fragen sich jetzt, was das eigentlich mit der Unterbringung von Asylbewerbern zu tun hat? Da sind Sie nicht der Einzige. Die Antwort ist ebenso einfach wie einleuchtend: Da sich die Bundesländer nicht auf sachliche Kriterien einigen konnten, behilft man sich eben mit dem Königsteiner Schlüssel, bis man sich auf ein anderes Verfahren geeinigt hat.

Dem Königsteiner Schlüssel liegt eine ganz ausgefuchste Formel zugrunde, die sich zu zwei Dritteln aus dem Steueraufkommen und zu einem Drittel aus der Bevölkerungszahl der Länder zusammensetzt. Gut, so ausgefuchst ist das jetzt auch nicht – aber immerhin. Auf jeden Fall führt das zu der etwas bizarren Realität, dass das BAMF ganz offiziell verkündet, dass in 2013 das Bundesland Nordrhein-Westfalen 21,21997 Prozent der Asylbewerber aufgenommen hat, das Bundesland Bremen hingegen 0,93354 Prozent. Im Jahr 2014 sind es 21,24052 Prozent beziehungsweise 0,94097 Prozent. Ich hoffe, Sie sind beruhigt und fühlen sich gut informiert. Wirklich froh bin ich allerdings erst, seit ich weiß, dass das BAMF die Verteilung der Asylsuchenden auf die »Erstaufnahme-Einrichtungen« (vulgo Flüchtlingslager) mithilfe des Systems EASY vornimmt. EASY ist das offizielle Akronym des BAMF für Erstverteilung von Asylbegehrenden. Gut, dass wir das mal geklärt haben, nicht wahr?

Kommunen

Wie gelingt Integration? Um diese Frage zu beantworten, muss vorher eine andere gestellt werden: Wo gelingt Integration? Vor Ort! Genau dort auch, wo sie misslingen kann.

Diese Binsenweisheit hat sich leider bisher nicht in der politischen Praxis abgebildet. Nicht die Talkshows entscheiden über die Integration, sondern die Kommunen. Sie wissen am besten, welche

Lösungsansätze für sie geeignet sind und welche nicht. Da hilft auch nicht, dass alles zentralisiert und beim BAMF gebündelt wird. Von Nürnberg aus sieht man die Welt in Marburg nicht ganz so genau wie in Marburg selbst.

Mein Mantra seit Jahren deshalb: Praktiker an die Macht! Gebt den Kommunen die rechtlichen und politischen Mittel, damit sie die Integrationsarbeit machen können. Und das Geld dafür natürlich auch.

Es würde uns viel Geld sparen, wenn die Zentralisierung in dieser Frage endlich aufhörte. Und es würde uns noch mehr Nerven sparen, wenn die praktischen Lösungen im Mittelpunkt stünden und nicht die rituellen ideologischen Debatten in den Talkshows.

Kontingentflüchtlinge

Den Begriff »Kontingentflüchtlinge« ist eigentlich veraltet und taucht in offiziellen Dokumenten nicht mehr auf. Aber Politiker, Medien und alle, die mit dem Thema Flüchtlinge zu tun haben, verwenden ihn weiterhin. Kontingentflüchtlinge sind Flüchtlinge aus Krisenregionen, die im Rahmen internationaler humanitärer Hilfsaktionen aufgenommen werden. In diesen Situationen gibt das Aufenthaltsgesetz den Innenministerien der Länder und dem Bundesinnenministerium das Recht, Flüchtlingen aus bestimmten Ländern den Aufenthalt zu gewähren. Das tun sie mit einer Aufnahmeanordnung.

Das aktuellste Beispiel ist die Krise in Syrien. In diesem Fall gibt es eine Aufnahmeanordnung des Bundesinnenministers vom 23. Dezember 2013. Der damalige Minister hatte sich mit seinen Kollegen aus den Bundesländern auf eine vorübergehende Aufnahme von 5000 weiteren »Schutzbedürftigen aus Syrien, den Anrainerstaaten Syriens und aus Ägypten« für das Jahr 2014 geeinigt. Eine ähnliche Anordnung für 5000 Flüchtlinge aus diesem Gebiet hatte es schon im Mai 2013 gegeben. Grundsätzlich gilt diese Anordnung für syrische Staatsangehörige und deren Familien. Es sind aber Ausnahmen möglich für Staatenlose und Menschen, die schon längere Zeit in Syrien leben. Diese Kontingentflüchtlinge werden dann nach dem sogenannten Königsteiner Schlüssel auf die Bundesländer verteilt.

Die Anordnung ist das eine, aber was geschieht eigentlich in der Praxis? Eine Aufnahmeanordnung legt auch das Verfahren fest. Die »aufzunehmenden Personen« müssen vom Hochkommissar der

Vereinten Nationen für Flüchtlinge (UNHCR), den Bundesländern oder auch vom Auswärtigen Amt oder dem Bundesinnenminister dem BAMF vorgeschlagen werden. Wichtigstes Auswahlkriterium ist die Verwandtschaft zu bereits in Deutschland lebenden Personen. Bevorzugt werden sollen ausdrücklich Flüchtlinge, für die diese Verwandten eine Verpflichtungserklärung abgegeben haben oder sich bereit erklärt haben, sich an der Unterbringung zu beteiligen oder sonstige Unterstützung zu leisten.

Weitere Auswahlkriterien sind »sonstige Bezüge zu Deutschland«, das können Sprachkenntnisse oder ein vorheriger Aufenthalt in Deutschland sein, und humanitäre Gründe. In diese humanitäre Kategorie fallen besonders schutzbedürftige Kinder und ihre Eltern, Frauen in prekärer Lebenssituation, aufgrund ihrer Religion Verfolgte und auch Kranke. Für Schwerstkranke legt die Aufnahmeanordnung eine Obergrenze von drei Prozent fest. Außerdem soll berücksichtigt werden, ob Personen nach Konfliktende und ihrer Rückkehr einen besonderen Beitrag zum Wiederaufbau in Syrien leisten können.

Was das Verfahren für die Aufnahme von Kontingentflüchtlingen angeht, ist also alles detailliert geregelt. Aber die Umsetzung in konkrete Hilfe ist ganz offensichtlich schwierig. Nach Angaben des auch von der Bundesregierung geförderten »Mediendienstes Integration« waren bis Januar 2014 erst knapp 2000 Syrer in Deutschland angekommen. Das Kontingent der ersten Aufnahmeanordnung ist damit noch nicht einmal zur Hälfte ausgeschöpft. Die Kontingente sind also vorhanden, aber viel zu wenige Flüchtlinge haben das bekommen, was sie am dringendsten brauchen – eine Zuflucht.

Kopftuch

Auf den ersten Blick sind Kopftücher ein Element der weiblichen Oberbekleidung, die seit Jahrhunderten in den verschiedensten Landstrichen Verwendung fanden – als funktionaler Schutz für die Frisur, modisches Accessoire oder zur Verhüllung. Wobei, wie so oft bei Kleidungsstücken, die verschiedenen Funktionen ineinander übergehen.

Wer aber genauer hinsieht, merkt, dass dies nur ein Aspekt ist. Denn das Kopftuch, speziell das muslimischer Frauen, verschleiert nicht, wie man landläufig meint. Ganz im Gegenteil: Auf erstaunliche Weise erlaubt es zahlreichen Exponentinnen und Exponenten der öffentlichen Debatte einen Blick in den Kopf und das Leben seiner Trägerinnen. Das Kopftuch wird damit sozusagen zu einem Fenster.

So weiß zum Beispiel Necla Kelek, dass jede Kopftuchträgerin unter Zwang handelt, »es ist unmöglich, davon zu reden«, so führt sie aus, »dass die Frauen das Kopftuch freiwillig tragen«. Günter Wallraff hat auch einen Einblick in die Familienstrukturen der Kopftuchträgerinnen und besitzt daher die unerschütterliche Erkenntnis, dass das Tuch »ein Symbol der Unterdrückung« ist. Einsichten, die er bei seinen Undercover-Recherchen bei Burger King gewonnen hat.

Meine Mutter war eine leitende Angestellte am Teheraner Flughafen, damit seit den 60er-Jahren eine Pionierin der Integration von Frauen gerade in technische Berufe im Iran. Sie hat ihren Job, den sie sehr geliebt hat, nach der Einführung des Kopftuchzwangs im Iran nach der Revolution quittiert. Sie könne die vielen Männer unter sich nicht mehr mit der notwendigen Autorität führen, da sie nun offenkundigen Zwängen ausgesetzt sei, die diese Männer alle nicht hätten.

Zu Beginn der deutschen Debatte fragte ich sie, was sie zum Verbot des Kopftuchs in deutschen Amtsstuben sagte. Erzürnt über meine Frage sagte sie: »Das Problem ist nicht das Stück Stoff auf dem Kopf, sondern der Zwang dahinter, die Unfreiheit. Was also ist an einem Kopftuchverbot besser als ein Kopftuchzwang?« Warum sollte eine Gesellschaft eine Frau, beispielsweise im Staatsdienst, nicht danach beurteilen, was sie sagt und tut, sondern nach einem hellseherischen Blick unter ihr Kopftuch?

Kosten

Gern wird in Deutschland darüber polemisiert, wie teuer »uns« »die Ausländer« zu stehen kommen. Es dauerte viele Jahrzehnte, bis sich endlich jemand daranmachte, diese Debatte zu versachlichen. 2009 legte eine Schweizer Forschergruppe des Instituts BASS und der ETH Zürich endlich Zahlen vor. Abgesehen von der Schmach, dass Deutsche für ein präzises Zahlenwerk auf Schweizer zurückgreifen mussten, sollte das Ergebnis jeden anständigen Deutschen von seinem Stuhl am Stammtisch fegen. Denn jeder Ausländer kostet »uns« jedes Jahr 2000–3000 Euro.

Ein kleiner Zusatz erläutert uns den Kontext dieser Zahl. 2000–3000 Euro entgehen diesem Land, wenn ein Ausländer nicht integriert ist. Es sind also nicht »die Ausländer«, die Kosten verursachen, sondern ihre mangelnde Integration. Als Maßstab für die Integration verwendeten die Forscher drei Kriterien: den Bildungsgrad, die Kenntnisse der deutschen Sprache und die soziale Einbindung, die symbolisch durch das Engagement in Freiwilligenorganisationen erfasst wurde. Hochgerechnet kommt man so auf eine Summe zwischen 11,8 und 15,6 Milliarden Euro im Jahr. Und dabei sind positive Kollateraleffekte besserer Integration noch gar nicht eingerechnet: Höhere Produktivität der Wirtschaft, verbesserte Handelsbeziehungen, geringere Kosten für Strafvollzug, soziale Arbeit etc.

Viele dieser Integrationsfaktoren können durch gezielte Integrationsangebote gefördert werden. Jeder Euro »Einsparung« bei »den Ausländern« fehlt dem Wohlstand Deutschlands hinterher auf ein Vielfaches. Vielleicht sollte man einen Fonds gründen, in dem die deutsche Stammtischgesellschaft ihre Euros, die sie vor den Portugiesen, Griechen und Italienern schützen will, endlich sicher und hochverzinslich anlegen kann. Manchmal kann sich der Verstand nur über den Geldbeutel durchsetzen.

Kriminalität

Jedes Mal, wenn die Polizeiliche Kriminalstatistik (PKS) des Bundeskriminalamtes veröffentlicht wird, kommt in der Öffentlichkeit auch das Thema »Ausländerkriminalität« auf die Tagesordnung. Da hilft es auch nicht, wenn das BKA seine eigene Statistik mit dem folgenden Hinweis versieht: *Die PKS bietet kein getreues Spiegelbild der Kriminalitätswirklichkeit, sondern eine je nach Deliktsart mehr oder weniger starke Annäherung an die Realität.*

Dieser Hinweis ist ja eigentlich gar nicht so schwer zu verstehen. Trotzdem bleibt diese deutliche Warnung beim Echo der Statistik recht folgenlos. Ein paar statistische Kurzschlüsse, ein paar unsaubere Formulierungen und schon sind die Schlagzeilen zur überdurchschnittlichen Ausländerkriminalität da, die dann gerne auch auf Menschen mit Migrationshintergrund ausgeweitet werden. Dass es zum Beispiel bei der PKS immer um Tatverdächtige und nicht um Täter geht, dass bei dem Vergleich der Verdächtigenzahlen von Ausländern und Deutschen auch Ausländer in die Statistik eingehen, die überhaupt nicht in Deutschland wohnen – davon ist in den ritualisierten Folgedebatten oft keine Rede. Für so viel Differenzierung fehlt offenbar die Zeit. Und natürlich werden in dem bloßen Vergleich Deutsche versus Nichtdeutsche soziale Faktoren wie Bildung oder Einkommen und Faktoren wie die Unterschiede zwischen Stadt und Land nicht erfasst. Ganz zu schweigen davon, dass die PKS auch detailliert »ausländerspezifische Delikte« ausweist, wie die unerlaubte Einreise, den unerlaubten Aufenthalt und andere Verstöße gegen das Aufenthaltsgesetz.

Die Statistiken sind insbesondere seit vielen methodischen Veränderungen aus dem Jahr 2009 aussagekräftig. Ich kritisiere also nicht die PKS an sich. Wie bei der »stillen Post« haben die Botschaften, die in der Öffentlichkeit ankommen, oft nicht mehr viel mit den BKA-Ergebnissen zu tun. Ich will keineswegs den Handlungsbedarf in manchen Bereichen infrage stellen, beispielsweise bei begangener Körperverletzung durch Jugendliche mit Migrationshintergrund in Großstädten. Aber solche Kurzschlüsse bringen uns nicht weiter: Wenn im Büro einer betrügt, war es wahrscheinlich ein Deutscher, ebenso wenn nebenan die Scheune brennt. Und Deutsche machen einfach unheimlich gerne Sachen kaputt. Unsinn?

»Hohe Tatverdächtigen-Anteile weisen deutsche Tatverdächtige insbesondere bei ›Wettbewerbs-, Korruptions- und Amtsdelikten‹, ›Brandstiftung und Herbeiführen einer Brandgefahr‹ und bei ›Sachbeschädigung‹ auf.«

So steht es im PKS 2012 auf Seite 74.

Kultur

Kultur der Achtsamkeit (Bistum Trier), Kultur der Anpassung (Frauen in der IG BAU), Esskultur, Kultur der Zukunft (Stadt Erfurt), Kaffeehauskultur, katholische Kultur (Humanistischer Pressedienst), Vertrauenskultur (Bertelsmann-Stiftung), Kultur der Ebenbürtigkeit (Mehdi Chahrour), Kultur der Nachhaltigkeit (Kulturstiftung des Bundes), politische Kultur (Almond und Verba), Kulturverfall (Jurek Becker), Kultur der Metropole (Hafencity Hamburg), Agrikultur, Diversitykultur (Brigitte Liebig), Kultur der Beziehung (Vatikanbotschaft), Kultur der Moderne (Uni Konstanz), Kultur der Reparatur (Wolfgang M. Heckl), Ordnungskultur (Hans D. Barbier), Willkommens- und Anerkennungskultur (BAMF), Liebeskultur (Frauen-Männer-Kongress), Sauberkeitskultur (Der Standard), Humorkultur

(Die Welt), Filmkultur, Kultur der Potenzialentfaltung (Gerald Hüther und Daniel Hunziker), Musikkultur, Kultur der Ausrede (Fritz Breithaupt), Gründerkultur (Angela Merkel), Kultur des Scheiterns (Peer Steinbrück), Kultur der Niederlage (Wolfgang Schivelbusch), Kultur der zweiten Chance (Rainer Brüderle), Kultur des Siegens (Basler Zeitung), Multikultur, Erfolgskultur (Deep White, Unternehmens- und Wertekultur), Kultur der Kultur (Handelskammer Bremen), Kultur des Neuanfangs (Friederike Wichter), Kulturwissenschaft, Kultur der Jahreszeiten (KAB Kreis Heinsberg), Kultur der Ausgrenzung (Papst Franziskus), Kultur des Miteinanders (Verwaltungsschule Bremen), Kultur der Akzeptanz (Gabriele Gün Tank), Interkultur (Mark Terkessidis), Transkultur (Wolfgang Welsch), Baukultur, Backkultur, Kultur des Widerstands (Veit Raßhofer), Leitkulti, Hydrokultur, Kultur des Verfalls (Heinz Bude), Risikokultur (PWC), Sitzkultur (Der Spiegel), Kulturtransfer (Michel Espagne und Michael Werner), Schlafkultur (Die Zeit), Hundekultur (Frankfurter Allgemeine Zeitung), Bodenkultur (BOKU Wien), Pflegekultur (Braun und Schmidt), Soziokultur, Kultur des Spazierengehens (Schweizer Heimatschutz), Deutsche Kultur (Autonome Provinz Bozen), Kultur des Verpackens (Conde House Europe), Krawattenkultur (SWR), Kostenloskultur (Die Welt).

L

Lampedusa

Lampedusa ist eine italienische Insel im Mittelmeer und liegt 200 Kilometer südwestlich von Sizilien und nur 130 Kilometer vor der nordafrikanischen Küste. Für die Flüchtlinge, die diese Nähe nutzen wollen, um vor allem aus Tunesien und Libyen per Boot illegal nach Europa zu kommen, hat sich die Europäische Union jetzt einen ganz besonderen Service ausgedacht: Eurosur – das Europäische Grenzüberwachungssystem. Eurosur ist ein Informations- und Kommunikationssystem, mit dem die EU-Länder »Lagebewusstsein und ihre Reaktionsfähigkeit« – so heißt es in einer gemeinsamen Verordnung von EU-Parlament und EU-Rat – an den Außengrenzen verbessern möchten. Das Ziel dieser Bewusstseinsverbesserung: illegale Einwanderung nach Europa verhindern. Allerdings hat auch das Europäische Parlament mittlerweile festgestellt:

>*Die Praxis, in kleinen, seeuntüchtigen Booten zu reisen, hat dazu geführt, dass die Zahl der an den südlichen Seeaußengrenzen ertrunkenen Migranten dramatisch angestiegen ist.«*

In der EU-Verordnung, die dem Start von Eurosur im Dezember 2013 zugrunde liegt, heißt es deshalb jetzt wegen eines Änderungsvorschlags des EU-Parlaments: »Eurosur sollte die operativen und technischen Fähigkeiten der Agentur und der Mitgliedsstaaten zur Aufspürung dieser kleinen Boote und zur Erhöhung der Reaktionsfähigkeit der Mitgliedsstaaten beträchtlich verbessern und damit einen Beitrag zur Rettung des Lebens von Migranten leisten.«

Hoffen wir, dass es um die Navigationsfähigkeit der italienischen Marineoffiziere besser bestellt ist, als um die von italienischen Kreuzschifffahrtskapitänen. Hoffen wir auch, dass die Praxis aufhört, lebendige Bootsflüchtlinge mies zu behandeln, während die ertrunkenen ein Staatsbegräbnis und die italienische Staatsangehörigkeit erhalten.

Leitkulti

Leitkulti versteht sich in Abgrenzung zu Multikulti als Idee einer irgendwie gearteten Hierarchie in der Organisation der Kultur(en) einer Gesellschaft. Unklar bleibt, was die Leitkultur nun genau leitet: Ist sie gleichsam die Rudelführerin aller anderen Kulturen? Ist sie der Löffel, der die Kulturen im Joghurtbecher umrührt? Oder ist sie wie ein General, der alle gesellschaftlichen Bereiche anführt – nur, wohin?

Die Vorstellungen darüber gehen auseinander. Während die »deutsche Leitkultur«, die Friedrich Merz in die politische Debatte eingeführt hat, letztendlich nach Bayern zu führen scheint, wo sie im Grundsatzprogramm der CSU einen Wohnsitz gefunden hat, scheint die »Leitkultur in Deutschland«, der sich die Schwesterpartei CDU verschrieben hat, bei genauem Hinhören eher im Verkehrspolitischen verortet zu sein, wo sie vielleicht eine Anleitung dafür sein könnte, Ortsfremde durch den Dschungel deutscher Autobahnkreuze zu führen.

Das, was die meisten beim Begriff Leitkulti in Wirklichkeit meinen, aber nicht so recht sagen, sprach 2010 der damalige Limburger Bischof Franz-Peter Tebartz-van Elst (schon mal gehört?) aus. Die »christliche Leitkultur« sagte er, »beschreibt ... eine Realität in Deutschland«. Diese Realität ist die Realität des Rechtsstaates, der sich »einem christlichen Menschenbild« verdanke. Wenn nun das Christentum uns diesen schönen Rechtsstaat geschenkt hat, fragt der Bischof: »Was könnte der Islam denn beitragen, was nicht das Christentum und das Judentum bereits geleistet haben?«

Dabei unterschlägt er, dass sich der säkulare Rechtsstaat, zwar aus der christlichen Religion entwickelt hat, sich aber gleichsam so weit von ihr entfernt hat, dass er sich ihr feindlich gegenübersieht, wie ›FAZ‹-Journalist Patrick Bahners anmerkt: »Was die neuen Freunde, die ungläubigen Wiederentdecker des Abendlandes, unter christlicher Leitkultur verstehen, das ist im Kern die Säkularität, die Trennung von Staat und Kirche. Dann wäre auch die aus unserer Rechtsauffassung konsequent folgende Abtreibungsfreiheit eine christliche Errungenschaft.«

Eine deutsche Leitkultur, die nach Bayern führt, eine Leitkultur in Deutschland, die sich von dort aber nicht wegbewegt, eine christliche Leitkultur, die den Laizismus predigt – Leitkulti ist vor allem ein Beispiel für einen Kampfbegriff, der ein diskursives Vakuum erzeugen kann, in das der geneigte Zuhörer oder Leser jedwede Ressentiments ablegen kann – solange sie nur gegen Ausländer oder Moslems gerichtet sind. So viel Leitung muss dann doch sein.

Lichterkette

Unter Lichterkette verstand man in den frühen Neunzigerjahren eine Aktion, bei der Hunderte Menschen sich an den Händen fassten, »von Kiosk zu Kiosk, über die ganze Stadt«. Bis zu dreißig Liter wurden dabei pro Kopf getrunken, »alle haben mitgemacht«, ein »tolles Gefühl«.

Moment, da fehlte ein »t« – das war die »Licherkette«, die das Frankfurter Comedy-Duo »Badesalz« auf ihrer CD »Diwodaso« behandelte. Obwohl die Lichterkette als Form des stillen Protests schnell zum Gegenstand der Satire wurde, setzte sie in Deutschland, das von den fremdenfeindlichen Anschlägen von Mölln, Solingen oder Rostock erschüttert wurde, ein weithin sichtbares Zeichen gegen Intoleranz, Fremdenhass und Gewalt. Ihre große Qualität lag vor allem darin, dass sie ohne großen Aufwand »von unten« geplant werden konnte. Im Dezember 1992 kamen in München bei der größten Demonstration ihrer Art fast eine halbe Million Menschen zusammen. Unter den Organisatoren war auch der damalige Redakteur der ›Süddeutschen Zeitung‹ und heutige Chef der ›Zeit‹ Giovanni di Lorenzo. Wäre die Politik in den Jahren danach ebenso geschlossen gegen fremdenfeindliche Tendenzen vorgegangen, wäre uns so manches Problem erspart geblieben.

Loyalitätsparanoia

Die Loyalitätsparanoia ist ein pathologisches Syndrom der deutschen Integrationsdebatte, das subkutan stets vorhanden ist und an entscheidenden Wegmarken der politischen Diskussion an die Oberfläche kommt. Es tritt oft in Verbindung mit schmissiger Haut auf, äußert sich in der Hauptsache aber in Ausfälligkeiten gegen Menschen, deren deutsche Identität sich aus anderen Quellen als dem Blutsprinzip speist. Zu ihm gehören grundlegendes Misstrauen, Angst vor dem Verlust des gewohnten Bildes des Deutschseins, vor allem aber die Unterstellung, die Beschuldigten hätten eine »doppelte Loyalität« (Wolfgang Bosbach, CDU), »geteilte Loyalität« (Günther Beckstein, CSU) bzw. eine »gespaltene Loyalität« (Hans-Peter Uhl, Innenexperte der CSU).

Die Loyalitätsparanoia ist dabei gleichermaßen eine sekundäre Störung. Nicht der Paranoiker selbst leidet unter einer Persönlichkeitsspaltung, er unterstellt sie den Ausländern. Der wichtigste Trigger für den akuten Ausbruch der Loyalitätsparanoia ist die Konfrontation mit der Vorstellung des – Doppelpasses, also der Tatsache, dass ein Mensch neben einem deutschen Pass auch noch den eines anderen Staates besitzen könnte. Der Loyalitätsparanoiker geht davon aus, dass diese schizophrenen Wesen Deutschland in irgendeiner Weise nicht die volle Zuneigung entgegenbringen können. Sie scheinen sich dabei auf Brechts Diktum zu berufen, der Pass sei »das edelste Körperteil des Menschen«, übersehen dabei aber freilich die zutiefst zynisch gewendete Motivation dieses Zitats, das vor dem Hintergrund der tragischen Flüchtlingsschicksale des Zweiten Weltkriegs und des Nazifaschismus entstand.

Die Auskunft, woraus diese Loyalität nun genau besteht, bleiben sie schuldig. Da im Grunde alle wichtigen rechtlichen Fragen der mehrfachen Staatsangehörigkeit zweifelsfrei geklärt sind (in der Person David McAllister gab es in Deutschland sogar schon einen Ministerpräsidenten mit Doppelpass), weil die Zugehörigkeit zum Bereich des deutschen Rechts bei in Deutschland ansässigen Menschen jeglicher Staatsangehörigkeit zweifelsfrei gegeben ist, bleibt nur noch eine abstrakte Vorstellung von Identität und Gemeinschaft als Grundlage der Loyalitätsparanoia. Der Paranoiker ist also insofern eine gespaltene Persönlichkeit, als er zur Vervollständigung seiner Identität nicht nur auf sich, sondern auf die bedingungslose Ergänzung durch eine Art diffuse Volksgemeinschaft angewiesen zu sein scheint. Verändern sich die Konturen dieser Gemeinschaft, etwa dadurch, dass außer Bio-Deutschen auch Menschen mit anderen geografischen Herkünften sich legitimerweise zu ihr zählen dürfen, wird auch sein eigenes Weltbild angegriffen.

Der Vollständigkeit halber muss man einräumen, dass die Loyalitätsparanoia kein Privileg der deutschen Debatte ist. In den USA war sie bis in die 60er-Jahre des 20. Jahrhunderts weit verbreitet. Sie äußerte sich dort zum Beispiel in der Form von Internierungslagern für japanischstämmige US-Bürger während des Zweiten Weltkriegs oder in den Zweifeln an der gespaltenen Loyalität des katholischen

Präsidentschaftskandidaten John F. Kennedy, der sich dazu genötigt sah klarzustellen, dass er keine Weisungen aus Rom empfange. Nach den durch die Bürgerrechtsbewegung geprägten Jahrzehnten, die ihren Anfang mit dem Civil Rights Act von 1964 nahmen, ist seit 2001 auch in den USA die Loyalitätsparanoia erneut auf dem Vormarsch, diesmal gegenüber Muslimen. Sie ist Teil einer Internationale der sogenannten Islamkritik, die auch in Deutschland neue Formen der Loyalitätsparanoia ausgelöst hat. An ihrem Manifest schreibt unter anderem der hessische CDU-Landtagsabgeordnete Hans-Jürgen Irmer, bei dem schon die positive Einstellung einer (muslimischen) türkischstämmigen deutschen Politikerin gegenüber dem EU-Beitritt der Türkei Anlass zum Urteil gibt, dass diese »nicht in der Lage ist, deutsche Interessen wahrzunehmen«. Dies liege daran, dass sie dem Islam gleichsam als Steigbügelhalter diene, denn »der Islam ist auf die Eroberung der Weltherrschaft fixiert«.

Was mit deutscher Kultur und Geschichte natürlich unvereinbar ist.

Mehmet
Kind dieses Landes.

Mehrsprachigkeit
Seit Jahrzehnten gibt es eine harte Debatte um die Frage, welche Sprache ein Kind zuerst lernen soll. Die Muttersprache? Oder doch Deutsch, die Sprache, die es später mehr braucht, um in Deutschland klarzukommen?

Neurologen und Pädagogen schauen sich die Debatte ungefähr so an wie NASA-Forscher die Frage, ob die Erde nun eine Scheibe oder eine Kugel ist. Es ist sehr deutlich: Ein Kind muss die Sprache lernen, die es korrekt beigebracht bekommt. Damit es die Struktur der Sprache internalisiert. Und weil eine falsch gelernte Sprache kaum mehr aus dem Kind rauszubekommen ist. Können die Eltern gut Deutsch, ist Deutsch-Sprechen mit dem Kind sicher nicht falsch. Können sie es nicht: bitte nicht! Dramatisch wird es, wenn Eltern einem Kind eine Sprache falsch beibringen und dieses Kind diese Sprache »weitervererbt«. Innerhalb von zwei Generationen gibt es dann ganze Familien, in denen niemand eine Sprache korrekt sprechen kann.[8]

Das heißt übrigens keineswegs, dass das Kind nur eine Sprache lernen soll oder erst die eine und dann die andere. Die meisten Kinder können durchaus mehrere Sprachen gleichzeitig erlernen. Wichtig dabei ist wiederum, dass eine Sprache klar einer Person zuzuordnen ist. Also: Papa Rumänisch, Mama Deutsch, und dann bleibt das auch so.

Als Roland Koch 1999 in Hessen die Landesregierung übernahm, strich er sehr schnell die staatlichen Zuschüsse für den mutter-

---

8 Ein Phänomen, das mittlerweile weit über Menschen mit Migrationshintergrund hinaus um sich gegriffen hat. Das glauben Sie nicht? Sie haben noch nie RTL2-Nachrichten gesehen?

sprachlichen Unterricht an Schulen. Die Empörung war groß. Ich besuchte damals eine Veranstaltung in Frankfurt, auf der verschiedene Vertreter von Lehrerverbänden verschiedener Muttersprachen erklärten, was die Streichung der Mittel für sie nun bedeuten würde. Der letzte Redner war der, äh, schwedische Vertreter. Da ich seinen gesamten Vortrag – trotz aller therapeutischer Hilfe – nie mehr werde vergessen können, folgt er nun im Wortlaut:

> »*Guten Tag.*
> *Äh, Müttersprache ganz wichtig.*
> *Müttersprache Kültür.*
> *Kültür Menschenrecht.*
> *Nix Müttersprache, nix Menschenrecht.*
> *Nix Gut.*[9]
> *Äh, danke.*« *(Applaus)*

Der Mann war damals seit über 20 Jahren der Vorsitzende seines Verbands in Deutschland. Diese Episode gibt nicht Roland Kochs damaliger Kürzung recht, sondern macht uns alle bange um die Vermittlung der Muttersprache. Wer nach über zwanzig Jahren Arbeit als Lehrer an deutschen Schulen seine Eloquenz nicht weiter hat ausbauen können, wird sicher auch kein begnadeter Schwedischlehrer sein.

Mehrstaatigkeit

Ist ein unnatürlicher Zustand gewisser Menschen, die multiple Staatsangehörigkeiten aufweisen. Ihr eigentümliches Auftreten bewirkt bei einigen, besonders empfindsamen deutschen Zeitgenossen heftige Reaktionen. Das von der Mehrstaatigkeit ausgelöste Syndrom, das von innerer Unruhe, Zukunftsangst und einem verstärkten Mitteilungsbedürfnis in den Kommentarbereichen großer Onlinemedien gekennzeichnet ist, nennt man Loyalitätsparanoia. Mehrstaatler sind im Übrigen nie einsam, denn sie können ja jederzeit mit dem eigenen Ausländer-Ich kuscheln. Ob das wohl die Neidgefühle schürt?

---

9 Ich habe wirklich keinen blassen Schimmer, warum mein Schreibprogramm trotz aller Bemühungen einfach nicht aufhören will, diesem Satz einen unbestimmten Grammatikfehler andichten zu wollen!

Mentalität

Diesen Begriff hat Boris Becker erfunden. Auf dem heiligen Rasen in Wimbledon. Damit meinte er seine unbeschreibliche Willenskraft, immer wieder Spiele drehen zu können. Das war noch vor der Besenkammer, die ja eigentlich eine Treppe war, wie wir aus seinem Buch erfahren haben.

Der Begriff hat sich seitdem sehr weit entwickelt. Heute ist die fehlende Mülltrennung des Nachbarn auf seine schwedische Mentalität zurückzuführen. Und die schlechten Nudeln beim pakistanischen Pizzabäcker eben auf seine.

Mit der Mentalität ist es so wie mit den Werten. Nur ist eine Mentalität nie universell.

MiMiMis

Die MiMiMis, also die Mitbürger mit Migrationshintergrund sind eine typisch deutsche Sprachverrenkung. Viel korrekter wäre es ja, von Einwanderern der zweiten und dritten Generation zu sprechen. Aber das geht natürlich nicht. Wer so etwas sagt, der gäbe ja zu, dass Deutschland ein Einwanderungsland ist. Und das kommt für viele Konservative immer noch nicht infrage. Auch wenn sich Rita Süssmuth schon vor zehn Jahren in der Zuwanderungskommission redlich mühte und der CDU-Politiker Armin Laschet 2006 zugab, seine Partei habe zu spät erkannt, »dass wir de facto ein Einwanderungsland sind« und in Sachen Integrationspolitik »jahrzehntelang geschlafen haben«. Daraufhin wurde sein Rivale Norbert Röttgen erfolgreicher Spitzenkandidat der CDU in Laschets Bundesland NRW. Weit oben in der Sprachverhunzungshitparade steht aufgrund konservativ-realitätsferner Befindlichkeiten auch das Wort »Integrationsland«. Im Flaggmedium der deutschen konservativen Presse las ich im Juli 2007 die schöne Formel: »Deutschland ist kein Einwanderungsland, sondern ein Integrationsland.« Aha!

Aber man könnte ja auch »Ausländer« sagen. Das aber wiederum findet die andere Seite ganz doof, denn das klingt wie »Außenseiter«, »Ausgeschlossener«, »Ausgestoßener«. Zudem ist »Ausländer« auch häufig nicht zutreffend, weil der betroffene MiMiMi ja vielleicht den deutschen Pass hat. Oder weil die Person zwar den Pass nicht hat, aber dennoch hier geboren ist. Denn er ist zwar ein echter Ausländer – auch wenn er vielleicht Bildungsinländer ist –

aber eigentlich haben wir die Einwanderer meinen wollen. Also dann doch lieber MiMiMi.

Minarett

Für die einen ist das Minarett ein Wachturm, ein Signalturm für Karawanen, der Ort, an dem in seliger Vergangenheit der Muezzin zum Gebet rief oder schlicht ein oft bezaubernd schönes Zierelement einer Moschee. Für andere (Politically Incorrect) ist es eine »Schläfer-Rakete«, also wahlweise eine schlafende Rakete oder eine Rakete von Schläfern (womit jeder Moslem gemeint ist), die – so dürfen wir annehmen – auf unschuldige deutsche Christen gerichtet ist und beizeiten erwachen und ihr Unheil verrichten wird.

Manche mögen sich wundern, woher ein so simples Türmchen, das in Deutschland ja meist in eher schlichter Fertigbauweise errichtet wird, diese erstaunliche Fähigkeit bezieht. Bei Hölderlin war das Türmchen ja eher unproblematisch. Beim zweiten Genie der deutschen Geschichte Alexander Dobrindt, Internet-Minister, ist es schon anders: Als damaliger CSU-Generalsekretär hat er in einer Parteitagsrede im Jahr 2010 darauf hingewiesen: »Diejenigen, die gestern gegen Kernenergie, heute gegen Stuttgart 21 demonstrieren, die müssen sich dann auch nicht wundern, wenn sie irgendwann übermorgen ein Minarett im Garten stehen haben.« Dieser Satz wurde oft als Blödelei oder gar Satire missverstanden, beinhaltet in Wirklichkeit aber einen genialen atompolitischen Plan der CSU.

Denn wenn infolge des von den Protestlern bewirkten Atomausstiegs und Abbaus von Kernkraftwerken tonnenweise verstrahltes Baumaterial und Atommüll in Fässern in Deutschland untergebracht werden müssen, so bietet sich die Bauform des Minaretts, das gestapelten Fässern nicht unähnlich ist, hervorragend für die Zwischenlagerung der anfallenden Giftstoffe an.

Somit könnte sich die Prophezeiung der sogenannten Islamkritiker selbst erfüllen. Die Menschen würden landauf, landab mit Minaretten zwangsbeglückt, denen dann in der Tat eine strahlende Brisanz innewohnen würde, die Protestler würden für ihren Widerstand gegenüber der Atomkraft und ihre Naivität angesichts der Minarette bestraft und ganz elegant wäre auch der Druck für eine Lösung des Jahrzehnte dauernden Endlagerstreits, den die Atomfreunde ja stets für zweitrangig erklären, beseitigt.

Mitte der Gesellschaft

Es scheint, die »Mitte der Gesellschaft« hat so ihre Probleme. Ich meine jetzt gar nicht die Debatten um die »schrumpfende Mittelschicht«. In der Mitte der Gesellschaft ist es einfach ziemlich eng und man tritt sich gegenseitig auf die Füße, weil mittlerweile alle schon in der Mitte der Gesellschaft angekommen sind beziehungsweise dringend dorthin möchten. Da finden sich seit Langem die ekelhaften Gesellen Rechtsextremismus und Antisemitismus – so Dutzende Autoren nach 1990. Das passt, weil schon das »Monstrum Hitler« aus der Mitte der Gesellschaft kam, wie die ›FAZ‹ in einer Buchrezension im Oktober 2013 feststellt. Auch die Islamophobie hat inzwischen in der Mitte der Gesellschaft einen festen Platz gefunden, so ein Ergebnis von Wilhelm Heitmeyers Befragungen zu »gruppenbezogener Menschenfeindlichkeit«. Tummeln tut sich dort seit Neuestem »die Prostitution«, behauptet jedenfalls Clemens Meyer in einem Gespräch mit Ulrich Wickert in der ›Welt‹ vom August 2013. Und etwa zur selben Zeit vermutete Philipp Rösler, dass »SPD und Grüne einen Raubzug durch die Mitte der Gesellschaft planen«. Dass Herr Rösler nicht so wahnsinnig viel Ahnung von Politik hat, hat man ja zum Glück inzwischen auch in der Mitte der Gesellschaft verstanden.

Wer immer auch in der Mitte der Gesellschaft seinen Platz sucht, muss aber vorsichtig sein. Zumindest in Sachsen gibt es in der Mitte der Gesellschaft eine interkulturelle Öffnung – und ich möchte nicht, dass da jemand hineinfällt und sich verletzt. Sie haben noch nie etwas von der interkulturellen Öffnung in der Mitte der sächsischen Gesellschaft gehört? Doch, doch – die gibt es. Sachsen hat unter dem Motto »Willkommensgesellschaft Sachsen – Chancen durch Vielfalt« den Integrationspreis 2013 ausgelobt. Und dieser wurde im November verliehen. Der Preis soll »das Engagement für die interkulturelle Öffnung der sächsischen Gesellschaft in den Mittelpunkt rücken«. Anlässlich der Verleihung sagte der sächsische Ausländerbeauftragte Professor Martin Grillo: »Die Preisträger zeigen, dass interkulturelle Öffnung weder Luxus noch Zauberwerk ist. ... Deshalb danke ich allen Bewerberinnen und Bewerbern um den Integrationspreis 2013, dass sie diese Normalität aus der Mitte der Gesellschaft heraus gestalten. Daraus bastelte seine Presseabteilung die schöne Überschrift »Interkulturelle Öffnung in der Mitte der Gesellschaft«. Deutsche Integrationsprosa – einfach unschlagbar.

Moped

Armando Rodrigues de Sá war 38 Jahre alt, als er in Köln-Deutz ankam, um eine Zeit lang in Deutschland Geld zu verdienen. Er war der Millionste Gastarbeiter Deutschlands nach dem Zweiten Weltkrieg. In jedem anderen Land denkt man, er wurde dazu ernannt. In Deutschland kann man davon ausgehen, dass die Statistik präzise geführt wurde. De Sá bekam als Jubilar des deutschen Wirtschaftswunders neben einer Ehrenurkunde einen Nelkenstrauß und ein Zündapp-Moped. Zwanzig Jahre später, im Jahr 1984, meldeten die Zündapp-Werke Insolvenz an. Das Industriewerk von Zündapp wurde von damals München nach China verschifft. Da war der Zimmermann de Sá bereits seit fünf Jahren an Krebs gestorben. Sein Moped steht heute im Haus der Geschichte in Bonn. Er war ein guter und bescheidener Mann. Und der einzige Gastarbeiter, der einen großen Empfang in Deutschland erfuhr.

Moralkeule

Die Moralkeule ist die gefühlte Massenvernichtungswaffe der politischen Diskussion. Die Moralkeule wird geschwungen, um die politischen Gegner dem Erdboden gleichzumachen. Von dem Schlag mit der Moralkeule sollen sich die Opponenten nie wieder erholen. Sie sollen am Boden liegen, widerwärtige Moralverletzer, die sie sind, und sich nie wieder an der Debatte beteiligen dürfen. »Weil ihr unter meinem moralischen Niveau seid«, kreischt der Moralkeulenschwinger. Die Moralkeule soll jede Debatte beenden, bevor sie beginnt. Haben wir nicht alle mitgelitten mit dem armen Relativierer Martin Walser, dem chronischsten aller Opfer der Moralkeule?

In der Realität sieht das mit der Moralkeule natürlich ganz anders aus: Sie wird zwar wild geschwungen, aber sie trifft nicht. Sie pfeift durch die Luft, um für möglichst große Aufmerksamkeit zu sorgen. Eine der beliebtesten Rhetorikkeulen in Deutschland ist der Rassismusvorwurf. Natürlich gibt es Rassismus in Deutschland, dessen bin ich mir sehr bewusst. Aber mit dem R-Wort wird aus jeder politischen Richtung so beliebig gekeult, dass dieser wichtige Begriff jeden Inhalt verliert. Deshalb ist es blödsinnig, bei jeder Kritik, die ein Vertreter der Mehrheit an einer Minderheit übt, die Rassismuskeule zu schwingen. Damit macht man es dem vermeintlich durch den Keulenschlag vernichtend Getroffenen in Wirklichkeit sehr einfach: Denn der nimmt oft genug den Schwung des Angriffs mit und kontert mit der rhetorischen Übung des »umgekehrten Rassismus«. So gibt er der Mehrheit ganz einfach die Möglichkeit, sich wie eine diskriminierte Minderheit zu fühlen. Im Zusammenspiel mit dem Sagendürfen wird daraus eine Art Moralkeulen-Doppelschlag: Man wird ja wohl noch sagen dürfen, dass deutsche »Schüler«, »Schützen«, »Schäferhunde« – setzen Sie irgendetwas Deutsches ein, das Ihnen in den Kram passt – mittlerweile in Deutschland diskriminiert werden. Die Moralkeule nimmt also einen moralisch möglichst negativ aufgeladenen Begriff und schleudert ihn dem Gegner entgegen, und der kann ihn genauso schnell zurückschleudern. Dann muss sich auch niemand mehr mit der Realität beschäftigen. Denn das erste Opfer der Moralkeule ist die Differenzierung.

So ist es also kein Wunder, dass der Moralkeulen-Wettstreit ein ebenso lautes wie ermüdendes Ritual ist. Angesichts der Lautstärke gucken erst mal alle, was die Kontrahenten sich denn da so um die Ohren hauen, wenden sich aber schnell wieder entnervt ab. Leider, das gebe ich zu, ist diese Ermüdungserscheinung bei vielen Moralkeulenschwingern nicht zu beobachten. Sie schaffen es nicht selten, sich besonders in den unterschiedlichen Talkshow-Arenen keifend zu bekämpfen. Ihre Keulen pfeifen durch die heiße Luft. Ich rate dazu, Moralkeulenschwinger mit genau gezielten Faktenpfeilen zu bewerfen. Wer Keulen schwingt, kann schwer ausweichen. Und die Fakten pieksen nach und nach doch so schmerzhaft, dass auch die Tumbesten irgendwann die Keule fallen lassen müssen.

Moschee[10]

Am Beginn des 21. Jahrhunderts sehen wir uns mit »Moslemische[n] Besatzer[n]« konfrontiert, »die Deutschland für sich vereinnahmen und den Halbmond implementieren« wollen, so lautet ein gängiges Szenario sogenannter »islamkritischer« Aktivisten. Deshalb bauen sie Moscheen.

Niemand kann uns in dieses Szenario besser einführen als die AutorInnen und KommentatorInnen der Internetseite Politically Incorrect (alle Zitate sind orthografisch unverändert übernommen): Die »Muselmänner« versuchen in Deutschland und dem ganzen christlichen Abendland, »Gebiete zu erobern, Straße um Straße. Mit dem Dominieren des Straßenbildes und Belagerungen von Bus- und

---

10 Eigentlich nur ein Gotteshaus.

U-Bahn-Haltestellen fängt es an und mit dem Bau von Moscheen wird dieser Machtanspruch zementiert«. Jede dieser Moscheen ist »eine Raketenbasis koranischer Menschenverachtung«. Diese »moscheen sind ausbaufähig und entwickelt sich in eine miniislamwelt im land der kuffar.neben kultur-und sozialzentrum gesellt sich ein friseur,ein arzt,rechtsanwälte,reisebüro,restaurant,lebensmittelgeschäft«. Sie sind die Vorhut der Verwandlung Deutschlands, ja der ganzen »EUdssr« in »Deutsch-Türkistan«, denn »Deutscland ist doch viel grösse als das was eine Moschee einnimmt und diese 3000 oder darüber ist noch viel Pltz für weitere 3000 oder auch mehr, vielleicht sogar schon mehr als es solche in der Türkei gibt«.

Diese Islamisierung Europas und Deutschlands im Speziellen wird von der »Dressurelite« der »Mainstreammedien«, bzw. der »linksgrün versiffte[n] Presse«, der »SAntifa« und den »verantwortlichen Sozialingenieure[n] der EU und ihre[n] Schergen« betrieben.

Aus dem freundlichen Kreis der PI-Community kommen freilich auch zahlreiche konstruktive Lösungsvorschläge für dieses Problem: »Man muss dem Islam in Europa sein Stalingrad bereiten.« »Danach den Abfall der gefährlichen Lebensform [...] mit Schweingülle einplastinieren und feierlich im Marianengraben versenken.« Noch Fragen?

Muezzin

Wenn die Freunde von Politically Incorrect recht haben und ein Minarett eine »Schläfer-Rakete« ist, dann ist der Muezzin die Besatzung, der Pilot. Sie als Waffennarr finden das nicht schlüssig, weil Raketen mit Besatzung eigentlich keine Waffen, sondern für die Raumfahrt bestimmt sind? Ha! Da sind Sie wohl auf den Muselmanen[11] reingefallen, was? Schon mal was von Selbstmordattentätern gehört?

Wenn sie aber unrecht haben – undenkbar –, dann ist der gute Muezzin ein an Stimme und Gesang ausgebildeter Rufer, der die Muslime zum Beten einlädt. Der nicht gut ausgebildete (in unseren Breitengraden die meisten) macht es ästhetisch entwicklungsfähig, aber genauso.

Und dem Langschläfer (nicht zu verwechseln mit dem Schläfer)

---

11 Nicht zu verwechseln mit Muskelmannen oder Moselanern.

ist es wahrscheinlich relativ wurscht, ob er vom Glockengeläut eines Kirchturms[12] geweckt wird oder vom Rufe des Muezzins.

MUFL

MUFL steht für Minderjährige unbegleitete Flüchtlinge. Das sind Kinder, deren Eltern sie aus Verzweiflung allein auf Reisen geschickt haben. Verzweiflung wegen der Gefahr für deren Leib und Leben im Krieg, Verzweiflung wegen der ökonomischen Perspektivlosigkeit, Verzweiflung wegen politischer Verfolgung. Diese Kinder, meist schon durch die Trennung von der Familie traumatisiert, kommen also nach Deutschland und brauchen Hilfe.

In den letzten Jahrzehnten haben sich die Institutionen auf die MUFL einrichten können. Heute bekommen sie in vielen Gemeinden deutlich bessere Aufnahmen und Hilfen als beispielsweise in den Neunzigern. Und es gibt so manche Mut machende Geschichte von MUFLs. Ali Samadi Ahadi, mein großartiger Freund und Regisseur, ist als MUFL nach Deutschland gekommen. Mithilfe seiner Pflegefamilie, mit der Unterstützung seiner Eltern, aber vor allem mit seiner eigenen Kraft und Engagement hat er es zu einem Träger des Deutschen Filmpreises geschafft. Er dient als Vorbild für viele Kinder, die allein in Deutschland ankommen und versuchen, sich ein Leben aufzubauen.

Multikulti

Multikulti hat Deutschland seine Gewissheiten geklaut. Angefangen hat es mit dem Ur, das dem hochgeschätzten Ursprung, dem klaren Urteil, dem unberührten Urwald vorsteht. Multi also klaute der Kultur ihr Ur und machte es zum I. Was für ein Betrug!

Aber das war nur die Spitze des Eisbergs. Im Namen von Multikulti wurden die Menschen im Land nach Strich und Faden veräppelt. Wo es früher noch Kännchen Kaffee gab, sind es jetzt nur noch Tässchen, und für diese Pfützchen verlangen die Italiener horrende Summen. Multikulti hat ganz Deutschland Mundgeruch und Bauchschmerzen beschert. Knoblauch und rohe Zwiebeln ruinieren den Menschen ihren Atem – die wirtschaftlichen Folgen für die Service-

---

12 Ich kenne Kirchtürme, deren Glocken stündlich viermal klingen. Rund um die Uhr. Glauben Sie mir, man gewöhnt sich ganz gut daran und kann sehr gut schlafen.

nation Deutschland hat aus Angst noch niemand ausgerechnet. Und weil man es zwischen den Brotlappen und all den Soßen und Kräutern ohnehin nicht mehr herausschmeckt, hat der Döner auch das Gammelfleisch in diesem Land salonfähig gemacht.

Auch die sprachliche Verständigung wird erschwert. Dank Multikulti versteht man im Zug nur noch Bahnhof (»sänk ju for träwweling wiss Deutsche Bahn«), kann in Neuköllner Bars sein Bier nicht mehr auf Deutsch bestellen oder muss Fremdworte erlernen (»Chabo«), um sich im Frankfurter Gallus noch Respekt verschaffen zu können.

Schließlich wird auch die Gegenwehr erschwert. Konnte man früher noch sicher sein, den Pizzeriabesitzer um die Ecke als »Spaghettifresser« zielgenau zu verunglimpfen, entpuppt sich dieser immer häufiger unter dem Deckmantel der »Pizzeria Napoli« als Pakistani, traf man schlampige Taxifahrer noch ziemlich genau mit der Beleidigung »Kümmeltürke«, so werden Taxis heute von perspektivlosen Jugendlichen aus Italien gesteuert, die sich davon nicht rühren lassen.

Da hilft nur noch eine zünftige Portion Leitkulti.

Muttersprache

»Na, wo isser denn? Na, wo isser denn?« – »Da isser!« – »Mama. Sag mal Mama!« – »Duzi, duzi, duzi.«

N

Nachholend

In der immer etwas staatstragenden, aber wissenschaftlich soliden Zeitschrift ›Aus Politik und Zeitgeschichte‹ schrieb der Geschichtsprofessor und spätere Vorsitzende des *Sachverständigenrates deutscher Stiftungen für Integration und Migration* Klaus Jürgen Bade im Mai 2007:

>*Auf dem Weg vom Nebeneinander zum Miteinander in der Einwanderungsgesellschaft gab es Versäumnisse auf beiden Seiten. Zur Gestaltung der gemeinsamen Zukunft gehört deshalb Schadensbegrenzung in Gestalt von nachholender Integrationspolitik.*«

In dem Artikel stehen viele kluge Dinge, zum Beispiel weist Bade sehr deutlich auf das jahrzehntelange gesellschaftliche Paradox der »Einwanderungssituation ohne Einwanderungsland« hin oder wenn er den kontraproduktiven Unsinn der »Rückkehrprämien« aus den frühen Achtzigerjahren kritisiert. An anderer Stelle hat Bade mal geschrieben, wenn er in Deutschland über Einwanderung und Integration rede, komme er sich »*manchmal so absurd vor, wie ein Naturwissenschaftler, der für die Anerkennung der Naturgesetze wirbt*«. Und trotzdem oder gerade deswegen ist sein Eingangszitat nicht ohne Komik. Mein erster Gedanke war: »Au fein, wir müssen die Ausländer jetzt aber wirklich mal langsam integrieren, bevor sie noch mehr Schaden anrichten.« Als Zweites tauchen vor meinem geistigen Auge der deutsche Michel (natürlich mit Zipfelmütze) und ein Ausländer (natürlich mit Schnurrbart) auf, wie sie die Schulbank drücken, um die Integration nachsitzend nachzuholen.

Bade erinnert auch an das sogenannte Kühn-Memorandum aus dem September 1979. Der SPD-Politiker Heinz Kühn, ehemaliger Ministerpräsident von Nordrhein-Westfalen, war der erste »Bundesbeauftragte für die Integration der ausländischen Arbeitnehmer und ihrer Familien« – wie das damals hieß. Bundeskanzler Helmut Schmidt hatte Kühn damit beauftragt, eine Denkschrift über »Stand und Weiterentwicklung der Integration« zu erstellen. Die legte Kühn nach neun Monaten vor und schrieb, dass »*eine nicht mehr umkehrbare Entwicklung eingetreten ist und die Mehrzahl der Betroffenen nicht mehr einfach ›Gastarbeiter‹ sondern ›Einwanderer‹ sind, für die eine Rückkehr in ihre Herkunftsländer aus den verschiedensten Gründen nicht wieder in Betracht kommt*«. Das war ziemlich deutlich, oder? Nicht deutlich genug? Na gut. »*Die unvermeidliche Anerkennung der faktischen Einwanderungssituation macht eine Abkehr von den Konzepten der Integration ›auf Zeit‹ erforderlich. An ihre Stelle muss ein Maßnahmenbündel treten, das den Bleibewilligen die Chance zu einer vorbehaltlosen und dauerhaften Eingliederung eröffnet.*« So heißt es ebenfalls in dem Memorandum. Jetzt deutlich genug? Na also!

Und was geschah jetzt? Nichts natürlich. In der Koalitionsvereinbarung vom Februar 1982 zwischen der CDU/CSU und der FDP heißt es: »*Die Bundesrepublik Deutschland ist kein Einwanderungsland. Es sind daher alle humanitär vertretbaren Maßnahmen zu ergreifen, um den Zuzug von Ausländern zu unterbinden.*« Das nenne ich allerdings auch sehr deutlich. Der deutsche Michel hatte sich schlicht und einfach wieder schlafen gelegt. Und es hat dann noch ein paar Jahre gedauert, bis er wieder aufgewacht ist. Ich schätze bis circa 1998. Seitdem war der Fortschritt bei der Integration auch eher eine Straßenbahn als ein ICE, aber immerhin. Deswegen haben wir alle immer noch etwas nachzuholen. Aber inzwischen wäre vorausschauende Integrationspolitik auch ein lohnendes Ziel.

Nationaler Aktionsplan Integration

»*Das Ziel ist klar: Wir wollen in einer Gesellschaft leben, in der alle Menschen mitmachen können. Niemand ist perfekt, das wissen wir. Aber in jedem Menschen stecken viele Fähigkeiten und Fertigkeiten. Diese Talente wollen wir entdecken, fördern und einfordern, denn unsere Gesellschaft will und braucht die Beiträge aller.*«

Ach, ich könnte es nicht besser formulieren. Da wird einem doch ganz warm ums Herz. Mit so einem Vorwort kann der Nationale Aktionsplan Integration gar nicht schiefgehen. ... Halt. Moment. Entschuldigung. ... Da habe ich was durcheinandergebracht. Das ist der Beginn des Vorworts zum Nationalen Aktionsplan zur Umsetzung der UN-Behindertenrechtskonvention von Ursula von der Leyen.
So, jetzt aber.

»*Von Albert Einstein stammt der Satz:* ›*Die einzige Zeit, die mich interessiert, ist die Zukunft. Denn in ihr werde ich leben.*‹ *Für unsere Kinder gilt dieser Satz umso mehr. Sie sind die Zukunft, aber sie sind auch die Gegenwart. Wir haben es heute in der Hand, die Weichen für diese Zukunft zu stellen und damit auch die Gegenwart zu verändern.*«

Wie? Was? Mist. Das schreibt Kristina Schröder zum Nationalen Aktionsplan kindergerechtes Deutschland. Moment mal, ich muss das hier ordnen. Danke, für Ihre Geduld. Also.

»*Unsere Gesellschaft war noch nie so vielfältig wie heute. Fast jeder Fünfte der deutschen Bevölkerung hat ausländische Wurzeln. Viele von ihnen leben in Deutschland bereits in der dritten oder vierten Generation, mehr als die Hälfte hat die deutsche Staatsbürgerschaft. Während die Gesamtbevölkerung abnimmt, wächst der Anteil der Menschen mit Migrationshintergrund weiter an. Deshalb ist Integration eine Frage von nationaler Bedeutung.*«

Es geht doch. So schwungvoll begrüßt uns unsere Kanzlerin, wenn wir den Bericht zum Nationalen Aktionsplan Integration aufschlagen. Der wurde im Dezember 2011 veröffentlicht und trägt den Titel »Zusammenhalt stärken – Teilhabe verwirklichen«. Ein toller Titel übrigens. Den hätte man für die Behinderten und die Kinder auch gleich verwenden sollen. Andererseits wäre der Titel des Nationalen Aktionsplanes für Behinderte »Unser Weg in eine inklusive Gesellschaft« auch für die Migranten nicht schlecht gewesen.
Eigentlich, das muss ich gestehen, wird mir etwas mulmig, wenn von nationalen Aktionsplänen die Rede ist. Das hat so was Gewolltes und doch Inhaltsleeres, so was Bürokratisches und Verordnetes – Funktionärspoesie eben. Wobei gerade die Wortreihe »Nationaler

Aktionsplan Integration« für meinen Geschmack besonders un-
schön ist. Aber ich bin mit meiner Skepsis da wohl ziemlich alleine.
Nationale Aktionspläne sind populär. Neben den bereits genannten
gibt es den Nationalen Aktionsplan Pflanzenschutz, den Nationalen
Aktionsplan für gesunde Ernährung und mehr Bewegung IN FORM
(und vor allem in Großbuchstaben), den Nationalen Aktionsplan
für erneuerbare Energien, Nationalen Aktionsplan »Aufklärung --
Transparenz -- Information -- Regionalität« zur Lebensmittelkenn-
zeichnung oder den Nationalen Aktionsplan zur UN-Resolution
1325 und dem Thema »Frauen, Frieden und Sicherheit« usw.
Was kommt bei so einem Nationalen Aktionsplan heraus?
Schwer zu sagen. Der Bericht zum Nationalen Aktionsplan Integration hat stattliche 471 Seiten. Es gibt elf sogenannte Dialogforen,
und beim 6. Integrationsgipfel im Mai 2013 verkündete die Kanzlerin: »Wir wollen ein Integrationsland sein«. Schön, schön. Ich sage:
Messt die Regierung an ihren Gesetzen. Und ich schlage hiermit
einen Nationalen Aktionsplan zur Bekämpfung der Inflation von
nationalen Aktionsplänen vor.

Nationalhymne
Die deutsche Nationalhymne ist ein vermutlich in Ungarn entstan-
denes Musikstück des österreichischen Komponisten Joseph Haydn
(aus dem »Kaiserlied«) mit einem Text des deutschen Dichters Hoff-
mann von Fallersleben (»Deutschlandlied«).
Das Stück ist zweimal gleichermaßen als Notlösung gewählt
worden, bewährte sich aber in beiden Fällen als Motor des wirtschaftlichen und gesellschaftlichen Aufschwungs. So taumelte die Weima-
rer Republik bis 1922 hymnenlos in die Inflation und Wirtschafts-
krise, bis Reichspräsident Friedrich Ebert 1922 die Reichswehr
anwies, das Stück »als Nationalhymne zu führen«. Mit einem Jahr
Verzögerung setzte eine merkliche Erholung der wirtschaftlichen
Lage ein. Leider konnte selbst die deutsche Nationalhymne die darauf folgende Krise und die Herrschaft des Naziregimes nicht verhindern. Weil auch unter Hitler die erste Strophe des Deutschland-
lieds (»Deutschland, Deutschland über alles«) Teil der Hymne war,
geriet sie nach dem Ende des Zweiten Weltkriegs in Verruf.
Wieder war Deutschland hymnenlos. Dieses Vakuum führte zu
einem kurz währenden Moment der Wahrheit, in dem die Volksseele
sich Bahn brach. Vor einem Fußballspiel der deutschen National-

mannschaft gegen Belgien erklang der Schlager »Wir sind die Eingeborenen von Trizonesien«, dessen Refrain, das unvergessliche und
ergreifende »Heidi-tschimmela-tschimmela-tschimmela-tschimmela-
bumm!«, noch heute süß in deutschen Ohren nachhallt. Konrad Ade-
nauer begrüßte man in Chicago in dieser Zeit mit den Zeilen »Mem
Möllemer Böötche fahre mer su jän, / mer kann su schön em Dunkle
schunkele / wenn üvver uns de Stääne funkele« aus dem Lied »Heidewitzka, Herr Kapitän«, das sich allein deshalb als Nationalhymne
disqualifizierte, weil außerhalb Kölns niemand den Text verstand.

Der Aufschwung war in Gefahr, und wieder rettete das Team
Haydn/Fallersleben die deutsche Nation. Diesmal allerdings wurde
auf das Singen der ersten beiden Strophen verzichtet und stattdessen die unter den Nazis verpönte dritte Strophe auserkoren.

Die Wirkung blieb auch dieses Mal nicht aus. Bei den Spielen der
Fußballnationalmannschaft ließ schon in den 70er-Jahren die Diszi-
plin nicht nur bei der Haarpflege, sondern auch beim Hymnen-
singen nach. Franz Beckenbauer verstieg sich damals gar zur These,
Fußball sei »keine heroische Angelegenheit, sondern Arbeit und
Fleiß«. Diese Meinung änderte er als Bundestrainer rund zehn Jahre
später und verordnete seinen Spielern eine »Singpflicht«, die
Deutschland 1990 den bis dato letzten Weltmeistertitel bescherte.

Bis zu diesem Zeitpunkt stand die Verbindung von Mitsingen und
Patriotismus noch nicht im Mittelpunkt der öffentlichen Debatte.
Dies änderte sich nach dem verlorenen EM-Halbfinale 2012 gegen
Italien. Die Spieler aus dem Süden hatten durch das Mitsingen ihrer
Hymne vorher lautstark bekundet »Lasst uns die Reihen schließen,
wir sind bereit für den Tod«. Einige Politiker und Meinungsmacher
hatten diese Parole als Bekenntnis patriotischen Eifers missverstanden. Dabei bezog sich diese Todesbereitschaft auf die Kunst des
Fußballspiels, die die Italiener mit den geschlossenen Reihen, ihrem
»Catenaccio«, schon wiederholt erfolgreich belegt hatten. So mancher Konservativer polterte: »Es sollte zum guten Ton gehören, dass
die Spieler die Hymne mitsingen. Sie spielen schließlich für die deutsche Nationalmannschaft und nicht für sich selbst!« Dass es sich
auch hier um einen klassischen Fall der Loyalitätsparanoia handelte, offenbarte Gerhard Meyer-Vorfelder, ehemals Präsident des
DFB, in seiner Stellungnahme: »Ich kann nicht für die DFB-Aus-
wahl auflaufen und alle Vorteile einstreichen wollen, dann aber so
tun, als wäre ich nur ein halber Deutscher.«

Denn bei den Spielern, die sich dem Mitsingen entzogen hatten, handelte es sich in erster Linie um die »Doppelstaatler« wie Khedira und Özil. Zwar hatten diese bei ihrem fußballerischen Engagement keinerlei Fehl erkennen lassen, aber das unterlassene Mitsingen regte doch Zweifel, ob sie nicht vielleicht eines Tages, wenn die Saat des Fremdseins in ihnen keimen würde, doch der Anweisung des tunesischen bzw. türkischen Nationaltrainers Folge leisten und Deutschland in den Rücken fallen würden.

Europameister wurde dann übrigens Spanien, dessen National-hymne keinen Text hat. Heidewitzka! Und wer ist Weltmeister?

Nationalmannschaft*

Die Nationalmannschaft oder, um präzise zu sein, die deutsche Fuß-ballnationalmannschaft der Männer ist das wichtigste Sportteam im Land. Das beweisen die Einschaltquoten der Länderspiele im Fern-sehen, der unendliche Strom von Werbespots der Mannschaft und vor allem das wütende Gezeter, wenn die Jungs mal schlecht spie-len oder womöglich sogar verlieren. Und natürlich gibt es auch die Aufregung um das Drumherum: Was passiert im Quartier (also im Fünf-Sterne-Plus-Luxus-Hotel), was sagen die Experten und Daheim-gebliebenen und natürlich der alte Klassiker: Wer singt bei der Nationalhymne. Obwohl, so ein Klassiker ist das gar nicht. In den Siebzigern sang keiner. Da gab es nur mal eine Diskussion, als Sepp Maier bei der Nationalhymne in die Kamera zwinkerte. Das war den Leuten nicht ernst genug. In den Achtzigern sang eigentlich auch keiner. Alle blickten nur möglichst unbeweglich und konzentriert in die Kamera, ab und zu kaute einer Kaugummi. Die Diskussion um das Mitsingen kam erst auf, seit es üblich geworden ist, dass die Hymne vom Band kommt und irgendein Semiprominenter den Vor-sänger machte. (Nein, ich werde Sarah Connor jetzt nicht erwäh-nen.) Was ist eigentlich aus dem Bundeswehrmusikkorps und den Polizeiorchestern geworden?[13]

13 Ichweissichweiss, bei der WM hat die Truppe gespielt, und zwar alle National-hymnen. Aber wäre es nicht mal toll, die spielten »im Herzen von Europa«, und der Polizeichor Frankfurt singt dann? Ich schweife ab? Entschuldigung, Sie haben recht. Aber ich kann einfach nicht anders, als bei aller Zuneigung zur Nationalmannschaft bei allem, was rund sein könnte, an meine Eintracht zu denken.

* Weltmeister!

Dass in so einer Mannschaft nur deutsche Staatsangehörige spielen dürfen, ist ja sinnvoll, wenn sich Nationalteams messen wollen. Dass es dabei miMiMiMis (mitspielende Mitbürger mit Migrationshintergrund) gibt, hat schon seit über 100 Jahren Tradition. Wer weiß denn schon, dass zwischen 1909 und 1912 der Leipziger Camillo Ugi – Sohn eines Italieners und einer Deutschen – 15-mal für die Nationalmannschaft spielte, davon neunmal als Kapitän? Das hört sich nicht viel an. Aber es gab natürlich nicht viele Länderspiele. Deshalb war Ugi mehrere Jahre sogar Rekordnationalspieler. In den Fünfziger- und Anfang der Sechzigerjahre sorgten die Verantwortlichen beim DFB vor allem dafür, dass Nationalspieler nicht im Ausland Geld verdienten. Das war eigentlich gleich doppelt pfui, wegen des Auslands und wegen des Geldes – so was machte ein deutscher Nationalspieler nicht. Fritz Walter wechselte auch deswegen nie, trotz zahlreicher Angebote aus dem Ausland, unter anderem von Atlético Madrid und Inter Mailand. Dies alles änderte sich erst mit Gründung der Bundesliga 1963. Deshalb tauchten im 1966er WM-Aufgebot auch gleich drei Italien-Legionäre auf: Schnellinger, Brülls und Haller.

Schnell entdeckte der DFB anschließend, dass es nützlich sein konnte, talentierte Fußballer »einzugemeinden«. Erster und prominentester Fall ist sicher Rainer Bonhof, der Holländer war, aber nachdem er für Deutschland als Jugendnationalspieler aufgelaufen war, flugs den deutschen Pass erhielt. Bonhof gab im Übrigen die Vorlage zum entscheidenden Gerd-Müller-Tor gegen Holland im WM-Finale 1974. Ob er dabei wohl Loyalitätsschwierigkeiten hatte?

Viele Jahre später verpasste man auch dem Südafrikaner Sean Dundee und dem Brasilianer Paulo Rink die deutsche Staatsangehörigkeit. Das war aber weniger von Erfolg gekrönt. Seit sich Spieler wie Poldi, Özil und Khedira entscheiden, für Deutschland zu spielen, sind solche leicht panischen Hauruck-Aktionen zum Glück nicht mehr nötig. Danach haben auch Asamoah, Owomoyela, Aogo, Boateng[14], Klose, Podolski ... für Deutschland gespielt. Das ist auch »normal«. Und viele andere werden folgen.

---

14 Leider nur der schlechtere der beiden Brüder. Wobei das falsch ist. Der talentierteste der Brüder war wohl nicht Kevin-Prince, aber auch nicht Jérôme, sondern deren älterer Bruder George Boateng. Warum dieser ins Gefängnis kam, während die beiden anderen Karriere machten, hat Michael Horeni in seinem wundervollen Buch ›Die Brüder Boateng – drei deutsche Karrieren‹ beschrieben.

Neger

Neger. Krüppel. Das haben die Leute früher gesagt, und keiner hat sich etwas dabei gedacht. Das war nicht »beleidigend gemeint«. Das war halt so.

Sie haben etwas gemeinsam, der Neger und der Krüppel, der Schwarze und der Behinderte. Obwohl ich gelernt habe, dass man nicht mehr Behinderter sagen soll, sondern Mensch mit Handicap. Das habe ich nicht verstanden. Handicap ist ja nur das englische Wort für Behinderung. Ist Englisch höflicher als Deutsch? Ist »Asshole« höflicher als »Arschloch«? Jetzt muss ich an den Song »Asshole« von Denis Leary denken:

»*Sometimes I park in handicapped spaces,*
and handicapped people make handicapped faces.
I'm an asshole, whoa-whoa-wow.«

Wenn ich das nun übersetzte, wäre es nicht mehr höflich.

Aber ich bin etwas vom Weg abgekommen. Das, was Schwarze und Behinderte verbindet, ist die Tatsache, dass sie von der Mehrheit sofort als »anders« identifiziert werden können. Der eine hat eine dunklere Hautfarbe, der andere geht anders, bewegt sich anders, spricht anders – wie auch immer.

Damit gehen dann mitunter völlig bizarre Einschätzungen einher. Mehrheitsmenschen duzen Schwarze und Behinderte und reden dabei oft betont langsam und verständlich. Die Mehrheitsmenschen sind manchmal eben etwas dämlich (Schwarze und Behinderte übrigens auch, aber nur manchmal).

Wenn dich jemand als Neger oder Krüppel bezeichnet, nenne ihn (oder sie, wir wollen ja höflich bleiben) einfach »Arschloch« oder wenn du mehr auf politisch korrekte Höflichkeit stehst: »Asshole«.
  Zum Abschluss noch ein Lied:

»*God-damn I'm tired my man*
Don't worry 'bout what color I am
Because I'll show you how ill this man can act

It could never be fiction 'cause it is all fact
And if you get in my way I will not turn back
I'm proud of my name, my name is Darryl Mack
I'm black and I'm proud and I'll say it out loud
I'll share my story with the whole crowd«
(RUN DMC, »Proud to Be Black«)

Neukölln

Wenn ich in Berlin bin, lebe ich in Kreuzberg. Auch Kreuzberg hat eine lange Geschichte als »Problemkiez«. Aber das ist aus dem Bewusstsein der Öffentlichkeit verschwunden, seit die Debatte darüber, ob ein ordentlich gefliestes Bad als potenzielle Luxussanierung bei der Kiezaufsicht genehmigungspflichtig sein könnte, die Medien beherrscht.

Als ich meine Wohnung dort bezog, kaufte ich bei einem Baumarkt am Hermannplatz, wo die Grenze zwischen Kreuzberg und Neukölln verläuft, eine Reihe von Handwerksutensilien und eine große Leiter. Mit einer Leiter sollte man in Berlin nicht U-Bahn fahren, und so schleppte ich die Sachen die Hasenheide entlang in Richtung meiner Wohnung. Der Umzugsstress hatte sichtbare Spuren an mir hinterlassen. Einen Friseur hatte ich zu lang schon nicht mehr besucht, mein Bart wuchs wild, und meine Kleidung zeugte von meinem Umgang mit Wandfarbe, Lacken und Spachtelmasse.

Wenige Hundert Meter, bevor ich am Ziel ankam, musste ich verschnaufen. Ungewollt wurde ich Zeuge der Unterhaltung eines altgedienten, bürgerlichen Kreuzbergers mit einer Gruppe von Schwaben oder Touristen, in der er von den Charakteristika seines Viertels berichtete. Dort in der Körtestraße könne man hervorragend Eis essen, etwas weiter oben, in der Dieffenbachstraße, habe sich in den letzten Jahren auch einiges getan, da gebe es zahlreiche sehr gute Restaurants. Der Blick der Gruppe bewegte sich Richtung Südwesten. Der Kreuzberger deutete an, wo sich die Bergmannstraße befindet. Von der habe man schon gehört, sagten seine Gesprächspartner, das sei ja sehr bürgerlich. Die Tour d'Horizon drehte sich nun folgerichtig weiter Richtung Osten. An dieser Stelle, befand nun der Ortskundige, liege Neukölln. Er musste gar nicht weiterreden, da kam schon die Antwort der Neuberliner: »Ghetto«. Alle nickten einvernehmlich. Dabei fiel ihr Blick unweigerlich auf mich, wie ich mich langsam wieder anschickte, den Weg zu meiner Wohnung fortzusetzen. Ich konnte die Synapsen förmlich klicken hören, wie da ein ungepflegter Mann mit Werkzeugen, der seine Herkunft aus dem Nahen Osten kaum verbergen kann, sich schwitzend aus Richtung Neukölln nach Kreuzberg fortbewegte. Die angeregte Konversation und das einvernehmliche Nicken endeten abrupt, und Einvernehmen bestand nur mehr noch im Fluchtreflex. Mein lautes Lachen hielt sie leider auch nicht auf.

Denn Neukölln, das ist Ghetto, Rütli-Schule, Buschkowsky. Neukölln ist die Kampfzone im Clash der Kulturen. Bis zum »Checkpoint Ali« – und keinen Schritt weiter! Schnallt euch also die Leiter an!

Niederlassungserlaubnis

Der Volksmund sagt: »Wo man singt, da lass dich nieder. Böse Menschen haben keine Lieder.« Der Volksmund hat wie so oft überhaupt keine Ahnung, wenn er so vor sich hin plappert. Erstens haben böse Menschen ein stattliches Repertoire an Liedern, wie diverse rechte Gröl- und Schredderkapellen seit Jahren beweisen. O.k., nicht nur die. Was in diesem Land unter Labels wie »Volksmusik«, »Schlager« oder auch »deutscher Hip-Hop«, Letzterer ist häufig eher eine mehr oder minder aus dem Takt geratene Kreuzung zwischen Schluckauf und Tourette-Syndrom (Bushido), und – oh weh – »Deutschrock« vom Volk gehört und gekauft wird, ist zum Teil so schlecht, dass es zur Niedertracht und Bösartigkeit nicht mehr weit ist.

Zweitens lautet das korrekte Zitat

»Wo man singet, lass dich ruhig nieder,
Ohne Furcht, was man im Lande glaubt;
Wo man singet, wird kein Mensch beraubt;
Bösewichter haben keine Lieder.«

Das ist die erste Strophe des Gedichts *Die Gesänge* von Johann Gottfried Seume aus dem Jahr 1804. Seumes Schluss von der Sangesfreudigkeit auf die Gutmütigkeit ist, wie gesagt, ein trügerischer. Denn das Singen ist oft genug ein Anlass für sofortige Fluchtbewegungen, um der akustischen Apokalypse zu entgehen. Wer mir nicht glaubt, der suche mal im World Wide Web nach »Wo man singt, da lass dich nieder« der Jungen Original Oberkrainer.

NPD

Die National-»demokratische« Partei Deutschlands ist die parteigewordene Parallelgesellschaft. Was sich in anderen Organisationen am rechten Rand der Gesellschaft nur unvollkommen formiert hat, findet in der NPD seinen höchsten Ausdruck. In der NPD findet eine homogene Gruppe geistig und/oder menschlich minderbemittelter Personen zusammen, die wahnhafte Vorstellungen vom Deutschsein und seinen Bedrohungen pflegen und den Austausch mit dem Rest der Gesellschaft am liebsten nur durch das Hervorbringen unverständlicher, weil sprachlich wie intellektuell defizienter Slogans (zu sogenannten »Deutschen«) oder mittels körperlicher Gewaltanwendung (zu Pass-Deutschen, Ausländern, Homosexuellen oder ähnlichen Randgruppen) unterhält.

Diese geistige Isolation führt dazu, dass die NPD besonders an denjenigen Orten weit überdurchschnittlich verbreitet ist, an denen die von ihr bekämpften gesellschaftlichen Gruppen nur unterdurchschnittlich vertreten sind.

Es ist ein lohnenswertes Unterfangen, sich über die NPD lustig zu machen. Einen großen Teil der Arbeit übernimmt die NPD dabei aber selbst. Wenn das Phänomen NPD nicht tatsächlich sehr erschreckend wäre, wenn nicht zahlreiche Menschen in den letzten Jahren (vom 20. Jahrhundert ganz zu schweigen) durch die NPD und ihre geistigen Ziehkinder ums Leben gekommen wären, dann wäre herzhaftes Lachen die einzig angemessene Antwort auf die NPD. Die Front Deutscher Äpfel hat dies im Übrigen sehr treffend erkannt und eine satirische Parallelorganisation zur NPD aufgebaut. Die Tatsache, dass diese Organisation, die so nützliche Forderungen wie »Grenzen dicht für Fremdobst« oder »Fallobst zu Mus« aufstellt, auch in den Medien mitunter mit der NPD verwechselt wird, unterstreicht dies eindrucksvoll.

NSU

Der Nationalsozialistische Untergrund (kurz NSU) muss eine ausländische kriminelle Vereinigung gewesen sein. Denn sein Ziel bestand in der Ausübung roher körperlicher Gewalt. Und wie deutsche Sicherheitsbehörden wissen, »ist die Tötung von Menschen in unserem Kulturkreis mit einem hohen Tabu belegt«. Aus der Brutalität der zwölf Gewaltverbrechen in dreizehn Jahren war folglich »abzuleiten, dass der Täter hinsichtlich seines Verhaltenssystems weit außerhalb des hiesigen Normen- und Wertesystems verortet ist«. Und dass die Täter vermutlich »im Ausland aufwuchsen oder immer noch dort leben«.

Zwar konnte die gründliche Analysearbeit der mentalitätsgeschichtlich gewieften baden-württembergischen Strafverfolgungsbehörden anlässlich der tragischen Mordserie mit zehn Opfern zunächst noch keine Aufklärung leisten. Dafür wurde aber mit einem epochalen, historischen Missverständnis aufgeräumt: Die zahlreichen Episoden grausamer Gewalt in der deutschen Geschichte sind zutiefst undeutsch, denn sie verstoßen gegen unsere Werte.

Die umsichtige Informationspolitik und die konsequente Vermeidung von Panikmache ob möglicher rechtsradikaler Ursachen der zwischenzeitlich sogenannten »Dönermorde« haben sich aus heutiger Sicht jedoch als richtig erwiesen. Die öffentliche Debatte konnte so auf die wirklichen Bedrohungen des Vaterlands gelenkt werden, etwa die Überfremdung, die Ausbreitung des radikalen Islam oder die rapide steigende Zahl an Ehrenmorden. Ebenso erfreulich ist die erneut bekannt gewordene Tatsache, dass zahlreiche deutsche Verfassungsschutzbehörden mit hohem Personaleinsatz darum wetteifern, sozial und intellektuell benachteiligte Bio-Deutsche mit ausgeprägter patriotischer Überzeugung (oft abschätzig als Neonazis bezeichnet) von undeutschen Einflüssen abzuschirmen und so zuverlässig vor einem Abdriften in die Gewalttätigkeit zu bewahren. Ausnahme:

Mitgliedschaften beim Ku-Klux-Klan (KKK), schließlich ist der KKK bekanntermaßen aus einem verwandten Kulturkreis. Da diese Arbeit im Falle des NSU bedauerlicherweise nicht erfolgreich war, wurden entsprechende Konsequenzen gezogen und beispielsweise der Chef des Thüringer Verfassungsschutzes entlassen. Wenn nun alle verantwortungsbewussten Kräfte die richtigen Konsequenzen ziehen und gemeinsam für eine Umsetzung von Leitkulti und Blutsprinzip sowie für eine nachhaltige Bekämpfung der Deutschenfeindlichkeit arbeiten, dürften Gewaltverbrechen ausländischer Banden wie der NSU in Deutschland bald der Vergangenheit angehören.

P.S.: Bedaure, ohne Zynismus sind der NSU-Fall und das Totalversagen der Sicherheitsinstitutionen (17 Verfassungsschutz-

ämter + 17 Landeskriminalämter, Militärischer Abschirmdienst –
nur der Bundesnachrichtendienst kommt bisher glimpflich davon)
für mich nicht auszuhalten.

Nutzen

Zu jedem Ausländer in Deutschland gehört sein eigener Nutzen.
Zum einen gibt es die »nützlichen Ausländer«. Sie sind das Pro-
dukt eines unheilvollen One-Night-Stands der von der rot-grünen
Bundesregierung im Jahr 2000 angestoßenen Immigrationsdebatte
und der Willkommenskultur der Marke christlich-sozial. Der nützliche Ausländer zeichnet sich dadurch aus, dass er mehr Nutzen als
Kosten für die angestammte (bio-deutsche) Bevölkerung dieses Landes mit sich bringt. Dennoch kann die fortgesetzte Nützlichkeit
auch in dieser Kategorie Mensch nicht dauerhaft sichergestellt werden. Deshalb sah zum Beispiel die erste Green-Card-Regelung zur
Anwerbung von Ausländern eine Befristung der Aufenthaltserlaubnis auf fünf Jahre vor und beinhaltete keine zusätzliche Arbeits-
erlaubnis für den Ehepartner. Die Hochqualifizierten sollen also
wegen des chronisch guten Wetters nach Deutschland kommen.

Obwohl der »nützliche Ausländer« von der politisch korrekten
Integrationsdebatte recht schnell um die Ecke gebracht wurde, lebt
er als diskursiver Zombie munter weiter. Allerdings haben die helle-
ren Geister unter den Kosten-Nutzen-Rechnern mittlerweile verstanden, dass nützliche Ausländer auch ihren eigenen Nutzen in
verschiedenen Ländern miteinander vergleichen können. Und dass
sie sich deshalb mitunter für Länder entscheiden, in denen ihnen at-
traktivere Angebote (englischsprachig, Dauersonnenschein, keine
NPD) gemacht werden.

Zum anderen gibt es die Gruppe der Ausländer, die uns bzw.
unsere Sozialsysteme bzw. Deutschland ausnutzt. Diese Sozial-
schmarotzer sind hierhergekommen, um sich in die soziale Hängematte zu legen (schnarch!). Dort studieren sie deutsche Sozialgesetzbücher (deren es mittlerweile zwölf gibt), um herauszufinden, auf
welchem Weg sie den größten Nutzen aus ihrem Aufenthalt in
Deutschland ziehen können. Zu diesem Behuf setzen sie schließlich
zum Beispiel die größtmögliche Zahl von Kindern in die Welt, die
sie dann zu Scharen kleiner Kopftuchmädchen formen.

Leider kann man einem Ausländer von außen nicht immer ansehen, welche Art von Nutzen er hat. Deshalb ist es gar nicht so

schwer, kurzerhand alle Ausländer zu Schmarotzern zu erklären. Damit verliert Deutschland ein Stück seiner Würde, den Wettbewerb um die besten Köpfe und erzeugt gewaltige Kosten, die durch die mangelnde Integration der hier lebenden Immigranten erzeugt werden.

Wie nutzlos.

Oath-Act

Der Unterschied zwischen dem Oath-Act und dem Amtseid ist der zwischen unseren festen Prinzipien und dem lösungsorientierten Ansatz manch anderer Staaten.

Optionsregelung

Die Optionsregelung wurde erdacht, um ein epidemisches Auftreten der Loyalitätsparanoia in konservativen deutschen Landstrichen zu verhindern. Die Optionsregelung besagt, dass sich auch diejenigen, die als Kind ausländischer Eltern bei der Geburt die deutsche Staatsangehörigkeit aufgrund der Geburtsortsregelung erhalten haben, sich zwischen dem 18. und 23. Lebensjahr für die deutsche Staatsangehörigkeit als ihre einzige Staatsangehörigkeit entscheiden müssen oder den deutschen Pass wieder abgeben müssen.

Symptome der Loyalitätsparanoia sind unter anderem Schnappatmung während Debatten zum Staatsangehörigkeitsrecht, Misstrauen und der Hang zu haltlosen Unterstellungen. Die Optionsregelung hat sich bisher als wirkungsvolles Placebo erwiesen, da unter den Nebenwirkungen der Optionsregelung nur deren Betroffene, nicht aber die Träger der Loyalitätsparanoia leiden. An einem Impfstoff gegen die Loyalitätsparanoia, der gesunden Menschenverstand in üblichen Mengen enthält, wird gearbeitet.

So ist die neueste Idee, dass nur diejenigen ihren Zweitpass abgeben müssen, die nicht in Deutschland aufgewachsen sind. Leider ist zur Feststellung des Aufwuchsorts das Tragen einer elektronischen Fußfessel von Geburt an notwendig.

Orientierungskurse

Der Orientierungskurs ist das Kronjuwel der deutschen Integrationsindustrie. Der oder die Integrationswillige ist nach einem mehrstufigen Sprachkurs, der praktische Gesprächssituationen, beispielsweise in Ämtern, beim Arzt oder bei alltäglichen Besorgungen umfasst, bereit dazu, ans Licht der deutschen Demokratie geführt zu werden.

Deutsche Effizienz ermöglicht es, in nur 60 Unterrichtseinheiten ein umfassendes Bild des deutschen Staates und seines überlegenen Geistes zu vermitteln, wie er sich in der Verfassung, im politischen System, in gesellschaftlichen Zusammenhängen und im historischen Erbe darstellt. Es muss betont werden, dass die heute üblichen 60 Unterrichtseinheiten bereits eine Kompromisslösung darstellen. Ohne die Unzulänglichkeiten der Teilnehmer hätte das ganze Pensum problemlos auch in den ursprünglich vorgesehenen 30 Unterrichtseinheiten bewältigt werden können.

»Affektive Lernziele, die auf eine positive Bewertung und Zustimmung zu den vermittelten Prinzipien abstellen, bestimmen die Konzeption des Orientierungskurses maßgeblich«, so der Leitfaden des Bundesamts für Migration und Flucht (kurz BAMF), das die Curricula des Kurses entworfen hat. Diese affektiven Lernziele werden so formuliert, dass die Überlegenheit der neuen Heimat im Vergleich zu den Herkunftsgesellschaften zwanglos evident wird, ohne dass die Lehrkräfte auf politische Propaganda zurückgreifen müssten: »Eine Abgrenzung zur politischen Indoktrination, die dem Anliegen der Entwicklung eines demokratischen Verständnisses der Teilnehmenden in einem selbstbestimmten Lernprozess ebenso entgegenstehen würde wie den allgemeinen Grundsätzen der politischen Bildung in Deutschland«, so der Leitfaden weiter.

Deshalb ist es von großer Bedeutung, die Teilnehmer durch eine geschickte Auswahl der Gesprächsthemen darauf hinzuweisen, dass der Wechsel nach Deutschland deutliche Vorteile gegenüber ihren Herkunftsländern und -kulturen mit sich bringt. In Modul II zum Beispiel ist vorgesehen: »Verknüpfung mit Alltagserfahrungen der Teilnehmenden und aktuellen Debatten (z.B. Zwangsheirat, Gewalt in der Familie, »Ehrenmord« etc.).«

Der schlanke Aufbau des bundesrepublikanischen Staats, die geradlinige deutsche Geschichte und die gut darstellbare Funktionsweise seiner Institutionen spielen dem Gelingen des Integrationskurses in die Hände. So ist es beispielsweise möglich, in nur drei Unterrichtseinheiten das Sozialsystem zu erklären. Das ist aber nicht schlimm, denn die Primärliteratur der zwölf Sozialgesetzbücher lesen die Ausländer sowieso später dann in der sozialen Hängematte liegend. Zurück zur Orientierung: Zum Lehrstoff des Sozialstaats gehören zunächst seine Grundsätze »Solidarprinzip und Beitragsfinanzierung«. Aus diesen leitet sich die Gestaltung von »Krankenversicherung, Rentenversicherung, Arbeitslosenversicherung, Pflegeversicherung und Unfallversicherung« ab. Schließlich bleibt noch genug Raum für eine Verkaufsveranstaltung der Riesterrente, das Stichwort lautet »Notwendigkeit privater Vorsorge«.

Angesichts der zerrütteten sozialen Verhältnisse in den Herkunftsländern der Teilnehmenden (s. o.) braucht die Vermittlung der deutschen Sekundärtugenden einen größeren Raum. Vier Unterrichtseinheiten sind vorgesehen, um beispielsweise zu lehren, wie gut es hierzulande um die »Einhaltung von Ruhezeiten, Ordnung und Sauberkeit« bestellt ist, dass es zwischen Deutschland und den Herkunftsländern »Unterschiede bei der Zeitwahrnehmung und im Zeitverständnis« gibt oder wie groß die »Bedeutung von interkultureller Kompetenz für den Integrationsprozess« ist.

Mir scheint, dass das viel gescholtene G8 im Vergleich zu diesem Pensum eher lächerlich ist. Für den Bestand des Systems bleibt daher zu hoffen, dass die Teilnehmer der Orientierungskurse das Lernziel aus dem Modul II »Geschichte und Verantwortung« nicht allzu genau nehmen. »Die Kursteilnehmer«, so steht dort, »reflektieren Folgen von Konformismus und Bedeutung von Widerstand.«

Übrigens: Erdacht haben sich die Lehrinhalte ursprünglich Juristen. Anfang des Jahrhunderts hatte das BAMF noch sehr viele Juristen, die eingestellt worden waren, um Asylanträge zu bearbeiten. Nachdem aber die Zahl der Anträge von 410 000 im Jahr auf knapp 30 000 zurückgegangen war, war ihre Verwendung, äh, diffus. Deshalb kamen sie in die neugegründete Abteilung Integration. Und machten die Arbeit von Pädagogen mit. Aus der Erfahrung meiner ehemaligen, jahrelangen Liaison mit einer Juristin kann ich Sie allerdings beruhigen: Juristen können alles. So die Juristen.

Was bei so viel Zentralisierung allerdings auf der Strecke geblieben ist, ist die Hilfe zur Orientierung. Die Geschichte des Brockens zu lernen, das ist sicher schön. Der neu Angekommene in Rüsselsheim aber braucht viel mehr Erkenntnisse über die Geschichte von Opel. Diese aber kommen nicht vor, denn das BAMF in Nürnberg entscheidet über die Lehrinhalte. Stattdessen wäre es sinnvoll, wenn ein Teil der 60 Stunden den Kommunen überlassen wird, damit sie den Teilnehmern das beibringen können, was sie vor Ort brauchen. Aber wer will schon so praktisch sein?

Özil, Mesut*

Ein besonders enthusiastischer Arsenal-Fan nennt ihn »The Wizard of Öz« und hat unter diesem Namen ein Fünf-Minuten-Video mit Özils besten Szenen auf YouTube hochgeladen. In England, wo Özil selbstverständlich ein »german footballer« ist, hat Özil die Welt verändert. Die Engländer haben das »Ö« entdeckt. Als der ›Guardian‹ im September Özils Wechsel meldete, schrieb er ihn noch Ozil – aber schon wenig später war das »Ö« angekommen. Ein kleines »ö« hatten sie schon vorher. Wegen Joachim Löw.

Außerdem hat Özil dafür gesorgt, dass Fußballenthusiasten in der britischen Hauptstadt auch Rot-Weiß Essen kennen. Denn für den chronisch bankrotten Traditionsverein RWE (Heimat des legendären Helmut Rahn) spielte Özil im Alter von 12 bis 16 Jahren. Dann wechselte er, wie es sich für einen Jungen aus Gelsenkirchen gehört, zu Schalke 04, später zu Werder Bremen und dann fürchterlicherweise zu den Snobs von Real Madrid. Die Essener werden sich wohl ewig an ihren prominenten Jugendspieler erinnern: Sie bekamen 2010 bei Özils Vertragsunterschrift in Spanien 270 000 Euro Ausbildungsvergütung und für den Wechsel nach England wurden noch einmal 800 000 Euro fällig. Schließlich betrug die Ablöse, die die Königlichen an Arsenal zahlten, 50 Millionen Euro. Mesut Özil ist also das beste Beispiel dafür, dass sich Ausbildung lohnt. Für Özil lohnte sie sich übrigens auch. Angeblich verdient er rund neun Millionen Euro im Jahr. Eine klassische Win-win-Situation!

Aber ich will nicht nur vom schnöden Mammon reden. Seit der WM 2006 und erst recht seit der WM 2010 ist der Ruf des deutschen Fußballs immer besser geworden. Gerade unsere Freunde von der britischen Insel schrieben ja immer gerne über die »Panzers« und »Fritzes«, wenn sie sich mit dem deutschen Fußball beschäftigten. Das ist nun definitiv vorbei. Özils Füße und auch die seines Mannschaftskollegen Prinz Poldi bringen eine ganz andere deutsche Mentalität rüber, das ist Multikulti »auf'm Platz«, und entscheidend ist auf'm Platz, wie wir alle wissen. Per Mertesacker, der dritte Deutsche bei Arsenal, bedient mit seinen 1,98 Metern Körpergröße und seinen blonden Haaren da eher britische Klischees. Aber auch er spielt trotz seiner Größe guten Fußball und mit Panzern hat er es als ehemaliger Zivildienstleistender auch nicht so.

---

* Weltmeister!

P

Parallelgesellschaft

Ein Gespenst geht um in Deutschland! Die Parallelgesellschaft! Eine Nebendimension unserer Realität, in der sich Ausländer tummeln, finstere Pläne schmieden und nebenbei auch noch ihre Frauen schlagen. »Wir wollen keine Parallelgesellschaft« ist ein so häufig wiederholter Satz, dass ihn mittlerweile jeder Moscheebauer ungefragt nachplappert. Bloß den Verdacht vermeiden, eine Parallelgesellschaft aufbauen zu wollen!

Doch was ist eine Parallelgesellschaft? Wenn man ihre Gegner genauer befragt, kommt als Extrakt aller Äußerungen so etwas heraus wie »ein Ort, an dem sich die Mehrheit kulturell fremd vorkommt«. Da fällt mir doch als Erstes der politische Aschermittwoch der CSU in Passau ein. Oder so mancher Gewerkschaftstag, auf dem die Banken als »die Zecken am Volkskörper« bezeichnet werden (obwohl, ist das nicht mittlerweile Mehrheitsmeinung?!).

Oder die Lounge so mancher Golfclubs in Baden-Baden. Die Weihnachtsfeier von Schützenvereinen. Die Paradewagen auf dem Christopher Street Day. Oder Satzungsdebatten auf Grünen Parteitagen. ... oder, oder, oder ...

Rechtsfreie Zonen? Nein, danke! Es darf keine kulturellen Rabatte auf die Grundrechte geben. Aber kulturelle Eigenheiten, abweichend von der Mehrheit, sie machen den pluralistischen Rechtsstaat aus. Wenn Sie also Angst haben vor einer Parallelgesellschaft, dann überlegen Sie, ob Sie dagegen rechtlich vorgehen können. Schächten in der Badewanne? Bitte anzeigen! Schlagen von Kindern? Polizei holen! Merken Sie allerdings, dass das, was Sie stört, rechtlich nicht zu beanstanden ist, dann geht es Sie einfach nichts an!

Pass-Deutsche

Der Pass-Deutsche ist das Gegenstück zum Volksdeutschen. Während diesem das Deutschtum aus der Muttererde zugewachsen und mit der Muttermilch zugeflossen ist, während er der unverbrüchlichen Linie eines jahrtausendealten Geschlechts entstammt, das schon die Römer in die Flucht geschlagen und Kunst und Wissenschaft der Menschheit entscheidende Impulse gegeben hat, verdankt jener sein Deutschsein der Gnade eines bürokratischen Akts. Und weil dieser Unterschied niemandem außer der NPD und ihren Kameraden noch von wesentlicher Bedeutung ist, verwendet auch nur eine recht begrenzte Zahl von Spinnern das Wort vom Pass-Deutschen, um all diejenigen zu verunglimpfen, die sich mit der Annahme des deutschen Passes zu diesem Land bekannt haben. Letzteres ist das Hauptproblem der NPD: Zu diesem Land gehören konstitutiv die Werte des freiheitlich-demokratischen Grundgesetzes der Bundesrepublik Deutschland. Und das ist auch gut so. Aber genau dazu kann sich die NPD leider nicht bekennen. Hat da jemand Patriotismus-Defizite?

Perser

Iraner, Teppich, Katzenrasse.[15]

Pirinçci, Akif

Man darf niemals Menschen mit Ungeziefer vergleichen. Deshalb ist es nicht o.k., jemanden einen »Aufmerksamkeitsparasiten« zu nennen. Auch dann nicht, wenn er Kohle damit scheffelt, angebliche Tabus aufzubauen, um sie dann auf Kosten von Minderheiten zu brechen. »Homophober, sexistischer, rassistischer, spalterischer Demagogen-Sack« aber ist o.k. Oder?[16]

Der großartige Komiker Serdar Somuncu fragte sich einmal, warum die Deutschen den Schwachsinn von Pirinçci kaufen, denn da nimmt der Ausländer den Deutschen nicht nur Auto, Job und Frau weg, sondern auch noch den Ausländerhass!

---

15 So in manchen gar nicht so alten Synonym-Duden nachzulesen. Besser war da nur: der Chinese als Synonym für den Japaner. Alles ein Pack halt, da unten. Miau!

16 Außerdem hat er nie Tantieme bezahlt für seine Perserkatzen-Krimis. Miau!

Podolski, Lukas*

Lukas Podolski hat bis Ende des Jahres 2013 insgesamt 111-mal für die deutsche Fußballnationalmannschaft gespielt und dabei 46 Tore geschossen. Besonders zwei dieser Tore gaben diversen deutschen Sportredaktionen Anlass zu rührenden Geschichten. Diese beiden Treffer zum 2:0 Auftakt-Sieg der deutschen Mannschaft erzielte Podolski in der 20. und der 72. Minute des EM-Vorrundenspiels gegen Polen in Klagenfurt im Juni 2008. Und weil Podolski am 4. Juni 1985 in der polnischen Stadt Gliwice geboren wurde und dann 1987 mit seiner Familie als Aussiedler nach Deutschland gekommen war, liefen in den Redaktionen die Floskelmaschinen heiß. »Zwei Tore, zwei Herzen«, schlagzeilte so manche Zeitung anschließend vollkommen anatomiewidrig.

Das mit den zwei Herzen war übrigens keineswegs neu. Die wurden auch schon anlässlich des Spiels Deutschland–Polen bei der WM 2006 von den Fußball-Internisten diverser Medien in Deutschland und übrigens auch in Polen ausgiebig untersucht. Was die Sache noch etwas komplizierter macht, ist die Tatsache, dass Lukas Podolski in erster Linie gar nicht Lukas Podolski ist, sondern Prinz Poldi. Als solcher ist er natürlich vor allem Kölner. Und so ist es natürlich vollkommen logisch, wenn Prinz Poldi nur drei Tage nach seiner Rückkehr von Bayern München zum 1. Effzeh Köln im Interview mit der ›Süddeutschen Zeitung‹ verkündet: »Für mich persönlich, für mein Herz, ist Köln einfach das Beste.« So ist das Rätsel der zwei Herzen in Podolskis Brustkorb dann auch geklärt: Da gibt es nur eines und das schlägt kölsch. Egal wie befremdlich die Hessen das finden.

Herzloser zeigten sich nach den Podolski-Toren bei der EM 2008 dagegen einige nationalistische Politiker in Polen. Miroslaw Orzechowski, Vorstandsmitglied der national-katholischen Partei Liga polnischer Familien (dieser Parteiname macht mir doch etwas Angst) forderte, Lukas Podolski den polnischen Pass zu entziehen. Und das, obwohl Podolski nach seinen Toren nicht mal gejubelt hatte – »aus Respekt« – wie er selbst sagte. Als Fußballer weiß Podolski natürlich, wie man kontert: Er habe gar keinen polnischen Pass mehr, gab er knapp bekannt. Das war natürlich angesichts des deutschen Staatsbürgerschaftsrechts ganz logisch. Der

---

* Weltmeister!

›Focus‹ schrieb folgerichtig auch im Juni 2013 in einem Artikel zur Optionsregelung bei der Staatsangehörigkeit vom »Podolski-Dilemma«.

Politically Incorrect

Politically Incorrect (PI) ist eines der zahlreichen traurigen Beispiele für eine → Parallelgesellschaft in Deutschland. Die Internetplattform besteht aus einer großen Zahl von Autoren, die meist unter Pseudonymen schreiben, und einer noch größeren Menge regelmäßiger Kommentatoren. Die Riten dieser sonderbaren Gemeinschaft sind für Außenstehende zuerst einmal unverständlich. Sprache und Diskussionsform folgen ganz eigenen Regeln, die sich bewusst von denen des »linksgrünversifften« bzw. »linksfaschistischen Mainstreams« abgrenzen. Statt Dialog ist auf PI stets vom »Dialüg« die Rede, statt von der EU von der »EUdSSR«, statt vom Klimawandel konsequent vom »Klimaschwindel«. Und obwohl »PI« die Erscheinungsform eines Diskussionsforums hat, handelt es sich eher um eine Art geistiger Gummizelle, in die nichts eindringt, sondern in der vielmehr die immer gleiche Meinung ziel- und sinnlos herumfliegt, ohne sich dabei signifikant von der Stelle zu bewegen. Jede Äußerung wird dort in einem dissonanten Crescendo so lange mit den verschiedensten Denk-, Rechtschreib- und Grammatikfehlern wiedergekäut, bis die Anstaltsleitung die Kommentarfunktion 48 Stunden nach Veröffentlichung eines Beitrags schließt. Syntax Error inklusive.

Diese Schließung beendet das Perpetuum mobile der Paranoia aber keinesfalls, weil in der Zwischenzeit ein neuer Beitrag den Ausgangspunkt für die ewig gleichen Tiraden bietet. Wünsche dem Verfassungsschutz viel Vergnügen beim Folgen dieser Gehirnwindungen.

Positive Diskriminierung

Die positive Diskriminierung soll Angehörige bestimmter Personengruppen begünstigen, um Benachteiligungen dieser Personen auszugleichen – so der Gedanke hinter dem gesellschaftspolitischen Ansatz, den man in den USA mit viel mehr Schwung »affirmative action« nennt. Äktschn klingt einfach schon einmal viel besser als Diskriminierung, jedenfalls für unsere Ohren. Die affirmative action ist aber in den USA mindestens ebenso umstritten wie bei uns. In

Deutschland haben die positive Diskriminierung und die ausschweifenden politischen Debatten darüber bisher vor allem dazu geführt, dass sich Nichtdiskriminierte auf einmal diskriminiert fühlen. Darüber muss man sich allerdings nicht so fürchterlich viel Sorgen machen. Schließlich wurde hierzulande bereits das Antidiskriminierungsgesetz, das dann als Allgemeines Gleichbehandlungsgesetz (AGG) verabschiedet wurde, wütend bekämpft – vor allem von Wirtschaftsverbänden und der FDP. Das AGG trat 2006 in Kraft. Wer kann sich überhaupt noch an die düsteren Prophezeiungen von damals erinnern? Jobkiller, Bürokratiemonster und vor allem würde eine Klagewelle über das Land hinwegschwappen, die die Unternehmen Millionen, wenn nicht Milliarden kosten würde. Ach ja?

Ein ähnliches Fass wird jetzt also beim Thema der positiven Diskriminierung aufgemacht. Die Möglichkeit dafür gibt der § 5 des AGG. Er lautet:

»§ 5 *Positive Maßnahmen – Ungeachtet der in den §§ 8 bis 10 sowie in § 20 benannten Gründe ist eine unterschiedliche Behandlung auch zulässig, wenn durch geeignete und angemessene Maßnahmen bestehende Nachteile wegen eines in § 1 genannten Grundes verhindert oder ausgeglichen werden sollen.«*

Leider ist statt dieser einfachen und nachvollziehbaren Regel mittlerweile der Begriff »positive Diskriminierung« in den Köpfen und damit auch nicht aus der Debatte wegzukriegen. Man kann sich leicht über ihn lustig machen und missverständlich ist er obendrein. So lässt sich die positive Diskriminierung leicht zu einem Pappkameraden aufbauen, den man beliebig abschießen kann. Viel besser wäre es, wenn man die Gegner gegen »positive Maßnahmen« oder die »Förderung der Chancengleichheit« oder schlicht gegen »Fairness« argumentieren ließe. Stattdessen können die, die sich schon benachteiligt fühlen, bevor die positiven Maßnahmen überhaupt in Kraft getreten sind, gegen »staatlich verordnete Diskriminierung« polemisieren.

Ein Aktivist der renommiertesten afro-amerikanischen Organisation in den USA, NAACP (National Association for the Advancement of Colored People), hat mir einmal gesagt: »Ich bin Anwalt, mein Großvater war Pförtner. Der einzige Unterschied zwischen uns beiden ist ›affirmative action‹.«

Im Jahr 1986 drehte Steve Miner die für mich bis heute bahnbrechende Komödie ›Soulman‹. Mark Watson, ein Reichen-Junge aus Kalifornien, ist zu schlecht für Harvard, seine Eltern wollen, dass er sich sein eigenes Stipendiat erarbeitet. Also schluckt er Pillen, die ihn schwarz machen. So erschleicht er sich über »affirmative action« den Zugang zur Universität. Viele Erfahrungen später wird er erwischt und fliegt. Beim Abschlussgespräch mit einem afro-amerikanischen Professor sagt dieser, immerhin habe er sicher gelernt, wie es für Schwarze in den USA sei. Mark antwortet: »Nein Sir, ich hätte ja jederzeit aussteigen können.« Das ist der entscheidende Grund für affirmative action.

Der beste Dialog des Films übrigens spielt sich am Ende zwischen Mark und seinem besten Freund Gordon ab:

Mark: »Hey Mann, ich fühle mich wie ein Schwarzer.«
Gordon: »Magst du die Beach Boys echt nicht mehr?«

Praktiker

Praktiker, nicht zu verwechseln mit der traurigen Baumarktkette, versuchen, Probleme praktisch zu lösen. Sie interessiert nicht besonders, was der Theoretiker so alles von sich gibt. Sie schauen sich das reale Problem an, reden nicht viel drüber und wollen es lösen. Sie sind nicht frei von Prinzipien, sie müssen sich auch an Recht und Gesetz halten. Aber sie sehen die Lösung eher als die Debatte. Gibt es in einer Schule besonders viel Mobbing? Macht ihr mal eure Studien, der Praktiker kennt die wichtigen Akteure auf dem Schulhof und weiß, wie man sie ansprechen muss.

Das hilft nicht immer. Aber es hilft häufiger, als dann jahrelang drüber zu diskutieren, ob es Mobbing an dieser Schule gibt, weil wir ein Einwanderungsland sind oder weil wir eben kein Einwanderungsland sind. Praktikerinnen und Praktiker findet man übrigens nicht in Talkshows, sondern in den Kommunen.

Prinzipien

Es gibt nicht viel Wichtigeres im Leben als Prinzipien. Prinzipien sind die Grundlage für unser Handeln. Ohne Prinzipien gäbe es keine Werte, keinen Rechtsstaat. Nur kann man es manchmal übertreiben mit den Prinzipien. Wenn sie nämlich einer Lösung nach gesundem Menschenverstand im Wege stehen.

Es ist beispielsweise eines der wichtigsten Prinzipien des Lebens, dass sich Eltern um ihre Kinder kümmern müssen. Und man darf sie auch aus dieser Verantwortung nicht entlassen. In der Realität aber gibt es das schreckliche Phänomen von 9-jährigen Kindern, die morgens aufwachen, ins Bad gehen, sich anziehen und in die Schule gehen. Die Eltern stehen zwei, drei Stunden später auf. Das ist nicht nur ein massives soziales Problem. Es ist eine große emotionale Belastung für das Kind, die der Staat ihm nicht ganz abnehmen kann. Aber wenigstens könnte er dem wachsenden kleinen Menschen in der Schule dann ein Brötchen in die Hand drücken, damit er nicht den ganzen Morgen hungert.

Klingt plausibel? Ich hatte einmal in Stuttgart eine öffentliche Diskussion mit dem damaligen Bundesinnenminister Wolfgang Schäuble über dieses Thema. Er echauffierte sich furchtbar über meinen Vorschlag, die Eltern sollten sich gefälligst selbst um ihre Kinder kümmern. Das sei keine Sache des Staates. Er hat ja recht. Im Prinzip. Vom Rechthaben wird aber kein Kind satt.

Protestanten

Der Protestantismus ist heute die Quelle der größten Gefahr für die Errungenschaften der freiheitlichen Gesellschaftsordnungen der westlichen Welt. Denn wenn auch ein Großteil der Anhänger dieser Glaubensrichtung derzeit oberflächlich weitgehend im Einklang mit den Werten von individueller Selbstbestimmung, Demokratie und Freiheit lebt, so kann doch das große Radikalisierungspotenzial der Protestanten nicht geleugnet werden.

Schon die Geburt des Protestantismus stand unter zweideutigen Vorzeichen. Während Luther einerseits das Individuum gegenüber der als elitär und autoritär empfundenen katholischen Kirche emanzipieren wollte, etwa indem er den Text der Bibel in die deutsche Sprache übertrug, unterstützte er andererseits die gewaltsame Unterdrückung der Bauern, weil ihm dies als günstig für die Erlangung seiner religionspolitischen Ziele erschien. Seine Invektive »wider die mörderischen und räuberischen Rotten der Bauern«, zeugt vom inhärenten Gewaltpotenzial der protestantischen Ideologie: »man soll sie zerschmeißen, würgen, stechen, heimlich und öffentlich, wer da kann, wie man einen tollen Hund erschlagen muss«.

Das philosophische Erbe des Protestantismus muss vor dem Hintergrund dieses Ursprungs und seiner späteren Entwicklungen als hochgradig ambivalent gesehen werden. Zwar verbindet man das Denken Kants heute vorrangig mit der Idee der Aufklärung, ebenso aber hat der abstrakte Pflichtbegriff, der besonders in der deutschen Geschichte so viel Unheil angerichtet hat, im Denken des Königsberger Philosophen seinen Ursprung. Der bekennende Protestant Hegel diente gleichermaßen rechten wie linken Extremisten als gedankliches Fundament und reiht sich damit in die Reihe der Paten der beiden schlimmsten totalitären Denkrichtungen des 20. Jahrhunderts ein.

Die größte Gefahr durch Protestanten geht derzeit aber von den USA aus. Dort hat gewalttätiger christlicher Fundamentalismus eine lange Tradition. Schon der Ku-Klux-Klan bezeugte mit seinen brennenden Kreuzen deutlich, welche religiöse Inspiration ihn leitete. Heute gibt es zahlreiche radikale und gewaltbereite Protestanten in den USA, die auch vor Terroranschlägen gegen Einrichtungen wie Abtreibungskliniken nicht zurückschrecken. Andere Extremisten wie der Pastor Terry Jones stiften durch öffentlich geschickt inszenierte Koranverbrennungen bewusst blutige Auseinandersetzungen in vielen Teilen der Welt an.

Die gewaltbereiten Teile der fundamentalistischen Protestanten sind allerdings nur die kleine Spitze des Eisbergs. Sie arbeiten Hand in Hand mit denjenigen, die durch offensive Missionsarbeit, gezielte Einflussnahme auf Medien und politisches Lobbying die Freiheitsrechte in den USA zurückdrehen wollen. Was heute vergleichsweise harmlos als Kampf gegen sogenannte Obszönität in Fernsehshows, das Unterrichten der Evolutionslehre oder die öffentliche Darstellung homosexueller Liebe daherkommt, droht schon bald in strikte Geschlechtertrennung in Schulen, Verhüllungspflicht für Frauen und das Verbot außerehelicher sexueller Beziehungen in der ältesten Demokratie der Welt zu münden.

Deswegen ist bei der Einwanderung von Protestanten, besonders aus den USA, große Vorsicht geboten. Der Einfluss der sogenannten Megachurches, meist mit obskurem Geld aus Nordamerika finanziert, greift auch in Deutschland Raum. Deswegen ist es nötig, den Protestantismus zur Besinnung auf seine genuin emanzipatorischen und freiheitlichen Wurzeln zu ermuntern. Nur, wenn wir es schaffen, die friedlichen und freiheitsliebenden Protestanten in Deutschland zu integrieren, kann dem protestantischen Extremismus noch wirksam Einhalt geboten werden.

Pull- und Push-Faktor

Die einen klagen, dass das reiche Europa und mitten im reichen Europa das noch reichere Deutschland, viel zu attraktiv wären. So entstünde ein »pull«, ein Sog, der immer mehr Ärmere zu den Reichen zieht. Wohin zieht es sie genau? »In die Sozialsysteme« hinein natürlich. Da machen es sich dann die Sozialtouristen bequem. So funktioniert das Schauermärchen vom unwiderstehlichen Sog. Wenn man denen zuhört, die diese Pull-Theorie vertreten, gewinnt man den Eindruck, dass dieser Sog eine Art Naturgewalt ist, vor dem es das Land zu schützen gilt. Was hilft gegen den Sog? Mit Macht dagegenarbeiten, sagen die selbst ernannten Bewahrer der Sozialsysteme.

Aber wie hält man eine Naturgewalt aus? Oder sind es zwei? Es gibt ja noch den Push-Faktor, der die Menschen aus ihren Ländern treibt: politische Unterdrückung, fehlende soziale und wirtschaftliche Perspektiven, ökologische Katastrophen, Kriege …

Was kann man da tun? Wir schaffen unsere eigene Naturgewalt, unseren eigenen Push-Faktor. Dieser Push soll die Menschen von den europäischen Grenzen zurückhalten oder sie wieder über die Grenze schieben, wenn sie schon drinnen sind. Helfen sollen also Einreiseverbote, Ausweisung oder Rückschiebung. Beim Begriff Rückschiebung kann ich förmlich sehen, wie sich bei einigen deutschen und europäischen Politikern der Bizeps anspannt und der Brustkorb aufgepumpt wird. Es wird Ihnen schnell die Luft ausgehen, und innerhalb der EU ist mit Druck gegen die Freizügigkeit der Bürger zum Glück ohnehin nichts auszurichten. Es wäre auch das erste Mal, dass sich ein Problem mit Druck lösen ließe, wenn die Problemlösung doch vor allem von guter Zusammenarbeit abhängt.

Q

Quote

Ich bin bei den Grünen eingetreten, weil mich die damalige Kreis-geschäftsführerin in Frankfurt bei einem langen Gespräch alles Mögliche fragte, aber nicht die übliche »Woher-kommst-du?«-Frage. Gerade in einem weltanschaulichen Verein wie eine Partei halte ich es für wichtig, dass die Herkunft keine Rolle spielt. Und gerade die »Woher-kommst-du«-Frage ist manchmal subjektiv sehr unterschied-lich zu beantworten. Ist in einem Zusammenhang die Feststellung einer migrantischen Herkunft also nicht wichtig bis hinderlich, dann ist die Einführung einer Quote auch nicht sinnvoll. Für alle anderen Fälle kann positive Diskriminierung durch eine Quote durchaus Sinn machen.

R

Rassismus

Rassisten haben es einfach besser, weil Rassismus das Leben leichter macht. Rassismus gibt Sicherheit. Rassisten sind Menschenkenner oder besser gesagt – sie sind Ausländerversteher. Sie gucken dich nur einmal an, schon wissen sie alles über dich. Besonders wenn du nicht so aussiehst, wie sich Rassisten einen Deutschen vorstellen. (Dann duzen dich Rassisten übrigens auch gerne – das nur nebenbei.) Denn das ist schon mal klar: Jeder, der irgendwie nicht deutsch aussieht, ist ein Ausländer. Rassisten richten sich, was das angeht, gerne nach dem Phänotyp.

Die große Leistung des Rassisten ist seine Erklärungskompetenz: Er weiß, wie die Araber, Türken, Italiener, Amerikaner – setzen Sie eine Nationalität oder Volksgruppe Ihrer Wahl ein – sind, was sie tun, was sie antreibt oder was sie vorhaben. Die einen sind »faul«, die anderen »schlagen ihre Frauen«, »es geht ihnen immer ums Geld« oder »sie wollen uns unterjochen« – (Zitate von Webseiten, die sich als »deutsch«, »national« oder auch »germanisch« bezeichnen). Sie merken schon: Wer in seinem Urteilsvermögen so gefestigt ist, kann alles erklären. Da ist es völlig egal, ob es um Terrorismus, dreckige Hausflure, die Finanzkrise oder die steigenden Gemüsepreise geht. Der Rassist hat für alles eine Erklärung.

»Russen halten zusammen, türken halten zusammen, Araber halten zusammen, jedes andere VOlk auf dieser Welt hält zusammen, ausser das gespalltene Deutsche Volk denn das besteht nur aus Links,Rechts,Immigrant und Deutsch ...«

schreibt ein gewisser Ti No auf der Facebook-Seite eines Veranstaltungshinweises der »Digitalen Lichterkette gegen Deutschfeindlichkeit« im Februar 2013. Die Rechtschreibung habe ich von Ti No übernommen. Diese digitale Lichterkette geistert seit ein paar Jahren auf Facebook herum. Diese Kampagne wird unterstützt von den rechtsextremen Facebook-Gruppen »Deutschlands Zukunft« und »Gemeinsam gegen Deutschfeindlichkeit«. »Deutschlands Zukunft« hat 1200 Freunde, »Gemeinsam gegen Deutschfeindlichkeit« 580. Die Gruppe »Kein Facebook für Nazis – NPD-Seite löschen«, die als Gegeninitiative ihre eigene digitale Lichterkette eröffnet hat, hat mehr als 493 000 Freunde – Bio-Deutsche, Ausländer, MiMiMis: alles Demokraten. Von »Spaltung« keine Spur.

Rasterfahndung

Die Rasterfahndung ist ein Ermittlungsverfahren, das in den Siebzigerjahren gegen den Terrorismus der Roten-Armee-Fraktion (RAF) entwickelt wurde. Dabei werden potenzielle Täter-Profile erstellt. Dann werden alle erfasst, die allen einzelnen Profilmerkmalen entsprechen. Also: Terrorist, wahrscheinlich weiblich, blond, Mitte vierzig, Naturwissenschaftlerin und schwedischstämmig? Alle, die diese Merkmale haben, werden in der Rasterfahndung erfasst und ggf. beobachtet. Und wenn es 7000 sind auch. So kamen nach 9/11 Tausende muslimische Studenten in die Rasterfahndung (ich wahrscheinlich auch), ohne konkreten Anlass.

Fünf Jahre später musste diese Fahndung auf Klage eines marokkanischen Studenten eingeschränkt werden. Die Rasterfahndung darf seitdem auf Geheiß des Bundesverfassungsgerichts nur noch bei konkreter Gefahr stattfinden. Aber weiterhin eben ohne eine gesuchte konkrete Zielperson. Die Frage, die weiterhin bleibt, ist die nach der Verhältnismäßigkeit der Rasterfahndung bei gleicher gesellschaftlicher Stigmatisierung einzelner Gruppen von Menschen.

Resettlement

Seit langer Zeit gibt es für Menschen, die von den Vereinten Nationen als Flüchtlinge anerkannt worden sind, die Möglichkeit, in ein Land zu reisen, zu dem sie einen Bezug haben. Das geht über das sogenannte Resettlement-Programm, also über eine Neu-Ansiedlung dieser Menschen. Afghanische Flüchtlinge beispielsweise, die vom Flüchtlingshilfswerk der Vereinten Nationen UNHCR[17] in Pakistan betreut werden, können einen Antrag darauf stellen, nach Norwe-

17 United Nations High Commissioner for Refugees, also Hoher Flüchtlingskommissar der Vereinten Nationen.

gen übergesiedelt zu werden, weil sie etwa enge Verwandte dort haben. Norwegen stellt dafür dem UNHCR gewisse Kontingente zur Verfügung, UNHCR sucht die Leute dann aus. Seit Kurzem ist Deutschland bei diesen Kontingenten auch dabei.

Insgesamt aber ist die Situation dramatisch. Laut Angaben des UNHCR gibt es weltweit 80 000 Plätze für das Resettlement pro Jahr. Gebraucht wird aber das Zehnfache. So betteln die Vereinten Nationen immer wieder die reichen Länder an, damit sie großzügiger sind mit Menschen, die eben aufgrund sozialer Anknüpfungspunkte in der Regel gute Integrationsaussichten in den Aufnahmestaaten haben.

Residenzpflicht

Die Residenzpflicht ist eine Besonderheit des deutschen Asylrechts, mit der es Asylsuchenden einfach gemacht werden soll, auch die Schönheit entlegener deutscher Landstriche kennen und schätzen zu lernen. Wo sich Fuchs und Hase »Gute Nacht« sagen werden gerne Asylbewerber untergebracht. Als Alternative sind bei den Behörden auch Standorte in Industriegebieten beliebt. Dort erfreuen dann zwar nicht deutsche Wälder und Wiesen das Auge, aber die Asylsuchenden können sich quasi unmittelbar von der Leistungsfähigkeit der deutschen Wirtschaft überzeugen. Laut § 56 und § 85 des Asylverfahrensgesetzes dürfen Asylbewerber und Geduldete grundsätzlich nur mit einer Sondergenehmigung der zuständigen Ausländerbehörde ihre Stadt oder den Landkreis, in dem sie untergebracht sind, verlassen. Ein Verstoß dagegen wird mit einem Bußgeld bestraft, im Wiederholungsfall drohen ein Strafverfahren und Haft. Die Residenzpflicht ist also eine Art verlängerte Fußfessel per Gesetz.

Diese Fußfessel ist in den letzten Jahren immerhin länger geworden. In elf Bundesländern wurde der Aufenthaltsbereich auf das gesamte Bundesland, in Bayern und Sachsen immerhin auf den Regierungsbezirk ausgeweitet. Berlin und Brandenburg haben sogar eine gemeinsame länderübergreifende Regelung. Allerdings stecken die Probleme im Detail. Flüchtlingsorganisationen wie Pro Asyl kritisieren, dass gerade bei der Duldung der Aufenthaltsbereich auf Landkreis oder Stadt beschränkt bleibt und eine Einschränkung der eigentlich gelockerten Residenzpflicht auch als Sanktion eingesetzt wird.

Auslöser für die Proteste von Flüchtlingen seit 2012, darunter der Flüchtlingsmarsch von Würzburg nach Berlin, das Flüchtlingscamp in Kreuzberg und die »Refugees Revolution Bus Tour« durch

21 Heime für Asylbewerber waren in erster Linie die Residenzpflicht und die Unterbringung der Asylsuchenden in abgelegenen Heimen.

Besonders spannend war es in den Neunzigerjahren beispielsweise im Landkreis Kassel. War man als Asylbewerber dort untergebracht, musste man seine Amtsgeschäfte bei der Ausländerbehörde in Kassel-Stadt machen. Dafür aber musste man den Landkreis bekanntermaßen verlassen, denn im Landkreis gab es keine Ausländerbehörde, zuständig war die Stadt. Um den Landkreis zu verlassen, brauchte man aber eine Erlaubnis. Diese gab es wo? Richtig, in der Ausländerbehörde in der Stadt! Da konnte man nur hoffen, dass man auf dem Weg zur Behörde nicht in eine Polizeikontrolle geraten ist.

Rösler, Philipp

Ich habe Philipp Rösler und seine Politik noch nie gemocht. Schmalspur-Liberalismus, gepaart mit Freiheitsfloskeln? Nee, nee, nix für mich. Aber er wird in die Geschichte Deutschlands eingehen. Als einer, der die FDP aus dem Bundestag geführt hat. Und als erster Vizekanzler der Republik mit Migrationshintergrund. Für diese Leistung und dafür, dass er sich Rassismus ohne Ende antun musste, gebührt ihm mein Respekt. Er war der erste MiMiMi-Vizekanzler. Mal schauen, wann die erste MiMiMi-Kanzlerin kommt. Und was sie sich alles anhören muss. Na ja, hoffentlich macht sie dann wenigstens bessere Politik.

Roma

Politisch korrekt für Zigeuner.

Rostock-Lichtenhagen

In den letzten zwanzig Jahren bin ich viel in Deutschland gereist. Und ich kann Ihnen eines versichern: Deutschland ist schön. Manche Ecken aber sind es nicht. Und solche Ecken habe ich besucht in Hoyerswerda, in Eisenhüttenstadt, Neubrandenburg, Wismar und Magdeburg, in Solingen und Mölln. Und ich war in Rostock-Lichtenhagen. Mitte der Neunzigerjahre war da ein riesiges Nichts. Keine Menschen auf den Straßen, kaum Autos, eine Geisterstadt. Und der Tatort des schlimmsten Pogroms der deutschen Nachkriegsgeschichte.

Die Reihe der rassistischen Anschläge in den Neunzigerjahren war nicht weniger schockierend als die NSU-Morde und das Versagen der Sicherheitsorgane dieses Landes. In Mölln und Solingen starben Kinder. Am schockierendsten bleibt für mich Rostock-Lichtenhagen.

Es begann am Samstag, dem 22. August 1992. Nein, falsch, es begann viel früher. Der Oberbürgermeister warnte bereits 14 Monate vorher den Landesinnenminister, dass die Situation eskalieren könnte. Die ›Ostseezeitung‹ berichtete mehrfach davon, dass Nazis mit einem Angriff auf das Wohnheim der Vietnamesen und auf das Asylbewerberheim daneben drohten. Sie berichtete von einem Ultimatum für die Räumung der Häuser von den dortigen Ausländern eben bis zum besagten Samstag. In Rostock wurden 100 000 Flyer der Initiative »Rostock bleibt deutsch« verteilt. Drei Tage vorher berichtete die Zeitung ›Norddeutsche Neueste Nachrichten‹ von einem anonymen Anrufer, der gesagt hatte: »In der Nacht vom Samstag zum Sonntag räumen wir in Lichtenhagen auf. Das wird eine heiße Nacht.«

Der Mob war pünktlich. Fast zweitausend Menschen sammelten sich gegen acht Uhr abends vor dem Asylbewerberheim. Einige Hundert begannen Steine und Molotow-Cocktails auf das Haus zu werfen. »Sieg Heil« wurde gerufen. Die 15 angerückten Polizisten wurden teilweise schwer verletzt abgezogen. Die nächste Polizeieinheit erschien erst um zwei Uhr morgens wieder, die Randalierer zogen erst gegen fünf Uhr morgens ab. Die Menschenmenge feierte die Nazis.

Am Sonntag gingen die Ausschreitungen weiter, die Angreifer kamen bis in den sechsten Stock des Plattenbaus, in dem die Asylbewerber untergebracht worden waren. Immerhin waren 350 Polizisten im Einsatz, fast ein Viertel von ihnen wurde von den Nazis verletzt.

Am Montag waren die meisten Menschen da. Das Asylbewerberheim wurde evakuiert, dennoch angezündet, die Feuerwehr von den Tausenden jubelnden Anwohnern behindert. Die Polizei ebenfalls, sie hatte wieder zig Verletzte zu beklagen. Der braune Mob nahm sich nun die Unterkünfte der Vietnamesen vor. Auch dieses Haus brannte nun, die Anwohner, darunter Kinder und Babys, suchten im Labyrinth des Plattenbaus einen Weg aufs Dach. Sie hatten Glück, dass die Feuerwehr den Brand doch noch bald löschen konnte. Auch sie wurden dann evakuiert, unter wüsten Beschimpfungen ihrer Nachbarn.

Am Dienstag gingen die Ausschreitungen weiter, diesmal nur noch gegen die Polizei. Es waren ja keine anderen mehr da. Wer mehr dazu sehen will, dem sei die schrecklich gute Dokumentation von Sylvia Bleßmann und Thomas Has empfohlen mit dem Titel: ›Vier Tage im August – Die Schande von Rostock‹.

Rückkehrförderung

Wäre das BAMF ein Unternehmen und keine Behörde, würde ich bei der Rückkehrförderung von einem Wachstumsmarkt für das BAMF sprechen. Das BAMF selbst sieht in der Rückkehrförderung laut seines aktuell gültigen Leitbildes aus dem Jahr 2008 eine der neuen Aufgaben, die »interessante Perspektiven und Entwicklungsmöglichkeiten bieten«. Der schönen neuen Aufgabe im BAMF widmet sich die ZIRF, also die Zentralstelle für Informationsvermittlung zur Rückkehrförderung. Die bietet laut eigener Auskunft »Counselling« an – vielleicht ist die ZIRF mittlerweile doch ein Unternehmen? Ich bin jedenfalls etwas verunsichert. Möchte man von einer deutschen Behörde gecounsellt werden? Ich weiß nicht. Das Herz der ZIRF und ihrer individuellen Rückkehrberatung ist jedenfalls die ZIRF-Datenbank. »Die für die Rückkehrberatung im Einzelfall gewonnenen Informationen werden anonymisiert über die ZIRF-Counselling-Dokumente in der Datenbank frei zugänglich gemacht«, verkündet die ZIRF stolz. Die Datenbank sei ein »ehrgeiziges Arbeitswerkzeug«. Ich habe das Gefühl, nirgendwo schlägt das Herz der Integrationsindustrie heftiger als in der ZIRF.

In der Datenbank gibt es eine Fülle von Länderberichten, erstellt von der International Organization for Migration (IOM), mit der das BAMF zusammenarbeitet. Wen es interessiert, der kann sich auch die Fragen von Menschen ansehen, die über die Rückkehr in die Heimat nachdenken, und die Antwort des Amtes darauf. So fragt ein 44-jähriger Mann aus Äthiopien im April 2013 unter anderem, was ein Zimmer in Addis Abeba kostet. Auf dem Datenblatt, das jeder als PDF im Internet abrufen kann, vermerkt das BAMF als »Hintergrundinformation«: »Der Klient lebt seit 1987 in Deutschland und muss nun zurückkehren.« Der Mann habe 1989 ein Informatikstudium abgebrochen und seitdem als Hilfsarbeiter gearbeitet. Ein Zimmer in Addis Abeba kostet 140 bis 170 US-Dollar. Das Datenblatt listet auch verschiedene Lebenshaltungskosten auf, wie 120 US-Dollar monatlich für Verpflegung, fünf US-Dollar für Strom und 45 bis 56 US-Dollar für den öffentlichen Nahverkehr. Die Menschen fragen nach Wohnkosten, der Gesundheitsvorsorge und nach dem Arbeitsmarkt. Im September 2013 fragt in 37-jähriger Mann, wie die Berufsaussichten für Kfz-Mechaniker in Mosul im Irak sind. Besonders mit Berufserfahrung sei das eine »empfehlenswerte Branche«. Außerdem sei der Beruf gesellschaftlich anerkannt, antwortet die Behörde. Sie nennt auch Mietkosten für eine Werkstatt zwischen 200 und 1000 US-Dollar im Monat und Kaufpreise zwischen 30000 und 180000 US-Dollar – je nach Lage. Welchen praktischen Nutzen solche Detailinformationen haben? Hmm.

Und für Rückkehrwillige zahlt Deutschland Geld. Das BAMF verspricht sich davon »eine konfliktfreie Beendigung des Aufenthalts eines in Deutschland Ausreisepflichtigen« und belohnt diese Form der Freiwilligkeit. Das IOM übernimmt die Organisation und das BAMF zahlt – die Reisekosten und weitere Reisebeihilfen. Im Jahr 2012 haben dieses Angebot laut Zahlen des IOM 7546 Menschen angenommen. Das BAMF, ein Reisebüro das zahlt. Für ausgewählte Länder von Afghanistan über China oder Nigeria bis Vietnam gibt es Starthilfen pro Person – übrigens in unterschiedlicher Höhe. Für die Rückkehr nach Äthiopien beträgt die Starthilfe zum Beispiel 300 Euro für einen Erwachsenen, für Afghanistan, Irak und den Kosovo 750 Euro. Damit kann man sich eine gute kugelsichere Weste der Schutzklasse 1 kaufen und hat immer noch etwas übrig, um am Checkpoint die Polizisten zu bezahlen.

Rütli-Schule

Die Rütli-Schule war einst das Aushängeschild Neuköllns. Im Jahr 2006 schrieb das Lehrerkollegium dieser Hauptschule im Berliner »Problembezirk« einen offenen Brief an die Behörden, in dem es die unhaltbaren Zustände an seiner Schule beklagte. Viele Zeitungen und Fernsehsender stürzten sich auf diese pittoreske Szenerie: Die Lehrer der Schule fordern die Selbstauflösung ihrer Einrichtung (nein, nur eine Änderung der Schulform), ausländische Schüler mit Messern in der Tasche berauben ihre (vorzugsweise bio-deutschen) Mitschüler (Kamerateams steckten ihnen Geld zu, damit sie Gewaltakte nachspielten). Plötzlich ist Neukölln in aller Munde.

Die Folgen waren beachtlich: Die junge Berliner Szene, immer auf der Suche nach günstigem Wohnraum, vermutete in einem Viertel mit derart chaotischen Zuständen bezahlbare Häuser. Junge Kreative aus aller Welt suchten das Abenteuer. Vom nördlichen Kreuzberg aus begannen sie mit der Gentrifizierung des Viertels.

Dies brachte zwar keinen handfesten ökonomischen Aufschwung mit sich, immerhin aber eine deutliche Bereicherung der Berliner Gastronomieszene und den weltweiten Ruhm für den über 80-jährigen Herrenschneider Ali (alioutfit.tumblr.com).

Von Zoe Spawtons Blog abgesehen, büßte Neukölln aber mit den Reformen an der Rütli-Schule schnell an Medienpräsenz ein. Für das gigantische Engagement der Lehrer und der ganzen Schulgemeinde, für die Kärrnerarbeit des Bezirksbürgermeisters Buschkowsky, für das Geld von Stiftungen interessiert sich nur mehr die Lokalpresse und dann und wann ein textlastiger Artikel in wenig sensationsträchtigen Medien wie der ›Zeit‹. Der »Campus Rütli« mit zahlreichen neuen Unterrichtsräumen, funktionierender Schulsozialarbeit, steigenden Anmeldungszahlen und einem ersten Abiturjahrgang, der vielen Kindern aus sozial schwierigen Verhältnissen eine Perspektive eröffnet, erwies sich als medialer Flop.

Um Neukölln, mit seinen großen Herausforderungen, mit seiner schwierigen sozialen Situation, mit den vielen Menschen, die täglich ihr Bestes geben, kurzum: mit einer unübersichtlichen und ideologisch schwer verortbaren Problemlage in der Debatte über die Integration zu behalten, entschloss sich der leutselige Bezirksbürgermeister Buschkowsky nun, sich selbst zur boulevardträchtigen Kampfzone auszuweiten. Fortsetzung folgt.

Rumänen

Osteuropäer, die wir besser verstehen müssten als beispielsweise die Bulgaren. Denn die Rumänen sind ja keine Slawen, sondern Romanen. Und wir verstehen die Franzosen ja auch besser als die Russen, oder? Trotz Strauss-Kahn und Gayet. Rumänen haben Dracula und schöne Strände. Sie machen schlechte Pop-Musik und wollen alle unser Geld. Wie alle anderen Sozialtouristen auch.

Russlanddeutsche

Aussiedler, die aus Russland stammen.

S

Sachleistungen

Das Asylbewerberleistungsgesetz sieht vor, dass »Ernährung, Unterkunft, Heizung, Kleidung, Gesundheits- und Körperpflege und Gebrauchs- und Verbrauchsgüter des Haushalts durch Sachleistungen« gedeckt werden. Ich bin mir nicht ganz sicher, ob in Bayern auch die Breze beziehungsweise Brezn dabei ist. Die bayerische Breze ist ja mittlerweile auch von der EU als geschützte Ursprungsbezeichnung geadelt worden. Allerdings war die EU ganz besonders gründlich und schützt auch die Schreibweisen bayerische Brezel und bayerische Brez'n. Besonders der unmotivierte Apostroph, der gerne als Deppen-Apostroph gescholten wird, erzürnt einige Bayern sehr. Entschuldigung, ich schweife ab. Was ich eigentlich sagen wollte: Bayern ist mittlerweile das einzige Bundesland, das noch Essenspakete an Asylbewerber verteilt. Alle anderen Bundesländer haben die Sachleistungen abgeschafft, weil die Logistik des Einkaufs und der Verteilung einfach zu teuer ist. Vielleicht ist es einfach so, dass die Bayern nicht gern Bares an Fremde geben, nachdem sie so viel Diridari in den Süden transferiert haben. Ich meine jetzt nicht nach Italien oder Griechenland, sondern ins schöne Kärnten auf die Konten der Skandalbank Hypo Alpe Adria. Die Bayern haben eben ihren eigenen Kopf. Man sollte sowieso nicht mit einem Freistaat streiten, in dessen Verfassung es heißt:

Artikel 8 Gleichstellung aller Deutschen:
Alle deutschen Staatsangehörigen, die in Bayern ihren Wohnsitz haben, besitzen die gleichen Rechte und haben die gleichen Pflichten wie die bayerischen Staatsangehörigen.

Das Essen ist in Bayern auf jeden Fall sehr gut.

Sagendürfen

Das Sagendürfen ist ein rhetorisches Stilmittel, das dazu dient, einer oftmals intellektuell eher schlichten, geradezu verletzenden Aussage durch einen dialektischen Prozess gleichsam höhere moralische Weihen zu verleihen. Es besteht aus einer Aussage und der gleichzeitig aufgestellten Behauptung, diese Aussage dürfe gar nicht getätigt werden. Der Sprecher konstruiert also eine virtuelle, in der Regel gar nicht vorhandene Gegenaussage. Im Angesicht dieses herbeifabulierten Popanzes unterstreicht er noch einmal seine eigene Aussage, die damit nicht bloß eine Behauptung ist, sondern zum Akt des Widerstands gegen eine angenommene diskursive Unfreiheit wird. Besonders gern wird das Sagendürfen verwendet, um beleidigende, ausgrenzende, mitunter rassistische Aussagen gegen → Ausländer, → Juden oder → Muslime in Umlauf zu bringen.

Als Großmeister dieses Verfahrens hat → Thilo Sarrazin zu gelten, der in fast jeder deutschen Talkshow sagen durfte, dass er das, was er da sagte, eigentlich gerade gar nicht sagen dürfe und deshalb ein besonderes Recht habe, ja moralisch geradewegs dazu angehalten sei, es nun deshalb tatsächlich zu sagen. Von straf- oder zivilrechtlichen Verurteilungen Sarrazins wegen dieser Aussagen ist nichts bekannt. Andere publizistische Existenzen, wie beispielsweise die Necla Keleks, gründen sich einzig und allein auf das Sagendürfen. Auch sie kann – Gott sei Dank – unbehelligt von der deutschen Strafverfolgung ihren Lebensunterhalt verdienen.

Es gibt freilich gute Gründe, weshalb manche Dinge nicht gesagt werden dürfen bzw. weshalb manche Aussagen verpönt sind. Das kann gelten, wenn sie als Anstiftung zur Gewaltausübung verstanden werden können, wenn sie Personen direkt beleidigen oder wenn sie der gesellschaftlichen Rolle des Sprechers zuwiderlaufen. Letzteres war bei Sarrazin der Fall, der mit seinen Veröffentlichungen wiederholt gegen das politische Neutralitätsgebot verstieß, das seine Stellung als führender Vertreter der Bundesbank mit sich brachte. Genau hier aber offenbarte sich der doppelte Standard der meisten Vertreter des Sagendürfens, wie es Patrick Bahners zusammenfasste: »Ein Recht auf Selbstverwirklichung durch geschäftsschädigende Aussagen wurde dem Bundesbank-Vorständler von Kommentatoren zugesprochen, die in anderem Kontext die Auffassung vertraten, dass die Zurückhaltungspflicht der beamteten Lehrerin bei der Kleidung beginne.«

Sammellager

Sammellager heißen heute nicht mehr so. Sie werden etwas ungelenk »Sammel-Aufnahmeeinrichtung« genannt. Oder »Sammelunterkunft«. Oder so ähnlich. Das erste Sammellager für Flüchtlinge in der Bundesrepublik Deutschland lag im Nürnberger Stadtteil Langwasser und trug den Namen Valka. Jetzt denken Sie wahrscheinlich – »Valka klingt nicht besonders fränkisch« – und Sie haben recht. Valka ist eine lettisch-estnische Grenzstadt. Ab 1946 lebten in dem Lager, das zuvor ein Kriegsgefangenenlager der Amerikaner war, vor allem Flüchtlinge aus Estland und Lettland. So kam es zu dem Namen. Diese »Displaced Persons« wurden zuerst von der United Nations Relief and Rehabilitation Administration (UNRRA) und dann von der International Relief Organization (IRO) betreut. Die Bundesrepublik Deutschland war also schon ein Einwanderungsland, bevor es die Bundesrepublik Deutschland überhaupt gab. Ich muss allerdings fairerweise zugeben, dass es die Valka-Flüchtlinge nicht nach Deutschland, sondern nach Übersee zog. Sie wanderten weiter – vor allem in die USA und nach Kanada, aber auch nach Australien.

Die deutschen Behörden übernahmen das Lager schließlich von der IRO und betrieben es als »Regierungslager für heimatlose Ausländer« und ab 1954 als »Bundessammellager für Ausländer« weiter. Aber der Name Valka hielt sich in Langwasser noch lange. Der eher zufällige Ort des amerikanischen Kriegsgefangenenlagers und seiner Nachfolger ist übrigens auch der Grund, warum das BAMF seinen Sitz in Nürnberg hat. Heute betreiben die Bundesländer ihre eigenen Sammellager oder »Aufnahmeeinrichtungen«, wie es im Asylverfahrensgesetz heißt. In den Zeiten der Dublin-Verordnungen kommen viele Asylsuchende allerdings gar nicht mehr in Aufnahmeeinrichtungen an. Sie durchlaufen das Flughafenverfahren nach § 18 des Asylverfahrensgesetzes, vor allem wenn sie aus »sicheren Drittstaaten« einreisen. Dann findet das Asylverfahren noch im Transitbereich statt. Dann kommt es in vielen Fällen zu einer Einreiseverweigerung oder Zurückschiebung.

Die Flüchtlinge, die in den Vierziger- und Fünfzigerjahren nach Valka kamen, hätten sich wahrscheinlich nicht denken können, dass das Erreichen eines Sammellagers oder einer Aufnahmeeinrichtung im heutigen Deutschland und in der gesamten EU für viele Flüchtlinge schon ein unerreichbarer Traum ist.

Sammelunterkunft

Amtsdeutsch für Sammellager, hört sich auf alle Fälle humaner an.

Sankt Martin

Der mit Abstand skurrilste Bio-Deutsche-MiMiMi-Streit der letzten zweihundert Jahre (seit der Ausweisung Napoleons aus Leipzig) war der sogenannte Sankt-Martin-Streit. Ein Kindergarten in Bad Homburg vor der Höhe hatte beschlossen, den Sankt-Martin-Umzug in »Sonne-Mond-und-Sterne«-Umzug umzutaufen, »aus Rücksichtnahme auf muslimische Kinder« oder so ähnlich. Ich fand das albern, aber gut gemeint. Vielleicht war es auch gut gemeint, aber albern. Was aber danach geschah, war weder harmlos noch gut gemeint.

Die ganze Republik stürzte sich auf diesen Fall. Während der Vorsitzende der Partei Die Linke in Nordrhein-Westfalen das Ende aller Sankt-Martin-Feste forderte, schlug die Szene der Islamophoben komplett über die Stränge. Das Ende des Abendlandes drohte nicht mehr, es war da. Aus Rücksicht auf den Islam sollten wir also auch noch unsere religiösen Feste umbenennen? No way! Dass die falsche Rücksichtnahme des Kindergartens gar nicht so sehr mit dem Elternwillen zu tun hatte, sondern einfach eine (viel zu vorsichtige) Präventionsmaßnahme sein sollte, war nicht mehr wichtig. Der Kindergarten und die Stadt wurden mit Hass-Mails, sogar mit Morddrohungen überflutet. Am Ende fand der Laternenumzug der kleinen Kinder unter Polizeischutz statt, weil es eine konkrete Anschlagsdrohung gegen den Kindergarten gab.

Lassen Sie mich raten. Sie denken jetzt: »Bombenalarm im Kindergarten? Morddrohungen gegen Erzieherinnen? Ich könnte gar nicht so viel essen, wie ich jetzt kotzen könnte.« Richtig? Geht mir genauso. Der heilige Martin musste nur durch Schnee und Wind reiten. Das ist nichts gegen das, was die Kinder durchmachen mussten.

Im Übrigen liebt mein[18] Kind nicht nur seine Laterne, sondern auch die Geschichte Sankt Martins. Seit er sie kennt, will er den Armen, denen wir auf der Straße begegnen, etwas Gutes tun. Mögen sich diejenigen, die im Namen Sankt Martins Bombendrohungen gegen Kleinkinder verfassen, auch mal mit der Güte des Heiligen beschäftigen.

18 Noch einmal für alle zum Mitschreiben: Ich bin Moslem!

Sarrazin, Thilo

Thilo Sarrazin gehört zu den letzten großen Universalgelehrten Deutschlands. Er ist nicht nur promovierter Volkswirt. Nein, er ist Soziologe, Biologe, Historiker, Ethnologe, Mathematiker und Ökotrophologe. Man wird zudem nicht umhinkommen, ihn auch einen Literaten zu nennen, weil er es versteht, die Diskurse dieser disparaten Fachgebiete zu einer suggestiven Erzählung über unser Gemeinwesen zu verweben und dabei mithin auch inhaltlich widersprüchliche Standpunkte kraftvoll zu vereinen.

Nach Jahren einer von der Öffentlichkeit weitgehend abgeschirmten Existenz als hoher Beamter, vor allem im Bundesfinanzministerium, wurde sein Talent der weiteren Öffentlichkeit erstmals in seiner Zeit als Finanzsenator Berlins bekannt (2001–2009). Damals entzückte er große Teile des heimischen Publikums mit fein beobachteten Studien aus dem Milieu der einfachen Berliner, die unverkennbar in der Tradition der Zeichnungen eines Heinrich »Pinselheinrich« Zille standen. Diese soziologisch unterfütterten, kunstvoll verdichteten Beobachtungen verband er als Ökotrophologe mit hilfreichen Ratschlägen zur Lebens- und Haushaltsführung im Angesicht prekärer materieller Bedingungen (Fenster zu beim Heizen, Würstchenglas immer ganz aufessen, Trinken und Rauchen aufgeben usw.).

Seine Zeit als Bundesbankvorstand bot ihm zusätzlich Raum für die Entfaltung seiner gelehrten Ambitionen, da dort das Arbeitspensum seinen eigenen Angaben zufolge stets bereits am Dienstagnachmittag erfüllt war. Noch am nächsten mit seiner Arbeit als Verantwortlicher für die Bereiche Risiko-Controlling und Informationstechnologie verbunden, lagen seine bahnbrechenden Leistungen in der Mathematik, genauer der Statistik. Dort führte er das Verfahren der Zahlenschöpfung ein. (Wenn einem ein statistisches Datum, eine Zahl fehlt, »dann muss man eine schöpfen, die in die richtige Richtung weist, und wenn sie keiner widerlegen kann, dann setze ich mich mit meiner Schätzung durch«.)

Diese Erkenntnis verband er zum Beispiel mit seiner ethnologisch geschulten Einsicht in die Vorstellungswelt der Berliner Einwanderer. Während bei den Deutsch-Russen noch die »altdeutsche Arbeitsauffassung« vorhanden ist und auch »die Osteuropäer« ihm als »integrationswillig« erscheinen, seien »die Araber und Türken« dagegen in der großen Mehrheit weder »integrationswillig« noch »integrationsfähig«. Das liege, so Sarrazin, zum Beispiel daran, dass türkische Jungs nicht auf Lehrerinnen hören, »weil ihre Kultur so ist«. Siebzig Prozent von ihnen seien nicht nur Empfänger staatlicher Transferleistungen, sondern lehnten diesen Staat dabei auch noch ab, so schöpfte er. Die »türkischen Wärmestuben« verdichtete er dabei zu einem Bild einer heimeligen, aber unproduktiven ⟶ Parallelgesellschaft. Aus den Problemen, vor die die Einwanderung die Stadt Berlin stellt, destillierte er, in einer geschickten Verneigung an die alte Tradition der pastoralen Lyrik, das Motiv der 20 Tonnen Hammelbeine, die die Stadtreinigung jeden Sonntag als Reste türkischer Grillfeiern aus dem Tiergarten abräumen muss.

Seine wahre Berufung aber erfuhr er als Biologe und Historiker. Seine ethnologischen Einsichten vertiefte er in biologischen Studien über die »Fäulnisprozesse im Inneren der Gesellschaft«. Da Intelligenz auch durch Vererbung übermittelt werde, gefährde die hohe Geburtenrate der Araber und Türken und die aus ihr folgende »Zunahme der weniger Stabilen, weniger Intelligenten und weniger Tüchtigen« »die Zukunft Deutschlands«. Der Historiker Sarrazin lieferte dabei selbstverständlich auch das passende Antidot in der Form einer historischen Lektion: »Hätten die Indianer eine strikte Einwanderungspolitik betrieben und jeden Weißen unverzüglich wieder ins Meer geworfen, dann stünde es heute anders um die indianischen Nationen.«

Im Übrigen sind laut Sarrazins Bestseller Katholiken dümmer als Protestanten. Und Uckermarker dümmer als Schwaben. Waren die Schwaben nicht die Katholiken?

Sauerkraut

Ach, das Sauerkraut – segensreiches Gemüse. Es bewahrte Seefahrer dank hohem Vitamin-C-Gehalt vor blutendem Zahnfleisch und Skorbut. Natürlich gilt der gesäuerte Weißkohl auch als deutsches Nationalgericht und führte im englischen Sprachraum während des Zweiten Weltkrieges zum schönen Spitznamen Krauts (oder auch Fritz, oder auch Hun). Der Fachbegriff für solche mehr oder minder – o.k. eher minder – liebevollen Bezeichnungen ist übrigens Ethnophaulismus. Allerdings ist es wirklich seltsam, dass Sauerkraut ausgerechnet als typisch deutsch gilt. Schließlich heißt das tschechische Nationalgericht Vepřo knedlo zelo. Das ist Schweinebraten mit Knödeln und Sauerkraut. Auch im ungarischen Székely gulyás – von den Krauts aus unerfindlichen Gründen zum Szegediner Gulasch verballhornt – ist Sauerkraut drinnen. Sie rufen jetzt »k.-u.-k.-Monarchie« und ich nicke zustimmend mit dem Kopf. Aber den fermentierten Weißkohl gibt es schon seit Ewigkeiten in Griechenland und China, er gehört zum polnischen Eintopf Bigos und natürlich isst kein vernünftiger Mensch seinen Döner ohne Krautsalat, weil er sonst an dem oft zentimeterdicken Fladenbrot ersticken würde. Deshalb essen wirklich vernünftige Menschen, das ist mein Multikulti-Gourmand-Tipp, auch Dürüm Döner. Oder noch besser: Schawarma, vom türkischen Döneristen bei mir um die Ecke liebevoll »arabisch Döner« genannt.

Was am Sauerkraut so deutsch sein soll, bleibt also rätselhaft. Immerhin ist das Weißkohlderivat dafür verantwortlich, dass für die teutonischen, esoterisch angehauchten Frickel-Kapellen der späten 60er- und vor allem der 70er-Jahre – Can, Ash Ra Tempel, Popol Vuh – von den Engländern der schöne Genrebegriff Krautrock erfunden wurde: Und dieser Krautrock ist gar nicht so unerträglich wie viele andere deutsche Musikgattungen.

Schächten

Die rituelle Schlachtungsform bei Juden und Muslimen heißt Schächten. Deren Sinn ist, dass vor dem endgültigen Tod des Schlachttiers das gesamte Blut austritt. Mitgliedern beider Religionen ist es verboten, Blut zu verzehren. Das Schächten ist die wesentliche Voraussetzung dafür, dass Fleisch als koscher bzw. halal bezeichnet werden darf.

Es ist umstritten, inwieweit dem sterbenden Tier durch diese spezielle Art der Tötung im Vergleich zur sonst üblichen Methode des Bolzenschusses zusätzliches Leid entsteht. Weil es viele Indizien dafür gibt, akzeptieren die meisten Muslime Fleisch auch dann als halal, wenn das Tier vor dem Schächten betäubt wurde. So geschlachtete Tiere wurden in der Vergangenheit sogar in den Iran exportiert. Viele orthodoxe Juden und konservative Moslems haben den Schritt zu dieser schonenderen Art des Schächtens jedoch nicht vollzogen.

Da es in Deutschland grundsätzlich nicht erlaubt ist, Tiere ohne Betäubung zu töten, sieht die Rechtsprechung die Möglichkeit vor, dieses Verbot ausnahmsweise aufzuheben, wenn eine zwingende religiöse Begründung gegeben ist. Dem Schächten, auch ohne Betäubung, steht daher in Deutschland grundsätzlich nichts entgegen. Sehr viel weniger restriktiv werden in Deutschland die gläubigen

Anhänger des Fleischkonsumismus behandelt (die freilich besonders mit den Muslimen eine große Schnittmenge haben). Anhänger des Fleischkonsumismus sehen sich religiös dazu verpflichtet, mehrmals täglich Fleischprodukte zu verzehren. Teil dieses Ritus ist es, dieses Fleisch zum billigst denkbaren Preis zu besorgen. Es ist in der Wissenschaft unumstritten, dass die mit dem Fleischkonsumismus verbundenen Haltungsmethoden zu jahrelangem Leiden der Nutztiere führen. Auch bei den mit dem Fleischkonsumismus verbundenen Schlachtmethoden kommt es immer wieder zu Unfällen, sodass Experten wie Martin von Wenzlawowicz (in einem Interview mit der ›Zeit‹ im Jahr 2006) davon ausgehen, dass durch Fehler beim konventionellen Schlachten in der Massentierhaltung wesentlich mehr Tieren unnötiges Leid zugefügt wird als beim Schächten.

Dennoch genießt die Religion des Fleischkonsumismus in Deutschland eine so große gesellschaftliche Akzeptanz, dass alle Versuche, den mitunter verheerenden Folgen ihres Hegemoniestrebens beizukommen, stets diskursiv abgekanzelt werden. Den historisch vermutlich letzten Versuch dieser Art startete im Jahr 2013 die als »Die Grünen« bekannte Politsekte mit dem Vorschlag eines »Veggie-Day« genannten kollektiven Besinnungstags. Die Diskussion darüber aber wurde letztlich mit dem Verweis auf die Religionsfreiheit rasch eingestellt.

Scheinehe

Die Scheinehe ist die glückliche Cousine der Zwangsheirat. Sie weiß, dass ihr Bräutigam ein Heiratsschwindler ist, es macht ihr aber nichts aus, weil er alles bezahlt.

Schengen-Visa

Eine besonders schöne Form des Visums.[19]

Schläfer

Schläfer (nicht zu verwechseln mit »Langschläfer«) sind Radikale, die unsere Sicherheit gefährden. Sie schmuggeln sich in eine Gesellschaft, führen ein unauffälliges Leben und warten auf den Tag, an dem sie mit einem Sabotageakt oder einem Terroranschlag auf uns losgehen. Schläfer sind zu bekämpfen. Die Frage ist nur: wie?

---

19 Wenn man's denn bekommt.

Da sie per se unauffällig sind und ein »normales« Leben führen, kann man sie nur schwer entdecken. Gute polizeiliche Arbeit hilft da manchmal (wie im Falle der »Sauerlandgruppe«), ist aber keine Garantie dafür, dass Schläfer rechtzeitig gefunden werden können, bevor sie zugeschlagen haben.

Klar ist aber auch, was nicht hilft: Der Generalverdacht. Mit Maßnahmen wie die Rasterfahndung kriegt man solche Leute nicht. Wir erwarten, dass Schläfer unauffällige, männliche Migranten aus Schweden sind? Dann bewachen wir einfach alle? Abgesehen davon, dass der Erfolg solcher Maßnahmen in der Vergangenheit nichtig war, schränken wir damit ja unsere eigenen Freiheiten ein. Die Überwachung eines Schweden bringt immer die Überwachung seines Umfelds – Freundeskreis, Nachbarn, Kollegen – mit sich. Mehr Überwachung bedeutet weniger Freiheit. Genau diese Freiheit bekämpfen die Schläfer ja. Wollen wir ihre Arbeit also gleich mitmachen?

Außerdem erweckt der Generalverdacht grundsätzliche Ängste einzelnen Menschengruppen gegenüber. Diese fühlen sich dadurch eher zurückgedrängt, ausgeschlossen. Dieses Gefühl der Demütigung ist aber genau der Hebel für radikale Gruppen, junge Menschen für sich zu gewinnen. Das beste Mittel gegen Schläfer ist also eine aufgeschlossene Gesellschaft, die sich um alle bemüht. Die versucht, alle mitzunehmen. Und die sich darum bemüht, allen das Gefühl zu geben, dass sie dazugehören.

Es tut weh, das zu sagen. Aber Arid Uka, der Frankfurter Bub, der am Frankfurter Flughafen amerikanische Soldaten erschossen hat, Mohammed Bouyeri, der den niederländischen Regisseur Theo van Gogh bestialisch ermordete, Denis Cuspert, ehemaliger Gangster-Rapper und Syrien-Dschihadist: Das sind Kinder unserer Gesellschaft. Sie sind unser aller Problem. Genauso wie die Nazis, die auch Kinder unserer Gesellschaft sind.

Schleuser

Schleuser sind häufig finstere Gestalten, die Geld mit dem Elend der Menschen machen. Sie nehmen verzweifelte Flüchtlinge aus und bringen sie unter schwierigsten Umständen nach Europa oder lassen sie willentlich auf hoher See oder im verschneiten Gebirge verrecken. Oder sie verkaufen sie in die Sklaverei oder in die Prostitution. Niemand weiß es so genau – am allerwenigsten die Flüchtlinge, bevor sie sich in die Hände der Schleuser begeben. Wenn sie die Leute nach Deutschland bringen, dann machen sie sich der Beihilfe zum Verstoß gegen das Ausländerrecht schuldig. Das Strafmaß dafür ist die Freiheitsstrafe bis zu fünf Jahren oder eine saftige Geldstrafe. Wem nachgewiesen wird, geschäftsmäßig zu schleusen, dem droht sogar eine Gefängnisstrafe von sechs Monaten bis zu zehn Jahren. Gut, oder?

Keineswegs! Es gibt nämlich nicht nur die kriminellen Schleuser, sondern auch Fluchthelfer in der Not. Und sie kriegt das Gesetz nur ganz schwer von den Schleusern getrennt. Die Beihilfe zum Verstoß gegen das Ausländerrecht beginnt nämlich schon damit, einem Menschen ohne Aufenthaltsstatus bei der Suche einer Wohnung zu helfen. Und tut man das bei zwei, gilt man schon als bandenmäßiger Schleuser! Ebenso wenn man Geld gibt, um die Unkosten einer Fluchthilfe zu decken.

Dabei ist es gar nicht so schwer, dem Schleusertum ein Ende zu setzen. Man braucht einfach legale Einwanderungsmöglichkeiten in einen Arbeitsmarkt, der die Arbeitskräfte ja eigentlich braucht – zum Beispiel mit einem Punktesystem. Und ein Asylrecht, das denen hilft, die Hilfe brauchen. Dann muss sich niemand mehr in die Hände von zwielichtigen Schleusern begeben.

Schornsteinfeger

Januar 2013. Das Abendland wackelt, das deutsche Kehrmonopol fällt. Fünf Jahre, nachdem die EU Deutschland aufgefordert hatte, die Freizügigkeit auch für die Branche der Kaminkehrer umzusetzen, pariert Berlin endlich. Auch, weil ein Vertragsverletzungsverfahren angelaufen ist. Schwarz-Gelb, die Bewahrer der Ordnungspolitik, novellierte das Schornsteinfegergesetz. Die Folge: Nun können auch EU-Ausländer sich auf die Stelle eines Bezirksschornsteinfegers bewerben. Dass die Menschen sich nun auch selbst ihren Schornsteinfeger auswählen dürfen, ist einer der schrecklichen Nebeneffekte der Brüsseler Bürokratendiktatur.

Ach, sogenannte Drittstaatler, also Menschen, die weder die deutsche noch eine andere EU-Mitgliedschaft besitzen, dürfen weiterhin nicht Bezirksschornsteinfegermeister werden. Wahrscheinlich aus Sicherheitsgründen. Wo kämen wir denn hin, wenn jetzt der Russe oder gar der Araber uns sogar in den Schornstein schauen kann? Vielleicht ist das aber auch nur, weil das schon immer so war!

Schreddern

Wenn ich mal Stereotypen verbreiten darf: Deutsche sind ordentlich. Deutsche Beamte sind demzufolge mehr als ordentlich, weil sie quasi die Ordnung zum Beruf gemacht haben. Die Akte ist ihnen heilig. Sie legen Vorgänge an, sammeln sie und legen sie ab. Das alles tun sie mit der schon sprichwörtlichen deutschen Gründlichkeit und absoluter Zuverlässigkeit – so weit also das Klischee.

Die Realität sieht leider ganz anders aus: Wenn es schwierig wird, wird so mancher Beamte zum Aktenfresser im negativen Sinn. Das scheint sogar eine deutsch-deutsche Untugend zu sein. Mitte November 1989 begannen Mitarbeiter des Ministeriums für Staatssicherheit auf Anweisung von Minister Erich (»Ich liebe doch alle, alle Menschen«) Mielke, im großen Stil Akten zu vernichten. Damals wurde allerdings weniger geschreddert als vielmehr verbrannt. Das fiel zum Glück mutigen DDR-Bürgern auf, weswegen sie Anfang Dezember 1989 in Erfurt, Greifswald und anderen Städten begannen, Bezirksstellen des MfS zu besetzen, um die Aktenvernichtung zu stoppen.

Für einige besonders brisante Stasiakten, die das realsozialistische Schreddern überstanden hatten, erfand das Bundesinnenministerium im Jahr 1992 das wirklich originelle Verfahren des Schredderns per Flugzeug: Am 24. Juli wurden 13 088 Dokumentenseiten, die der US-Spion James Hall der Stasi in den Achtzigerjahren beschafft hatte, aus der Obhut des Bundesbeauftragten für die Unterlagen des Staatssicherheitsdienstes der ehemaligen Deutschen Demokratischen Republik entfernt und in die USA geflogen. Diese Akten der National Security Agency (NSA) belegten amerikanische Spionage gegen Feind und Freund bis 1987. Das war ein Verstoß gegen das Stasi-Unterlagengesetz, den das Innenministerium mit völkerrechtlichen Verpflichtungen begründete. Gott sei Dank, dass heute solche Aktivitäten der NSA unter Freunden überhaupt nicht mehr denkbar sind!

Einen weiteren, besonders tragischen Fall von unkontrolliertem Schreddern gab es auch im Zusammenhang mit den Ermittlungen der NSU-Morde. Wie der Untersuchungsausschuss des Bundestages in seinem vorläufigen Bericht feststellt, wurden vom November 2011 bis Juli 2012 im Geschäftsbereich des Innenministeriums Akten vernichtet. Weitere Schredderer fanden sich nach den Erkenntnissen des Untersuchungsausschusses im Bundesamt für Verfassungsschutz, beim Militärischen Abschirmdienst (MAD) und beim Berliner Landesamt für Verfassungsschutz.

Schuld an der Schredder-Schweinerei sollen die unklaren Vorschriften sein. Da meint der eine nach Vorschrift zu Schreddern, während der andere händeringend nach Informationen und Indizien sucht. Das Bundesamt für Verfassungsschutz zum Beispiel handelte 2001 nach Registratur-Anweisungen aus dem Jahr 1984 – in diesen wird zum Beispiel detailliert der Umgang mit Fotokopien und Mikrofiches beschrieben. Man merkt: Der Fortschritt ist eine Rakete, die Registratur-Anweisung eher eine Schnecke. Außerdem stellt der Untersuchungsausschuss fest, dass zwischen dem Bundesinnenministerium, dem Bundesverfassungsschutz und dem Bundesbeauftragten für Datenschutz und Informationssicherheit doch erhebliche Meinungsunterschiede über die Rechtsvorgaben bestehen. Schreddern als Rechtspflicht oder Schreddern als Rechtsverletzung – das ist hier die Frage.

So kam es zum hektischen Schreddern von Akten zum Rechtsextremismus beim Bundesverfassungsschutz in Köln nach der Entdeckung der NSU-Morde wohl auch deswegen, weil ein Mitarbeiter befürchtete, durch Nicht-Schreddern gegen Vorschriften zu verstoßen. Die genauen Schredder-Motive konnten weder der Staatsanwalt noch ein vom damaligen Bundesinnenminister Hans-Peter Friedrich (CSU) eingesetzter Sonderermittler herausfinden. Eine Vertuschungsabsicht schloss der Staatsanwalt mit »an Sicherheit grenzender Wahrscheinlichkeit« aus. Da bleibt als Fazit der Schredderei wohl nur: Denn sie wissen nicht, was sie tun. Wenn die ganzen Schredder-Schludereien aber aufgeklärt sind, finden die übrig gebliebenen, rekonstruierten und wiederbeschafften Akten aber wieder den Weg in den Schredder – ob das analog oder digital geschieht, ist völlig egal.

Seit Jahrzehnten geben übrigens deutsche Museen nationale Schätze so mancher Länder, beispielsweise aus Afrika, nicht zurück, weil ja niemand so gut archivieren könne wie die Deutschen.

Schwaben

Als Schwaben bezeichnen aus Restdeutschland nach Berlin eingewanderte Neuberliner alle später als sie selbst aus Restdeutschland nach Berlin eingewanderten Neuberliner. Eine sporadische Verwendung des Wortes ist aber auch bei Berliner Eingeborenen nachgewiesen (W. Thierse 2012).

Schwaben zeichnen sich bei ihrem Anpassungsverhalten durch eine seltsame Schizophrenie aus. Einige unter ihnen weigern sich, ebenso wie die Ausländer, ihre landestypischen Sitten beim Umzug in die Großstadt Berlin aufzugeben. Sie besitzen weder ausgediente Armeeparkas noch Jutetragetaschen legen Wert auf sorgsam gepflegte Vorgärten, gut schließende Fenster und ein Familienauto. Sie verfügen über durch regelmäßige Gehaltszuflüsse gefüllte Girokonten, deren Inhalt sie für halbjährlich wechselnde Kinderwägen, fair gehandelte Teestövchen und handgesiedeten Rhabarbersirup ausgeben. Sie weigern sich darüber hinaus mit großer Insistenz, die Landessprache zu erlernen, weshalb sie schon bei einfachsten täglichen Verrichtungen wie dem Einkauf von Backwaren auf große Schwierigkeiten stoßen. In einigen Vierteln der Stadt haben sie allerdings schon eine derart große Parallelgesellschaft entfalten können, dass sich selbst die angestammten Bewohner dazu gezwungen sahen, sich ihren Sitten anzupassen.

Diese Kategorie der Schwaben gehört, neben den Touristen, zu den wesentlichen Faktoren für die Verdrängung der autochthonen Bevölkerung in der deutschen Hauptstadt.

Die andere Gruppe der Schwaben dagegen zeichnet sich durch ihre übereifrige Anpassung aus. Sie verweigern ostentativ die in ihrer Heimat übliche Erwerbstätigkeit und legen auch ihre traditionellen Bekleidungtraditionen ab. Stattdessen sind sie entweder in Armeeparkas und Jutetaschen, schwarzer »Punk«-Kleidung oder überweiten Hosen und bunten Pullovern oder Kapuzenpullovern anzutreffen. Ihrem äußeren Erscheinungsbild und Lebenswandel zum Trotz verfügt eine große Zahl auch dieser Schwaben über komfortable finanzielle Mittel, die sich aus Überweisungen aus den Golfstaaten speisen (diejenigen Landesteile, in denen der Zweitwagen der meisten Haushalte ein Auto der sogenannten Golfklasse ist). Die Verdrängungsstrategie dieser Schwaben ist besonders perfide. Sie passen sich äußerlich den Gegebenheiten ihrer neuen »Heimat« an, tragen den Keim der Rückbesinnung auf das radikale Schwabentum allerdings schon in sich und schließen sich früher oder später, dann aber mit der Vehemenz des (Re-)Konvertiten, ihren anderen Stammesbrüdern, meist Katholiken oder Protestanten, an.

Schwarz-Weiß

Haben Sie schon mal einen Weißen gesehen? Ich nicht. Haben Sie schon mal einen Schwarzen gesehen? Hab ich auch nicht. Trotzdem teilen wir die Menschen gerne so ein, wenn es um ihre Hautfarbe geht. Dichotomien, also Zweiteilungen, sind so schön simpel: Hier die Weißen, da die Schwarzen – fertig.

Alles Blödsinn! Die Menschen, die sich selbst als weiß bezeichnen, sind eher hellrosa-orange-bräunlich im Hauttyp. Manche von ihnen sind so blass, dass sie fast durchsichtig sind. Die haben aber oft pechschwarze (und ich meine wirklich schwarz!) Haare. Die sind gefärbt. Diese Menschen hießen früher Grufties und heute Goths oder so. Ich bin nicht so drin in der Szene. Auf jeden Fall tragen sie alle schwarze Klamotten und hören seltsame Musik. Sollen sie doch. Früher gab es Menschen mit hellrosa-orange-bräunlicher Haut, die ihre eigene Hautfarbe nicht ertragen konnten. Deshalb puderten sie sich, damit sie möglichst weiß aussahen. Das waren die Aristokraten bei Hof, und von denen hatten die meisten, mit Verlaub, ohnehin einen kleinen Knall. Das gewöhnliche Volk hat damals weder die Zeit noch die Mittel noch einen Grund gehabt, sich um so einen Unsinn zu kümmern.

Die, die als Schwarze bezeichnet werden, sind natürlich nicht schwarz. Ihre Haut ist nur dunkler als die derer, die sich selbst als weiß bezeichnen. Es gibt eine »Initiative Schwarze Menschen in Deutschland«, die sich als Teil der Schwarzen Community in Deutschland versteht. Sie haben einfach den Begriff »Schwarz« für sich besetzt, um dem ganzen Müll, der über sie geredet wird, etwas entgegenzuhalten. Diese Strategie kann ich gut verstehen.

Wahrscheinlich müssen wir noch eine Weile mit der Schwarz-Weiß-Einteilung leben. Das ist auch nicht schlimm. Schlimm wird es erst, wenn wir mit diesen Bezeichnungen für Hauttypen noch irgendwelche anderen Eigenschaften verbinden. Beispielsweise: Die Weißen könnten besonders gut rappen, die Schwarzen aber besonders gut Golf spielen. Wo gibt es denn so was?

Schweden

Ist es nicht peinlich, dass die ganze Welt sich über die Ausländer aufregen will, aber nur Hass auf die Türken hinkriegt? Was ist mit den Schweden? Mit ihren komischen Klappstühlen und ihren ekligen Kottbüllar? Ihren Elchen und ihren Volvos. Ab sofort wird nur noch geschwedet. Wir reden nicht mehr von Türken, wenn wir Ausländer sagen wollen, sondern von den Wikinger-Nachfahren. Sind sie nicht der Grund, warum Assange nicht mehr aus der Botschaft darf?

Ein ganz normaler Text aus dem Internet, nun geschwedet: »Es muss raus! Ich kann Schweden nicht leiden!! Ich hasse es, wenn deutsche Mädchen mit schwedischen Typen zusammen sind und wenn die Typen bei jeder Party im Eingangsbereich herumstehen. Außerdem fuckts mich sau an, wenn diese Penner in 10er-Gruppen Deutsche vermöbeln und Handys klauen!«

Schwein

Die auf den ersten Blick ungewöhnlichste Waffe im Kampf der Kulturen ist das Schwein. Galt es den Menschen lange Zeit vor allem als Fotomotiv für Glückwunschpostkarten, Modell von Marzipansüßwaren oder Rohstoff für vielseitig verwendbares Fastfood (Würstchen), ist es mittlerweile zur letzten Hoffnung für die Rettung des Abendlands oder als unerträgliche Provokation der verlotterten westlichen Welt geworden. War die Currywurstdiplomatie (Gerhard Schröder) einstmals noch ein Rezept, um auf leutselige Weise gesellschaftliche Differenzen zu überwinden, kann heute das Verlangen nach einer Wurst in einem Stadtteil wie Neukölln zu einem eminent politischen Akt werden (wobei an dieser Stelle auf die ausgezeichneten Blutwürste des Marcus Benser verwiesen sei, die auf der Karl-Marx-Straße noch immer ohne Polizeischutz verkauft werden können).

Betrachtet man die stolze Karriere des Schweins, so ist davon auszugehen, dass es schon bald den Adler als das meistverwendete Wappentier völkischer Bewegungen in Europa ablösen dürfte (für meine Eintracht aus Frankfurt ein undenkbarer Akt). Den Anfang machte dabei Roberto Calderoli, einer der Vordenker von Europas vermutlich größter rechtspopulistischer Bewegung, der Lega Nord. Calderoli, jahrelang Minister in Berlusconis Regierungen, hat sich als messerscharfer Analytiker der italienischen Gesellschaft hervorgetan. Er erkannte als Erster, dass sich sein norditalienischer Fantasiestaat Padanien durch die Schwulenbewegung in ein »Sammelbecken der Arschficker« verwandelt hatte, empfahl Muslimen, in die Wüste zurückzukehren, um dort mit ihren Kamelen zu sprechen oder – in einer erstaunlichen geografischen Verknüpfung – in den Urwald zu den Affen, und erkannte in der ersten schwarzen Ministerin Italiens die unzweifelhafte Ähnlichkeit zu einem Orang-Utan.

Dieser Calderoli also rief im Jahr 2007, in bestem Italienisch, zum »Maiale Day« auf, also zum »Schweins-Day«, anlässlich dessen Lega-Nord-Anhänger potenzielle Moschee-Baugrundstücke mit Schweinen begehen sollten, um sie damit gleichsam zu entweihen. Calderoli, der in seinem eigenen Garten nacheinander einen Tiger und zwei Wölfe hielt, übernahm die Führung und ließ sich mit zwei rosigen Paarhufern an der Leine einen Tag lang von einem willigen Fotografentross begleiten.

Ein so glänzendes Vorbild blieb natürlich auch in Deutschland nicht unbeachtet. Calderoli hatte es schließlich sogar geschafft, mit seinem von ihm selbst »Porcellum« (»Schweinerei«) genannten Wahlgesetz das parlamentarische System seines Landes fast ein Jahrzehnt lang handlungsunfähig zu machen – der feuchte Traum jedes deutschen Rechtsnationalen. Seither häufen sich auch hierzulande vergleichbare Aktionen. Die vermutlich beachtlichste fand im November 2013 in Leipzig statt. Dort rammten Unbekannte auf dem Baugrundstück für die Ahmadiyya-Moschee fünf Holzpflöcke in den Boden, auf denen sie abgetrennte Schweinsköpfe aufspießten. Auf den Boden gossen sie, vermutlich als Sinnbild ihres Rufs nach »Blut und Boden«, Schweineblut.

Einschlägige Internetseiten wie Politically Incorrect feiern diese Akte des »Widerstands« und knüpfen damit nahtlos an ihre nur oberflächlich dementierten antisemitischen Vorläufer an, die mit dem Bild der »Judensau« schon seit Jahrhunderten religiöse Minderheiten verunglimpfen. Diese Wandlung vom Saulus zum SAUlus wird oft auch als »Schweinezyklus« bezeichnet.

Damit aber ist noch nicht alles über das Schwein gesagt. Denn die Kampfzone ist weitaus größer. Sie erstreckt sich bis in das französische Städtchen Trie-sur-Baïse« in den Pyrenäen, nahe der spanischen Grenze, wo alljährlich der bedeutende französische Wettkampf im Schweinsquieken durchgeführt wird. Es begab sich, dass dort der Automechaniker Jacques Marrot, der außer einem gewissen Bartansatz keinerlei Ähnlichkeit mit Mohammed hat (wobei natürlich nicht zweifelsfrei geklärt werden kann, wie der Bart des Propheten nun tatsächlich aussah), bei der Demonstration seiner Quiek-Künste, mit Schweinsohren und einer rosa Kunstglatze, von einem Fotografen der amerikanischen Agentur AP abgelichtet wurde. Dieses Bild fiel dem dänischen Imam Abu Laban in die Hände, der noch Schaustücke für sein Programm der islamischen Selbstzerfleischung suchte. Das Bild Marrots, das er kurzerhand zu einer Darstellung des Propheten erklärte (woher kann eigentlich ein gläubiger Muslim wissen, wie sein Prophet aussah), fügte er neben die Mohammed-Karikaturen aus der dänischen ›Jyllandsposten‹ in sein Portfolio der Selbsterniedrigung ein, mit dem er bei seinen Glaubensbrüdern hausieren ging.

Die getürkte Sau (das sagt man ja eigentlich nicht, aber die politische Korrektheit sei an dieser Stelle zugunsten eines billigen Scherzes zurückgestellt) erwies sich als Volltreffer. Sie brachte den sprichwörtlichen Trog zum Überlaufen. Zehntausende Menschen gingen auf die Straße, Botschafter wurden abberufen und nach einer Schätzung kamen 139 Personen ums Leben. Und wer trägt an alledem die geringste Schuld? Das arme Schwein.

Sicherer Herkunftsstaat
Sichere Herkunftsstaaten sind Länder,

>*... bei denen aufgrund der allgemeinen politischen Verhältnisse die gesetzliche Vermutung besteht, dass dort weder politische Verfolgung noch unmenschliche oder erniedrigende Bestrafung oder Behandlung stattfindet ... Sichere Herkunftsstaaten [sind] die Mitgliedsstaaten der EU sowie Ghana und Senegal.«*

Das schreibt das BAMF auf seiner Webseite. Hmm, spannend. Der Länderbericht von Amnesty 2012 zu Senegal hört sich fast genauso an. Na ja, fast:

>*Die Behörden unterdrückten viele Demonstrationen mit exzessiver Gewalt. Menschen wurden festgenommen, weil sie abweichende politische Meinungen äußerten. Straftatverdächtige wurden routinemäßig gefoltert. Ein Inhaftierter soll zu Tode gefoltert worden sein. Ende des Berichtsjahres nahmen die Zusammenstöße zwischen der senegalesischen Armee und einer bewaffneten Gruppe im Süden der Region Casamance zu.«*

Nun, wir wollen ja nicht kleinlich sein. Deshalb hat die große Koalition nun Bosnien und Herzegowina, Mazedonien und Serbien auch als sichere Herkunftsländer ausfindig gemacht, unbenommen der Situation beispielsweise der Roma. Wer weiß? Vielleicht wird demnächst Syrien ja auch zum sicheren Herkunftsland erklärt? Man darf gespannt sein.

Sinti
Politisch korrekt für deutsche Zigeuner. Was? Es gibt deutsche Zigeuner?!

Sozialhilfe
Das Ziel jedes Sozialtouristen.

Sozialtourismus
Eine an Stammtischen, insbesondere bayerischen Regierungsstammtischen gebräuchliche diffamierende Bezeichnung für Einwanderung aus wirtschaftlich schwächeren Ländern, die es bis zum Unwort des Jahres 2013 gebracht hat. Als Sozialtouristen bezeichnen diese Stammtischmaulhelden vor allem Binnenmigranten aus der EU. Die Verwendung des Sozialtourismusbegriffs nahm im Vorfeld des Inkrafttretens der Arbeitnehmerfreizügigkeit für EU-Bürger aus Rumänien und Bulgarien ab dem 1. Januar 2014 sprunghaft zu. Je nach Seriositätsgrad der Stammtische, die zum Teil auch medial in der Form von Talkshows zweitverwertet werden, wurden in der Debatte auch Begriffe wie Armutszuwanderung oder Einwanderung in die Sozialsysteme geprägt, während Sozialtouristen auch gerne als Wirtschaftsflüchtlinge bezeichnet werden.

Mit einem Verschwinden des Sozialtourismusbegriffs aus den aktuellen Debatten ist in nächster Zeit nicht zu rechnen, weil es im Wesen von Stammtischdiskursen liegt, sich nicht an Fakten zu orientieren. Deshalb ist der Sozialtourismusbegriff auch immun gegen die Ergebnisse aktueller empirischer Studien, zum Beispiel des Sachverständigenrats deutscher Stiftungen für Integration und Migration und des Instituts für Arbeitsmarkt und Berufsforschung.

Spätaussiedler
Aussiedler, die später ausgesiedelt sind.

Sprachkurse
Hauptbestandteil der Integrationskurse sind die Sprachkurse. Laut BAMF werden dabei »wichtige Themen aus dem Alltagsleben behandelt«. Als Beispiele sind angegeben:

Arbeit und Beruf, Aus- und Weiterbildung, Betreuung und Erziehung von Kindern, Einkaufen/Handel/Konsum, Freizeit und soziale Kontakte, Gesundheit und Hygiene/menschlicher Körper, Medien und Mediennutzung sowie Wohnen.

Bei Konsum muss ich ein wenig schmunzeln. Ansonsten ist alles Wichtige im Leben dabei.

Alles außer Liebe.

Die Liebe fehlt in der Tat. Vielleicht, damit die Ausländer uns nicht die Frauen mit ihrem gekünstelten Akzent beim Liebesgesäusel wegnehmen. Vielleicht, weil so ein Bundesamt davon nicht besonders viel versteht. Vielleicht aber auch, weil die da in Nürnberg denken, Französisch sei die Sprache der Liebe. Ach, Käse! Deutsch rockt die Liebe. Beweis gefällig? Mein großer Freund MC Torch hat auch schon mal von Liebe gereimt:

»MC steht für Meister der Zeremonie
romantisches Dinner bei Kerzenlicht, das konnte ich nie
du im Abendkleid ich im T-Shirt und Sweater
sei doch netter, zu mir dem allerbesten Rapper
du sagst ich pass nicht zu dir mich trifft das tief
zu intellektuell, zu primitiv
doch – ich will dir danken,
in meinen Gedanken
schenk ich dir Gold, Diamanten
mehr als die Inkas kannten.
Hab Geduld sonst wird doch mein Traum nie wahr
der beste MC mit einem Video auf VIVA
wie war das du wolltest immer Schmiere stehen
bei Zügen malen gehen
Baby – was ist geschehen?
Du wolltest immer bei mir sein überall auf Tour
mit den Scorpions und Pur
von der Ruhr bis nach Singapur
wo bist du nur, jede Frau braucht 'nen Mann
das hängt damit zusammen dass ich ohne dich nicht leben kann.«

Wenn das nicht romantisch ist …

Stütze
Die Stütze ist der Grund, warum der Ausländer nach Deutschland
will. Eigentlich nicht der Ausländer, sondern die Ausländer. Alle.
Also die Sozialtouristen. Auf der ganzen Welt.

Sürücü, Hatun
Hatun Sürücü ist das wahrscheinlich bekannteste Opfer eines sogenannten Ehrenmords in Deutschland. Nachdem sie entschieden
hatte, nicht das von ihrer Familie geplante, sondern ein selbstbestimmtes Leben zu führen, fällte der Familienrat das Todesurteil
über sie. Ihr Bruder richtete sie an einer Busstation mit mehreren
Kopfschüssen hin. Er »begründete« später sein Verbrechen mit den
Worten, sie habe »sich benommen wie eine Deutsche«. Abgründe
tun sich auf. Das geht weit über die viel besprochene Deutschenfeindlichkeit hinaus. Hier geht es um eine brutale Ablehnung unserer freiheitlichen Grundordnung. Das untergehende Patriarchat
verteidigt hier mit Gewalt seine zerstörte Allmachtsfantasie, proji-
ziert diesen Untergang auf das »Deutschsein«. Hier hilft nur noch
das Strafgesetzbuch.

Möge Hatun Sürücü in Frieden ruhen. Alles, was sie wollte, war
ein Lebenspartner ihrer eigenen Wahl und das Ablegen des Kopftuchs. Sie hat bis zum letzten Tag versucht, den Kontakt zu ihrer
Familie nicht abreißen zu lassen.

T

Talkshows

Der Ort, an dem Sie am allerwenigsten über die reale Situation der Bio-Deutschen und der MiMiMis und noch weniger über Lösungsansätze erfahren. Wo Politik auf Wirklichkeit trifft, das ist der Ort, den man »Kommune« nennt.

Territorialprinzip

Ius soli, das Gegenteil von ius sanguinis, dem Blutsprinzip.

Terrorismus

Eine ernsthafte Bedrohung unserer Gesellschaftsordnung, längst nicht mehr durch finstere Ausländer, sondern durch verlorene Kinder dieses Landes.

Terrorist

Der Terrorist verbreitet Schrecken, wie schon sein Name verrät. Wer aber ist ein Terrorist und was tut er? Wer darüber mehr erfahren will, sollte im Strafgesetzbuch (StGB) nachschlagen. § 129a befasst sich mit der »Bildung terroristischer Vereinigungen«. Als Ziel dieser Vereinigungen definiert das StGB »Mord«, »Totschlag«, »Völkermord«, »Verbrechen gegen die Menschlichkeit«, »Kriegsverbrechen«, »Erpresserischer Menschenraub« und »Geiselnahme«. Hinzu kommt noch eine ganze Reihe von weiteren Straftaten, von der schweren Körperverletzung, über Bombenanschläge bis hin zu Verstößen gegen das Waffengesetz. Entscheidend ist laut § 129a, ob die Taten darauf abzielen,

die Bevölkerung auf erhebliche Weise einzuschüchtern, eine Behörde oder eine internationale Organisation rechtswidrig mit Gewalt oder durch Drohung mit Gewalt zu nötigen oder die politischen, verfassungsrechtlichen, wirtschaftlichen oder sozialen

Grundstrukturen eines Staates oder einer internationalen Organisation zu beseitigen oder erheblich zu beeinträchtigen, und durch die Art ihrer Begehung oder ihre Auswirkungen einen Staat oder eine internationale Organisation erheblich schädigen kann.

Diesen Paragrafen sollte man im Hinterkopf haben, wenn man die Debatten darüber verfolgt, wo denn noch überall Terroristen und Unterstützer zu vermuten seien und wer zu ihnen gehören könnte. Da helfen unsachliche Angstdebatten nicht weiter.

Im Übrigen sind mehr deutsche Dschihadisten in den letzten Jahren nach Syrien »gepilgert« als jemals nach Afghanistan und Pakistan zusammen. Das macht mir große Angst. Angst aber ist ein schlechter Ratgeber.

Toleranz

Nietzsche nannte Toleranz einst den »Beweis des Misstrauens gegen ein eigenes Ideal«. Und Toleranz, das können wir vom famosen Kabarettisten Gerhard Polt lernen, ist kein deutscher Begriff, sondern ein Fremdwort – und, so Polt weiter, »wenn sie früher im Mittelalter einen gefoltert haben und er hat's überlebt, dann war der tolerant«.

Heute sind vor allem Diskussionen über die Toleranz oft eine echte Folter. Toleranz nervt. Am schlimmsten sind die Sätze, die mit »Ich bin ja tolerant, aber ...« beginnen oder mit »... da muss man tolerant sein« enden. Die erste Formulierung weist ganz stark darauf hin, dass der Sprecher wahrscheinlich eher nicht tolerant ist, ihm aber ganz bestimmt irgendetwas nicht passt. Die zweite Formulierung wiederum verwendet jemand, dem gerade etwas völlig wurscht ist, das einen anderen stört. Das Schlagwort Toleranz wird also vom Sprecher immer so verwendet, wie es ihm am meisten nutzt.

Dabei gibt es ein wundervolles Konzept von Toleranz, das der Frankfurter Philosoph Rainer Forst entwickelt hat. Es basiert auf Pragmatismus und gesundem Menschenverstand. Es besteht aus drei Schritten: Ablehnung, Akzeptanz und Grenzziehung. Ohne Ablehnung gibt es keine Notwendigkeit für Toleranz. Ohne Akzeptanz bleibt die Ablehnung. Und ohne Grenzziehung ist die Akzeptanz beliebig.

Wenn ich nun beginne, Sie, verehrter Leser, ein »dummes Schwein« zu nennen, dann hoffe ich für Sie und Ihre Erziehung, dass Sie das nicht großartig finden. Also lehnen Sie mein Verhalten – völlig zu Recht – ab. Aus verschiedensten Gründen aber beschließen Sie, weiterzulesen, statt das Buch aus dem Fenster zu werfen und mich anzuzeigen. Die Gründe für ebendiese Akzeptanz können sehr individuell sein. Sie haben – so hoffe ich – für das Buch bezahlt, wollen also etwas davon haben. Oder Sie nehmen meine Provokation nicht ernst, lachen eher drüber. Oder Sie hassen mich und wollen Ihren Feind studieren …

Aber Sie brauchen eine Grenzziehung. Wenn ich nun in Volksverhetzung abdrifte (oder Ihre Mutter beleidige), dann ist genug. Ohne dieses »Genug« ist Toleranz sonst wertlos. Ansonsten ist sie aber eine dialogische Aushandlungssache mit klarem rechtlichem Rahmen im Strafgesetzbuch.

Und wer diesen Rahmen ablehnt, den würde Gerhard Polt sicher einen Deppen nennen.

Traumatisierung

Viele Flüchtlinge sind traumatisiert – vor allem wenn sie aus Kriegsgebieten fliehen mussten. Sie haben teilweise schreckliche Dinge erlebt, die häufig kaum zu beschreiben sind. Sie brauchen nicht nur Hilfe, sie brauchen besondere Therapieformen. Was mit der notwendigen besonderen psychologischen Hilfe nicht einhergeht, ist die permanente Angst vor einer Abschiebung. Deshalb ist eine Traumatisierung in Deutschland zu Recht ein sogenanntes Abschiebehindernis. Wer also traumatisiert ist, darf nicht abgeschoben werden.

Dass jemand traumatisiert ist, muss aber erst durch unabhängige Gutachter festgestellt werden. Das ist nur recht so. Nur sind so manche Gutachter hoch zweifelhaft. Es gab in den Neunzigerjahren im Hessischen einen Gutachter, der stapelweise schriftlich versicherte, die (damals meistens bosnischen) Flüchtlinge seien nicht traumatisiert, deren einziges Trauma bestehe in der Angst vor der Abschiebung. Es wurden viele Menschen abgeschoben, weil dieser Gutachter sie traumafrei einstufte. Es stellte sich jedoch bald heraus, dass er keinen einzigen der Begutachteten persönlich getroffen hatte. Er entschied quasi per Einsicht des Aktendeckels. Ich kenne den Herrn nicht, ich entscheide hiermit anhand der mir bekannten Artikel, dass er ein trüffelschweinnasiges Arschloch ist.

Die Notwendigkeit der besonderen Behandlung traumatisierter Menschen hat übrigens mittlerweile auch die EU erkannt und eine

Richtlinie zur Aufnahme »besonders schutzbedürftiger[20] Flücht-linge« erlassen. So muss beispielsweise bereits bei der Aufnahme der Flüchtlinge überprüft werden, ob sie aufgrund möglicher Traumata besondere Hilfe brauchen. Dafür braucht man qualifiziertes Perso-nal. Leider ist diese Richtlinie noch nicht in allen Bundesländern umgesetzt. Der Grund dafür sind fast überall die Kosten. Humanität ist halt teuer.

Türken
Ich kenne keine Türken mehr, ich kenne nur noch Schweden.

Touristen
Touristen sind Ausländer und Schwaben auf Zeit. Die mit dieser Ein-ordnung aufgekommene kritische Betrachtungsweise auswärtiger Be-sucherinnen und Besucher in Deutschland, speziell in Großstädten wie Berlin, ist ein sehr junges und bislang räumlich stark begrenztes Phänomen, das letztlich aber konsequent bestehende Ressentiments fortsetzt. Auch bislang unbeleckte Bevölkerungsgruppen, vor allem junge, sich als links und großstädtisch identifizierende Menschen, können sich durch die Touristenfeindlichkeit mit ihnen ursprünglich völlig fremden Gesellschaftsschichten verbunden fühlen.

Dabei spiegelt die Touristenfeindlichkeit ein Phänomen, das wir aus verschiedenen ehemaligen Auswanderungsländern kennen. In Italien zum Beispiel, das jahrzehntelang die Erfahrung massiver Emigration kannte, hat die verstärkte Einwanderung seit Ende der 1980er-Jahre zu großem Widerstand aus der Bevölkerung und den vermutlich beständigsten rechtspopulistischen Bewegungen Euro-pas geführt. Ebenso war Deutschland jahrzehntelang »Reiseweltmeister«, deutsche Touristen in aller Welt als Horden stumpfsinniger Badeurlauber oder wahlweise wissensdurstiger Kulturreisender be-kannt. Im Jahr 2012 löste China Deutschland erstmals als Reiseweltmeister ab, während gleichzeitig immer mehr Besucher sich für eine Reise nach Deutschland begeistern können.

---

20 Diese sind Minderjährige, unbegleitete Minderjährige, Ältere, Schwangere, Menschen mit Behinderung, Alleinerziehende mit minderjährigen Kindern und Personen, die Folter, Vergewaltigung oder sonstige schwere Formen psy-chischer, physischer oder sexueller Gewalt erlitten haben. Zu letzterer Gruppe gehören die Traumatisierten.

Obwohl sie in für gewöhnlich als tolerant bekannten Gegenden des Landes auftritt, ist die Touristenfeindlichkeit sozusagen die Reinform des Ressentiments. Denn Touristen sind ein temporäres Phänomen. Zwar kann man eine gewisse Verdrängungswirkung durch Touristen in Berlin nicht leugnen, diese dürfte aber durch den Beitrag der Touristen zur Berliner Wirtschaftsleistung, immerhin rund 10 Prozent (nach den Zahlen des Berliner Senats), mehr als kompensiert werden. Somit wird ökonomischen Argumenten, die andere Spielarten der Fremdenfeindlichkeit mit zumindest oberflächlicher Plausibilität verbrämen können, schnell die argumentative Grundlage entzogen.

Die Reaktion auf Touristenfeindlichkeit aber ließ auch nicht lange auf sich warten. Linke Gruppen in Berliner Vierteln wie Neukölln starteten Kampagnen für Gentrifizierung und Toleranz gegenüber Touristen. Dieser linke Kulturkampf, der – nicht nur in diesem Land – eine lange Tradition hat, birgt das Potenzial, neue, ethnologisch interessierte Touristen für eine Reise in die deutsche Hauptstadt zu begeistern.

U

Uckermärker

Volksgruppe im äußersten Nordosten unseres Landes. Diese im Drei-ländereck[21] Deutschland-Polarkreis-Sibirien lebenden Menschen sind, schade für sie, dümmer als die Schwaben. Das hat Thilo Sarra-zin in DEM Buch wissenschaftlich präzise bewiesen. Die Realität in der Uckermark hat im Übrigen rein gar nichts zu tun mit den bösar-tigen Beschreibungen in Rainald Grebes Lied »Odé Brandenburg«:

> »Es gibt Länder, wo was los ist
> Es gibt Länder, wo richtig was los ist
> …«

Überfremdung

Es gibt einen guten Grund für Fremdenfeindlichkeit. Und das ist die Überfremdung. Die Fremden kommen dabei über uns. Wie die Zom-bies am Ende von Michael Jacksons »Thriller«-Video umzingeln sie uns, schlagen die Scheiben und Türen ein, kommen sogar durch den Boden.

Mitte der Neunzigerjahre lauschte ich einmal dem Vortrag eines Mitarbeiters der Landeszentrale für politische Bildung in Thürin-gen.[22] Dieser erzählte von seinen Seminaren bei Wehrdienstleisten-den zum Thema Rechtsextremismus. Es käme manchmal vor, dass sich da jemand aus rechten Kameradschaften outete und versuchte, ihn zu überrumpeln. Der typische Dialog liefe meistens so ab:

---

21 Nicht zu verwechseln mit dem Autobahndreieck Kreuz Uckermark.

22 Es ist mir furchtbar peinlich, der Mann war wirklich klasse. Aber sein Name bleibt mir nun wirklich auch nach monatelanger Verwendung von Gehirn-schmalz entfallen. Sollte sich dieses Buch allerdings so viel verkaufen wie DAS Buch von Thilo Sarrazin, dann wird er diese Zeilen lesen und sich bei Face-book melden. Und dann erwähne ich ihn im Vorwort der 33. Auflage. DAS Buch hatte nur 13, oder? Hah!

»*Was glauben Sie, wie viele Ausländer leben in Deutschland?*«
»*30, 40 Millionen?*«
»*Etwa sieben.*«
[Ungläubiges Raunen]
»*Wie viele davon wohl in Thüringen?*«
»*20 Millionen?*«
»*Gehen Sie doch mal von meinen sieben Millionen ab.*«
»*Vier, fünf Millionen?*«
»*Thüringen hat doch nur 2,6 Millionen Einwohner.*«
[Betretenes Schweigen]
»*O.k., zwei Millionen?*«
»*Wie viele von ihnen kennen Sie persönlich?*«
»*Einen.*«
»*Ich meine, abgesehen vom Döner-Verkäufer am Erfurter Haupt-bahnhof.*«
»*Ich? Ausländer?!*«

Thüringen hat heute nur noch 2,2 Millionen Einwohner. Ist aber immerhin nicht überfremdet. Der Döner-Verkäufer am Erfurter Hauptbahnhof bleibt einer der besten im ganzen Land.

UMF
Unbegleitete minderjährige Flüchtlinge. Verwaltungsdeutsch für MUFL.

V

Vaterland

Auferstanden aus Ruinen
Und der Zukunft zugewandt,
Lass uns dir zum Guten dienen,
Deutschland, einig Vaterland.

Das hat Johannes R. Becher 1949 gedichtet, Hanns Eisler hat die Musik dazu geschrieben – alles im Auftrag des Politbüros des Zentralkomitees der Sozialistischen Einheitspartei Deutschlands. Den Funktionären des Politbüros hat's gefallen, dem Ministerrat hat's gefallen und als im Februar 1950 auch noch die provisorische Volkskammer zustimmte, hatte die Deutsche Demokratische Republik ihre Nationalhymne. Leider kann niemand in Frieden leben, wenn's dem bösen kapitalistischen Nachbarn nicht gefällt. Dieser kapitalistische Nachbar machte sich jedenfalls darüber lustig, dass die Melodie der »Becher-Hymne« doch ziemlich dem Schlager »Goodbye Johnny« ähnelte, den Hans Albers 1939 in dem Abenteuer-Film ›Wasser für Canitoga‹ trällerte. Das Lied war ein echter Hit und wird sogar heute noch manchmal im Radio gespielt. Nach dem Mauerbau gefiel den SED-Oberen der pathosschwangere Text über das »einig Vaterland« immer weniger. (In einer handschriftlichen Version hatte Becher sogar »heilig' Vaterland« geschrieben, was im realexistierenden Sozialismus ohne Gott noch lustiger gewesen wäre.) Aber auch das »einig Vaterland« sollte schließlich aus den Köpfen, Mündern und Ohren der DDR-Bürger verbannt werden. Ab 1973 wurde die Hymne nur noch gespielt und durfte nicht mehr gesungen werden.

In Deutschland tut man sich mit dem Begriff Vaterland angenehm schwer. Das ist ermutigend. Schließlich haben die deutschen Romantiker den Vaterlandsbegriff so emotional aufgeblasen, dass er seitdem noch für die blödeste Parole der größten Verbrecher herhalten musste und muss. Am ehesten lasse ich mir noch die Nüchternheit von Gustav Heinemann gefallen: »*Es gibt schwierige Vaterländer. Eines von ihnen ist Deutschland. Aber es ist unser Vaterland. Hier leben und arbeiten wir. Darum wollen wir unseren Beitrag für die eine Menschheit mit diesem und durch dieses unser Land leisten.*«

Das ist der Schluss seiner Rede, die er am 1. Juli 1969 in der Gemeinsamen Sitzung von Bundestag und Bundesrat, nachdem er den Amtseid des Bundespräsidenten abgelegt hatte.

Heinemann war am wichtigsten, wie wir leben und wie wir handeln. Er hätte die Frage verstanden: Warum ist es eigentlich so interessant, in welchem Land mein Vater geboren wurde? Mein Vater ist im Iran geboren. Der Iran ist mein Vaterland.[23] Deutschland ist meine Heimat.

Vielfalt

Die Vielfalt ist beschlossene Sache – schon länger. Genauer gesagt seit dem 1. Dezember 2011. Woher ich das so genau weiß? Nun, am 1. Dezember 2011 fällte der Bundesfachausschuss Innenpolitik und Integration der CDU Deutschlands einen Beschluss mit der Überschrift: »Vielfalt und Zusammenhalt«. Das war der große Durchbruch der Vielfalt in Deutschland. Seitdem ist die Vielfalt nicht mehr aufzuhalten. Es gibt die Vielfalt aber schon viel länger. Seit wann weiß auch die CDU – nämlich »seit Anbeginn«. Damit meint die CDU, glaube ich jedenfalls, nicht den Urknall, sondern eher die Gründungsphase der CDU von 1945 bis 1950.

Das Fundament der Vielfalt, so schreibt die CDU, ist das »christliche Menschenbild«. Weiter heißt es: »*Seit ihren Anfängen bringt die Volkspartei CDU Christen aller Konfessionen, Anhänger und Ideen der verschiedenen Strömungen – der christlich-sozialen, der wertkonservativen und liberalen – zusammen.*« Ganz ehrlich, das finde ich nicht so wahnsinnig vielfältig. Aber die CDU wünscht sich eben nicht nur Vielfalt, sondern etwas Besseres: »Zusammenhalt in Vielfalt.« Das klingt erst mal so ungekünstelt und authentisch wie Hirschragout an Maronenschaum, aber wahrscheinlich ist es nur eine etwas verunglückte Nachahmung des Englischen. Die EU hat

---

23 Mein Vater ist auch Deutscher. Aber wer will es schon kompliziert?

es zum Glück etwas besser gemacht und aus ihrem ursprünglichen Motto »Einheit in Vielfalt« schließlich in »In Vielfalt geeint« gemacht. Obwohl, wirklich eingängig klingt das auch nicht – was vielleicht an der Präzisionslust der deutschen Sprache liegt.

Nur ein paar Sätze weiter wird der CDU-Bundesfachausschuss so richtig modern: *»Vielfalt ist ein enormes Potenzial, das es auszuschöpfen gilt. Das Konzept des sogenannten* diversity management *steht für die Vielfältigkeit unserer Gesellschaft – beispielsweise mit Blick auf Geschlecht, Hautfarbe, Alter, Religion und Bildungsweg.«* Hurra Diversity! Diversity ist sexy! Diversity ist viel cooler als Vielfalt. Und dann gleich auch noch diversity management, dann macht die Diversity, also die Vielfalt, auch niemand mehr Angst.

Ich habe natürlich zu Beginn ein bisschen geschwindelt. Vielfalt war natürlich schon vor 2011 sexy, selbst in der CDU. Das EU-Motto ist sogar schon aus dem Jahr 2000. Aka Vielfalt. Diversity ist einer der großen Schwurbelbegriffe unserer Zeit. Mit Vielfalt kann man alles machen, weil sie so – Humor lass nach – vielfältig ist. Der Begriff wird akademisch durchgehechelt, es wird um die richtige Definition und Anwendung gestritten und vor allem darüber, welche Faktoren bei der Diversity jetzt eigentlich noch berücksichtigt werden sollen: Geschlecht, Alter, Herkunft, Behinderung, sexuelle Orientierung, Sprache, sozial-ökonomischer Status etc., etc.

Da finde ich es sogar ganz erfrischend, wenn einmal ganz handfest über das Thema Vielfalt gesprochen wird. So hielt zum Beispiel die damalige Staatsministerin für Migration, Flüchtlinge und Integration Maria Böhmer schon 2008 im Europäischen Jahr des interkulturellen Dialogs bei der Bertelsmannstiftung einen Vortrag mit dem Titel »Synergie durch Vielfalt«. Sie sagte, die Vielfalt der Gesellschaft in der Wirtschaft abzubilden, sei eine »moralische Verpflichtung« und darüber hinaus auch eine »ökonomische Notwendigkeit«. Als Vorteile von Diversity nannte sie: »Neue Aufträge gewinnen und Erfolg an der Börse«, »neue Kunden gewinnen« und »neue Mitarbeiter gewinnen«. Ganz klar: Wo es eine Integrationsindustrie gibt, ist eine Diversity-Industrie nicht weit. Während Politiker über hehre Konzepte reden und Wissenschaftler sich über Begrifflichkeiten streiten, ist das Diversity Management längst angekommen – als Unterdisziplin des Human Resources Management also im Personalwesen. So kann es gehen. Die gesellschaftlichen Auswirkungen von Vielfalt und Diversity sind ohnehin schon lange Teil unseres Alltags. Wollen wir jetzt wieder über Integration reden?

Vietnamesen

Vietnamesen, das waren die Schweden der DDR.

Visa

Als EU-Bürger sind wir nur auf Visa angewiesen, wenn es in den Ferien weiter weggehen soll. Wenn wir ein Visum brauchen, dann kriegen wir in den allermeisten Staaten auch zügig eines. Wenn wir nach Nordkorea wollen, dauert es etwas länger, und auch in den USA stellen die Behörden Fragen wie diese:

C) Have you ever been or are you now involved in espionage or sabotage; or in terrorist activities; or genocide; or between 1933 and 1945 were you involved, in any way, in persecutions associated with Nazi Germany or its allies?[24]

YES /NO

Wenn man im Flugzeug sitzt und die sogenannte Landing Card als Zusatz zur ESTA-Bescheinigung des Visa-Waiver-Program ausfüllen soll, kann man da schon ins Grübeln kommen. Grundsätzlich aber gilt: In Visumfragen reisen EU-Bürger 1. Klasse.

Die Schengen-Staaten der EU haben sich als Ausgleich für den Wegfall der Binnengrenzen die Schengen-Visa ausgedacht. Ein von einem sogenannten Schengen-Staat ausgestelltes Visum für einen Kurzaufenthalt von bis zu drei Monaten gilt in allen Schengen-Staaten. Visa für längere Aufenthalte werden dagegen nach nationalem Recht vergeben. Die 24 sogenannten Schengen-Vollanwender-Staaten haben damit einen exklusiven Club geschaffen, der innerhalb der EU ganz eigene Möglichkeiten hat, um Zuwanderung zu steuern.

Zu diesem exklusiven Club gehören übrigens auch die EU-Nicht-mitglieder Island, Liechtenstein, Norwegen und die Schweiz. Die Schweiz hat durch die Volksabstimmung über die Zuwanderung klargemacht, dass sie noch exklusiver sein möchte. Es sieht so aus,

---

24 Waren Sie schon einmal an Spionage, Sabotage, Terrorismus, Völkermord oder nationalsozialistischen Verbrechen beteiligt und würden Sie es einfach so bitte auf einem Blatt Papier über den Wolken zugeben?

als ob im Schengen-Club bald ein Stuhl frei wird. Vielleicht nehmen wir dann die Ukraine auf? Wegen denen gab es schon einmal einen Visa-Untersuchungsausschuss. Heraus kam, dass Reisen bildet. Und dass viele Menschen in der Ukraine durch ihre Reisen durch Mittel- und Westeuropa gründlich die Lust am Lebensmodell eines Wladimir Putin verloren haben.

V-Mann

Der V-Mann ist ein guter Freund der NSU, der dafür vom Staat entlohnt wird. Dadurch schafft er der NPD auch noch die Möglichkeit, sich jederzeit gegen Verbotsverfahren zu wehren. Denn wenn ausgewachsene Nazis Geld vom Staat bekommen, der die Nazis verbieten will, dann kann es doch sein, dass sie besonders nazimäßige Dinge sagen und tun, damit der Staat die Nazis leichter verbieten kann, oder? Oder warum sollte der Staat sie sonst bezahlen? Ach, für Infos? Darüber, dass die NPD die Demokratie in Deutschland abschaffen will? Sagt sie das denn nicht auch öffentlich, ganz und gar ohne Bezahlung?

In den Neunzigern löste die Grünen-Abgeordnete Annelie Buntenbach im Deutschen Bundestag einen Eklat aus, weil sie behauptete, der Verfassungsschutz wäre der Hauptfinanzier der Nazis. Heute regt diese Behauptung kaum mehr jemanden auf. Im Gegenteil sitzt auch mal Führungspersonal von V-Leuten in dem Internet-Café, in dem kurz danach die NSU jemanden erschießt. Aber die V-Leute sind halt wichtig. Für die Sicherheit. Wessen eigentlich?

Volksdeutsche

Volksdeutsche, das sind so richtige Deutsche. Nicht so wie die Pass-Deutschen, sondern Schon-immer-Deutsche. Andere würde die NPD gar nicht erst aufnehmen.

Vorbereitungsgesellschaft

Eine Vorbereitungsgesellschaft ist eine Gesellschaft, die sich darauf vorbereitet, eine Gesellschaft zu werden. Was sonst? In ihr leben die Menschen also in einer Art Hobbes'schen Naturzustand. Der Gesellschaftsvertrag ist noch nicht geschrieben, geschweige denn unterzeichnet. Ob die Menschen überhaupt lesen und schreiben können, ist ungewiss, auf jeden Fall haben sie weder Federkiel noch Stift zur Hand. Das Leben in der Vorbereitungsgesellschaft ist »nasty, brutish and short«, also gemein, brutal und kurz, wie es Herr Hobbes (nicht zu verwechseln mit dem Hobbit) vor mehr als 350 Jahren in seinem ›Leviathan‹ geschrieben hat.

Nein, nein. Ich mache doch nur Spaß. Ich will nur spielen und nicht beißen wie der Mensch bei Hobbes, der den anderen Menschen nur ein Wolf ist. Obwohl das mit dem Wolf gar nicht so schlecht ist. Denn nach Botho Strauß ist die Parallelgesellschaft ein Wolf im Schafspelz und eigentlich eine getarnte Vorbereitungsgesellschaft – oder war es umgekehrt? Ich bringe so was immer so leicht durcheinander. Es ist auch wirklich nicht leicht zu verstehen, was Botho Strauß in seinem Essay zum Streit um die Mohammed-Karikaturen eigentlich sagen wollte, den er unter der Überschrift »Der Konflikt« im Februar 2006 im ›Spiegel‹ veröffentlichte. Schließlich schreibt Strauß nicht auf Deutsch sondern Strauß-Deutsch. Das liest sich dann so:

»*Mit anderen Worten, die angebliche Parallelgesellschaft ist eigentlich eine Vorbereitungsgesellschaft. Sie lehrt uns andere, die wir von Staat, Gesellschaft, Öffentlichkeit abhängiger sind als von der eigenen Familie, den Nicht-Zerfall, die Nicht-Gleich-Gültigkeit, die Regulierung der Worte, die Hierarchien der sozialen Verantwortung, den Zusammenhalt in Not und Bedrängnis.*«

Der Islam schafft nach Strauß diese Parallel- oder Vorbereitungsgesellschaft, weil seine stärkste Wirkung seine soziale Integrationskraft sei, die er aus dem Glauben beziehe. Und da sieht Strauß »uns andere« mit unserer säkularen, aufgeklärten, liberalen Haltung ganz übel im Hintertreffen. Ob ich nach Strauß' Lesart auch zu »uns anderen« gehöre? Oder bin ich durch meine Herkunft und Religion automatisch Teil der Vorbereitungsgesellschaft und damit, so schreibt Strauß wohlig schaudernd, Teil einer »fremden und gegnerischen sakralen Potenz«. Immerhin hofft er aber, dass durch die Nähe dieser sakralen Potenz des Islams auch die Christen wieder Quellen der Inspiration entdecken, die über Kirchentage hinaussprudeln. Denn Säkularität und Beliebigkeit, das ist Botho Strauß völlig klar, sind schwach. Deshalb ist ihre Zeit vorbei, ebenso wie die der »neuen Unübersichtlichkeit«. Schade, schade. Seit der Strauß'schen These von der Vorbereitungsgesellschaft, die noch im Februar 2006 vom leider viel zu früh verstorbenen Frank Schirrmacher in der ›FAZ‹ aufgegriffen und ausgeweitet wurde, sind mehr als acht Jahre vergangen. Der Säkularität und Beliebigkeit geht es weiter ganz gut. Ich bin erleichtert.

Die Debatte aber geht weiter, auch wenn in anderen Sphären. Des Deutschen bester Ausländer-Philosoph Peter Sloterdijk[25] schreibt in seinem 2013 erschienenen Buch ›Zorn und Zeit‹, das Christentum erschwere die Verständigung mit der islamischen Welt, weil es »thymotische Impulse[26] wie Stolz, Ehrgefühl und Rachebedürfnis« tabuisiere. Das ist Botho Strauß in aktiv. Nicht der Islam ist schuld, weil er einen stärkeren sozialen Zusammenhang hätte, sondern das Christentum, weil es nicht rachesüchtig genug sei? Herr Sloterdijk vergisst, dass es auch in christlichen Ländern Ehrenmorde gibt. Und dass der Sufismus, die islamische Mystik, in Teilen sehr viel stoischer ist als so manche katholische Oster-Prozession in Lateinamerika. Hier wird Religionsmissbrauch gegen Religionsmissbrauch aufgerechnet, aber gleichzeitig so getan, als seien extreme, fundamentalistische und missbräuchliche Auslegungen der Religion die Religion selbst oder der Religion selbst immanent. Nach dem Motto Religion = Fundamentalismus.

Vorführung

Manche Flüchtlinge verweigern die Zusammenarbeit bei der Beschaffung ihrer Dokumente. Die Dokumente werden aber nun mal gebraucht. Jeder braucht sie. Manche Flüchtlinge brauchen sie, damit sie abgeschoben werden können. Deshalb verweigern sie ja die Zusammenarbeit. Das ist sehr kurzsichtig von ihnen, denn so entgeht ihnen eine neue Fähigkeit, und zwar die des Abgeschoben-werden-Könnens.

Aber wir von der Behörde helfen, wo wir können. Um die Identität der Personen festzustellen und gleichzeitig ihre Dokumente zu beschaffen, führen wir sie vor. Mal bei uns in der Behörde, mal in der Auslandsvertretung des Landes, von dem wir glauben, dass sie herkommen.

---

25 Ich sehe schon wieder die Leute nette Mails an mich schreiben, was mir Studienabbrecher denn einfiele, unsere großen Gelehrtennamen überhaupt in den Mund zu nehmen. Recht haben sie, was fällt mir eigentlich ein?!
26 Abgeleitet aus dem altgriechischen »Thymós«, wörtlich Lebenskraft, der Wunsch nach Anerkennung.

Und damit die Flüchtlinge Zeit sparen, machen wir auch mal Sammelvorführungen. Dann gehen wir eben mal mit einem Dutzend Schlitzaugen zum Chinesen in die Botschaft. Dann kommen kundige Chinesen und schauen sich unsere Flüchtlinge mal genau an. Das ist gut, weil die kennen sich ja gegenseitig, wir kriegen ja nicht einmal Philippinos und Malaien auseinander. Dann kommen also die Botschaftsleute, schauen sich die Leute an und sagen vielleicht: »Ja, den kenne ich. Als Geheimdienstler habe ich ihn mal selbst gefoltert. Kann ich ihn gleich haben?« Wäre ja gar nicht so verkehrt und würde viel Bürokratie sparen. Aber das geht ja bei uns Deutschen nie unkompliziert, nicht? Also sagen wir unserem Helfer, dass das nicht geht, wir uns aber freuen würden, wenn er die Dokumente schnell ausstellen könnte. Das macht er dann. Und er verspricht sogar, den erkannten Flüchtling dann persönlich am Flughafen abzuholen.

Das nenne ich mal Dienstleistung. Nicht so karg wie bei uns, was?

Wahlrecht

»No Taxation Without Representation« war der Schlachtruf der Boston Tea Party gegen die britischen Kolonialherren. Keiner zahlt also mehr Steuern, solange er kein Wahlrecht hat, um seine eigenen Repräsentanten zu wählen. Klingt plausibel. Ist aber für in Deutschland lebende erwachsene Menschen im 21. Jahrhundert keineswegs zur Nachahmung empfohlen.

Werte

Ein kluger Mensch beantwortete einmal die Frage nach seinen Werten mit der flapsigen Antwort: »Meine Werte habe ich auf der Bank.« Doch reden wir sehr viel über Werte, westliche Werte, unsere Werte. Was genau aber sind diese Werte? Sind das unsere Ideale? Die gängigen Antworten, die man auf diese Frage bekommt, sind Menschenrechte, Demokratie, Rechtsstaatlichkeit …

Sind das wirklich westliche Werte und nicht universelle? Will der Ostler[27] keine Menschenrechte? Wird er gern gefoltert? Will der gemeine Afghane keine Demokratie? Warum war die Wahlbeteiligung bei der Präsidentschaftswahl 2014 in Afghanistan deutlich höher als die bei der Europawahl? Wollen die Menschen in Osteuropa keinen Rechtsstaat, sondern eine willkürliche Herrschaft? Warum wollen die meisten dann in die EU und bloß weg von Putin?

Dass beispielsweise der Slawe an und für sich nicht zur Demokratie fähig ist, höre ich seit Ewigkeiten in jeder Debatte. Dass die Regierungen in Tschechien in den letzten 25 Jahren deutlich stabiler waren als in Italien, wird allerdings gern vergessen.

Warum aber gehört das alles in ein Buch über MiMiMis? Weil immer wieder so getan wird, als seien einzelne Gruppen gar nicht erst imstande, in unserer Demokratie zu leben und mit unseren Frei-

---

27 Nicht identisch mit dem Obstler.

heiten umzugehen. Und weil immer wieder verkannt wird, dass die Unterschiede innerhalb einzelner Herkunftsgruppen deutlich größer sind als die zwischen den Gruppen. Und das in einem Land, in dem Menschen aus islamischen Staaten mittlerweile sogar stellvertretende Ministerpräsidenten werden, ohne dass der Rechtsstaat zusammenbricht. So geschehen mit Tarek Al-Wazir, Sohn eines jemenitischen Vaters, Wirtschaftsminister in Hessen. Wobei der Frankfurter in mir nicht einfach so Entwarnung geben kann: Seine Mutter und er sind echte Offenbacher!

Willkommenszentren

Willkommenszentren schießen in Deutschland wie Pilze aus dem Boden. In immer mehr Städten gibt es welche. Die Städte, die noch keines haben, planen mit viel Energie und Schweißperlen auf der Stirn, ein solches »Aushängeschild der Willkommenskultur« in Windeseile zu errichten. Großer Jubel brandet auf bei den Stadträten und in Amtsstuben: Die Willkommenszentren mögen erstrahlen, den hochqualifizierten Fachkräften aus dem Ausland zum Wohlgefallen!

Wie bitte? Sie haben noch nie etwas von Willkommenszentren gehört? In Ihrer Stadt gibt es kein Willkommenszentrum und es ist auch keines geplant? Das gibt es doch nicht. Das kann doch gar nicht sein. Die CDU hat es doch selber gesagt und beschlossen. »Deutschland braucht eine Willkommenskultur. Diese Willkommenskultur muss insbesondere in den Regionen, Städten und Gemeinden stärker gefördert werden. Deshalb fordern wir die Einrichtung von Willkommenszentren auf kommunaler Ebene.« Steht doch alles im Beschluss des CDU-Bundesfachausschusses Innenpolitik und Integration vom Dezember 2011. Und im Koalitionsvertrag der GroKo. Das BAMF fördert eine Willkommens- und Anerkennungskultur, die Kanzlerin spricht auf Integrationsgipfeln von der neuen Willkommenskultur. Da muss doch viel passiert sein! Nicht? Willkommen in der deutschen Integrationsdebatte.

Wir

Ja, wir halt, die Deutschen. Das Wir-Deutschen entscheidet.

Wirtschaftsflüchtlinge

»Wirtschaftsflüchtling« ist ein diffamierender Begriff für Migranten aus wirtschaftlich schwächeren Ländern, die je nach Alkoholpegel und Hinterfotzigkeitsgrad des Diffamierers auch als Sozialtouristen bezeichnet werden. In der Schweiz werden Deutsche grundsätzlich diffamierend als Wirtschaftsflüchtlinge bezeichnet.

Eine Sondergattung des Wirtschaftsflüchtlings ist der Steuerflüchtling. Er kommt nicht aus wirtschaftlichen Gründen nach Deutschland, sondern flieht aus wirtschaftlichen Gründen aus Deutschland. Spuren dieser Wirtschaftsflüchtlingsgattung finden sich besonders in der Schweiz, in Österreich, in Luxemburg und in Liechtenstein beziehungsweise auf den Bahamas, Cayman Islands oder der Isle of Man. Dort sind sie aber schwieriger nachzuweisen. Aufgrund des Hoeneß-Syndroms und der galoppierenden Schwarzer-Schwindsucht gehört diese putzige Sondergattung jedoch zu den aussterbenden Arten.

Wolga-Deutsche

Eine besonders respektlose Bezeichnung für Aussiedler.

XAusländer

XAusländer ist zum Glück kein ausländerfeindliches Emoticon. Nein, nein. Es ist ein »standardisiertes Datenaustauschformat und betrachtet dabei die Daten, welche von Ausländerbehörden mit Kommunikationspartnern rund um ausländische Staatsangehörige ausgetauscht werden«. So lautet die offizielle Definition des BAMF. Es geht also um die sogenannte »fachbezogene elektronische Datenübermittlung«, wie es zum Beispiel im Aufenthaltsgesetz (§ 99 Abs. 15) heißt. Rund um den ausländischen Staatsangehörigen kommunizieren, so das BAMF, die Ausländerbehörden und die Meldebehörden. Die Jobcenter kommen 2014 dazu und 2015 das Ausländerzentralregister. In weiteren Schritten kommen zum fröhlichen Datenaustausch hinzu die Standesämter, die Verwaltungsgerichte, die Staatsanwaltschaften und natürlich die Sicherheitsbehörden.

Der XAusländer braucht sich also nicht über mangelnde Aufmerksamkeit zu beschweren: Schließlich erarbeitet ein Expertengremium »Lösungen für Erweiterungen« beziehungsweise seine »Wartung und Pflege«. Außerdem kümmert sich um ihn der Arbeitskreis I der Innenministerkonferenz sowie ein Änderungsbereich und eine Qualitätssicherungsinstanz. Man sieht also, der XAusländer wächst und gedeiht. Der XAusländer funktioniert bestens in der Version 1.4.0 und hat am 6. Februar 2013 das Zertifikat der XÖV-Konformität des IT-Planungsstabes der Koordinierungsstelle für IT-Standards erhalten, ausgestellt von der Bundesstelle für Informationstechnik des Bundesverwaltungsamtes.

Es ist also alles in bester Ordnung – kein Grund zur Beunruhigung!

Xenophobie

Xenophobie – die Angst, griechisch Phobie, vor dem Fremden, griechisch Xenos – wurde früher mit Ausländerfeindlichkeit übersetzt.

Heute wird es immer öfter mit Fremdenfeindlichkeit übersetzt. Dahinter steckt mehr als der Wunsch nach begrifflicher Präzision in der Übersetzung. Denn in »der guten alten Zeit«, wie die Xenophoben sagen würden, waren die Fremden Ausländer. Heute sind die, die dem Xenophoben so fremd erscheinen, dass er Angst vor ihnen hat, oft genug Deutsche. Früher war die Welt des Ausländerfeindes so schön übersichtlich: Wer ausländisch aussah, war eben auch einer, also kein Deutscher. Natürlich war das auch damals schon Blödsinn, aber das abstammungsfixierte alte deutsche Staatsbürgerschaftsrecht sorgte dafür, dass dieser Blödsinn ziemlich oft stimmte. Zumindest so oft, dass das Ausländerbild des Ausländerfeindes nicht ins Wanken geriet.

Heute ist das ganz anders. Menschen haben dunkle Haut und einen deutschen Pass. Menschen haben seltsame Namen, mit vielen OUs wie Nouripour zum Beispiel oder Schweinsteiger, und einen deutschen Pass. Das stiftete beim Ausländerfeind alter Prägung Verwirrung, denn was ihn so stört, ist das Fremdsein. Deswegen ist der Ausländerfeind also mit dem Begriff Fremdenfeind viel besser beschrieben. Der Fremdenfeind lebt mit seiner Angststörung, um einmal das Vokabular der Psychologen zu benutzen. Denn gestört ist der Xenophobe in der Tat: Nur so kann er sich seine eigene gestörte Logik zurechtbasteln, in der nicht er selbst für die Feindseligkeit in der Gesellschaft verantwortlich ist, sondern eben die Fremden, die er ausgrenzen will.

Yacht

Die Luxusvariante der Kayukos. Alle Welt regt sich immer so auf, dass die Flüchtlinge in Nussschalen nach Europa kommen. Wieso kaufen die sich nicht einfach eine Yacht – und essen bei der Überfahrt Kuchen?

Yankee

Die erste MiMiMi-Gruppe, deren Abschiebung auch die deutsche Linke stets gefordert hat: »Yankee go home!«

Z

Zensur

Zensur gibt es in Deutschland zuhauf. Sonst gäbe es ja kein Lamenti über das »Sagendürfen«. Prominentestes Opfer der Zensur in Deutschland ist Thilo Sarrazin. Würde er nicht andauernd zensiert, er hätte nicht Millionen Bücher verkauft, sondern Milliarden. Armer Mann.

Zigeuner

Rassistische und meistens auch diskriminierend gemeinte Bezeichnung für Sinti und Roma. Angewandt von Arschlöchern, die auch fast 70 Jahre nach dem Holocaust nicht imstande sind, einer Gruppe von Nazi-Opfern Respekt zu bezeugen, die niemals richtig rehabilitiert worden ist – schon gar nicht in der Mitte der Gesellschaft. Es ist alles andere als Zufall, dass das Denkmal für ermordete Sinti und Roma erst 67 Jahre nach dem Ende des Zweiten Weltkriegs eingeweiht werden konnte. Und es ist auch kein Zufall, dass die unsägliche Debatte um angebliche Sozialtouristen sich im Kern um die Roma aus Osteuropa dreht.

Die Inschrift des besagten, viel zu wenig besuchten Denkmals in Berlin ist das Gedicht »Auschwitz« von Santino Spinelli, ein Autor und Komponist, und der allererste Roma in Europa, der an einer Universität einen Lehrstuhl bekommen hat – im Jahr 2002:

»Eingefallenes Gesicht
erloschene Augen
kalte Lippen
Stille
ein zerrissenes Herz
ohne Atem
ohne Worte
keine Tränen.«

Zuwanderungsgesetz

Zum 1. Januar 2005 trat das Zuwanderungsgesetz in Deutschland in Kraft. Nach jahrelangem Gezerre im Bundestag und Bundestag war ein rot-grün-schwarz-gelber Kompromissvorschlag mit vielen Fehlern entstanden. Beispielsweise der Name: Warum das Gesetz die Grundlage dafür sein soll, dass Menschen zuwandern, die aber eigentlich einwandern, habe ich bis heute nicht verstanden.

Das Gesetz war aber auch ein Meilenstein. Da wurden erstmals legale Einwanderungsmöglichkeiten nach Deutschland geschaffen – neben der Anwerbestoppausnahmeverordnung natürlich. Und vor allem wurden die Integrationskurse eingeführt. Der Staat hat sich also nach Jahrzehnten des Zuschauens endlich aktiv in die Integrationsarbeit dieses Landes eingebracht.

Eines hat er aber bisher vergessen: Einen großen Dank auszusprechen an diejenigen, die in den letzten Jahrzehnten diese Arbeit für den Staat übernommen hatten, nämlich Nachbarschafts- und Sportvereine, Kirchen, Gewerkschaften, Unternehmen, Lehrerinnen, Erzieher, ja die gesamte Gesellschaft. Deshalb ist ja dieser alberne Spruch so mancher Christsozialen, in Deutschland sei die Integration gescheitert, nicht nur falsch, sondern ein Schlag ins Gesicht.

Zwangsheirat

Die Zwangsheirat ist keine Shotgun-Wedding.

»Cause your father got the gun, and there ain't no place to run«, heißt es in dem Klassiker von Roy C. Bei der Heirat mit Gewehr war es der Bräutigam, der an der Flucht gehindert wurde, um in den Stand der Ehe zu treten und vor allem, um seine meist sehr bald bevorstehenden Vaterpflichten zu erfüllen. Dass darüber sogar noch Pop-Hits geschrieben wurden, gibt dem Ganzen fast noch etwas Romantisches. In den ländlichen Gegenden Deutschlands gab es Ähnliches – und gibt es bestimmt immer noch. Gar nicht einmal, um der Kindsgeburt zuvorzukommen, sondern um zwei ganz besonders günstig gelegene Höfe zu einem noch besseren zu vereinen. Eine Art »Tu, felix Austria, nube!« im Kleinen also.

Die Zwangsheirat ist auch keine Scheinehe, sie ist bestenfalls ihre unglückliche Cousine. Eine Zwangsheirat ist schlicht und einfach eine Straftat. Da gibt es nicht einmal einen Hauch von Romantik. In den allermeisten Fällen ist es die Frau, die zu einer Ehe gezwungen wird. In der Migrationsdebatte wird dabei häufig übersehen, dass die

Zwangsheirat für Deutschland kein bedrohliches Problem darstellt, sie ist ein bedrohliches Problem für die Frauen, die oft auch noch minderjährig sind. Deshalb sind die Beratungs- und Hilfsangebote für bedrohte Frauen immens wichtig.

Es hilft jedoch wenig, das Problem der Zwangsehen in der allgemeinen Migrationsdebatte zu instrumentalisieren und dabei auch noch Begriffe wie Zwangsehe und arrangierte Ehe wild durcheinanderzuwerfen. Wenn es um Zwangsehen geht, dann gilt: Der Rechtsstaat muss alle seine Mittel nutzen, um das Recht der zur Ehe Gezwungenen auf ein selbstbestimmtes Leben zu verteidigen. Im Übrigen sind bis zu einem Drittel der zur Zwangsheirat Genötigten Männer.

9/11

Diese Geschichte habe ich schon häufig erzählt. Aber ich kann nicht anders, als sie Ihnen, verehrte Leserin, verehrter Leser, noch einmal zu servieren. Der folgende Text ist ein gekürzter Auszug aus dem Manuskript meines 2007 erschienenen Buches ›Mein Job, meine Sprache, mein Land – wie Integration gelingt.‹ Es ist weniger satirisch, weniger spöttisch, weniger böse als das vorliegende. Nun ja, man wird älter. Aber genau deshalb, um eben nicht im Zynismus zu (ver-)enden, möchte ich an das Ende dieses Buchs diese Geschichte stellen. Denn es gibt so viel Hoffnung und Potenzial in unserem Land, und es gibt so viele wundervolle Menschen wie die Frau in meiner Geschichte – wir sollten das nie vergessen.

»Am 11. September 2006 klingelt um 4:40 mein Wecker, ich hetze verschlafen zur Bahn, fahre – leider, weil ganz frühe Termine in Berlin und die Feier zum Renteneintritt meines Vaters am vorigen Abend nur bedingt kompatibel sind – zum Flughafen. Ich weiß um das Leiden der Menschen, die um den Frankfurter Flughafen wohnen und den Fluglärm ertragen müssen. Deshalb hasse ich es, innerdeutsch fliegen zu müssen.

Flughäfen haben für mich einen Hauch von Moscheen. An beiden Orten weiß ich im Voraus, dass ich meine Schuhe werde ausziehen müssen. Deshalb ist die Sockenwahl immer von größter Bedeutung. Ich muss darauf achten, dass ich nicht nach Socken mit Löchern greife, erst recht nicht nach denen mit Dinosauriermustern. In der Moschee ist der Grund für das Ausziehen der Schuhe das demütige Zeichen der Gottesfurcht. Am Flughafen ist es mein »ausländisches Aussehen« bei der Sicherheitskontrolle.

Ich steige in die Maschine und setze mich neben einen Mann, der ein, sagen wir mal, sehr traditionelles arabisches Aussehen und einen langen, ungepflegten Bart hat. Bald haben sich auch alle anderen Passagiere gesetzt – bis auf eine Frau von Ende dreißig, die mit ihrem Rollkoffer in der Hand nervös im Gang hin und her läuft und ab und an zu uns, vor allem zu meinem Nachbarn rüberschaut.

›Könnten Sie sich bitte setzen? Wir wollen starten‹, spricht sie die Stewardess an.

›Kann ich, kann ich noch aussteigen?‹, stammelt die Frau.

›Warum?‹

›Äh ...‹

›Kommen Sie doch mal mit.‹

Sie gehen nach vorne und unterhalten sich. Ich kann sie beobachten. Was sie nur hat, frage ich mich. 9/11 donnert es durch mein Gehirn. Mir ist schlecht. Die arme Frau hat Angst vor dem armen, ahnungslosen Mann neben mir, der kein Deutsch kann und sicher nicht weiß, was er hier mit seinem Aussehen ›anrichtet‹. Oder meint sie etwa auch mich? Ich weiß es nicht.

Das Flugpersonal bleibt gelassen. Sie reden zu dritt beschwichtigend auf die Frau ein, sie kommt zurück und fragt total verunsichert, ob wir sie reinlassen können zu ihrem Sitz am Fenster. So freundlich wie ich nur (noch) kann, mache ich ihr den Weg frei. Sie sitzt neben dem Algerier – seine Nationalität finde ich wenig später heraus – und erleidet Todesängste. Ich beobachte sie aus dem Augenwinkel. Sie reißt sich innerhalb weniger Minuten zusammen, holt tief Luft und spricht ihren Nachbarn an.

Sein Französisch ist besser als sein Englisch, sie kann aber nun mal kein Französisch. Sie unterhalten sich den ganzen Flug in Englisch (sie) und in gebrochenem Englisch und Zeichensprache (er). Nach und nach reden sie nicht mehr vom Wetter, sondern von den Wäldern in Algerien, vom demografischen Wandel in Deutschland, vom Bildungssystem und von ihren Kindern. Sie hat zwei Söhne – 13 Jahre und 11 Monate alt, er hat wohl auch welche, aber ich verstehe ihn nicht, weil er sehr bedächtig und leise spricht. Ich sollte nicht lauschen, sage ich mir und schlafe bald ein.

Das Flugzeug rollt schon zum Gate, als ich wieder aufwache. Die beiden tauschen gerade Visitenkarten aus. Das nenne ich erfolgreichen Kampf gegen den Krieg der Kulturen.«

Danksagungen

Ich danke Doc für das Beharren, Steffen und Michael fürs materielle Cheeren. Ein großer Dank an Andrea Wörle für das Aushalten. Ich danke meinen Kindern für ihre Geduld mit mir, meinen Eltern für den Humor und meiner Frau für die vielen Thermoskannen Tee, die sie mir nachts vor dem Schlafengehen noch neben den Computer gestellt hat, damit ich auch kurz vor Sonnenaufgang noch Warmes zu trinken habe.

Der größte Dank geht an die Millionen von Menschen, die seit Jahren diese vielen irren Debatten aushalten, ohne sich bei ihrer täglichen Arbeit beirren zu lassen. Diese vielen kleinen Baumeister unserer Gesellschaft machen, dass sie nicht kaputtgeht.